Erika Dreyer-Eimbcke

Alte Straßen im Herzen Europas

Erika Dreyer-Eimbcke

Alte Straßen
im Herzen Europas

Könige, Kaufleute, Fahrendes Volk

Umschau Verlag Frankfurt am Main

Möge Gott Dich behüten über Feld
und durch Wald vor aller Not,
Hunger und Durst, vor bösem Gelüst,
vor Hitze und Frost.
Gott behüte Dich vor dem Tode, ob
Du schlafest oder wachest im Wald
oder unter Dach.
Gesegnet sei Dein Weg über Straße
und Steg, vornen und hinten.

Aus dem Tobiassegen
12. Jahrhundert

CIP-Titelaufnahme der Deutschen Bibliothek

Dreyer-Eimbcke, Erika:
Alte Strassen im Herzen Europas: Könige, Kaufleute,
fahrendes Volk / Erika Dreyer-Eimbcke. – Frankfurt am Main:
Umschau Verl., 1989
  ISBN 3-524-69078-5

© 1989 Umschau Verlag Breidenstein GmbH, Frankfurt am Main

Umschlaggestaltung: Manfred Sehring, Dreieich-Offenthal, unter
Verwendung eines Fotos von Werner Otto, Oberhausen

Gesamtherstellung: Brönners Druckerei Breidenstein GmbH,
Frankfurt am Main
Printed in Germany

Inhalt

5

6

Das Medium Straße

Eingeschlossen in unsere blitzenden Blechkisten rasen wir heute über perfekt ausgebaute Straßen. Dichte und Geschwindigkeit des Verkehrs zwingen unsere Augen auf das Betonband des Weges und in den Rückspiegel. Kaum gönnt man sich einen Blick auf den Fahrer des Nachbarwagens. Die Nachrichten kommen aus dem Radio. An den Autobahnraststätten gibt es hastigen Halt für das Tanken und einen schnellen Imbiß. Welcher der eiligen Reisenden spricht da noch mit dem anderen?

Wie anders ging es doch auf den Straßen und Plätzen des Mittelalters zu. Händler aus aller Herren Länder und wissensdurstige Handwerksburschen redeten miteinander. Bauern, Mönche und fahrendes Volk trafen sich auf den Märkten und redeten miteinander. Man zog eine Strecke Weges gemeinsam, traf sich abends in den Herbergen und redete miteinander.

Die Gastlichkeit war groß, denn der Reisende war gern gesehen. Er brachte Neuigkeiten in die Stadt oder die Burg. Kaufleute wurden auf den Märkten freudig begrüßt. Von Menschen umringt, berichteten sie laut von den Begebnissen ihrer Reise. Die Straße war nicht nur Transport- und Verkehrsweg, sondern Ort menschlicher Kommunikation schlechthin.

Eine Stimme aus dem frühen Mittelalter berichtet uns über Bischof Aidan (651): »Begegneten ihm unterwegs Menschen, gleich ob hoch- oder niedriggestellt, so blieb er stehen und unterhielt sich mit ihnen.«

Es gab nur wenige Menschen, die lesen und schreiben konnten, und so war die Nachrichtenübermittlung dem Gedächtnis der Menschen anvertraut und auf mündliche Weitergabe angewiesen. Man hatte die Ereignisse, Berichte und Botschaften im Kopf. Und Wissen vermitteln, Erfahrungen weitergeben, geschah immer direkt von Mensch zu Mensch. Man freute sich aufeinander, begierig tauschte man Neuigkeiten aus. Der Kaufmann erzählte von seinen Handelszügen in ferne Länder und wollte wissen, was vorort geschehen war. Begegnete man unterwegs Bekannten, begrüßte man sich mit herzlichen Umarmungen und Küssen und begann zu erzählen. Fahrende Studenten berichteten von ihren Studien, und aus den Boten, die ja eigentlich zur Verschwiegenheit verpflichtet waren, versuchte man herauszubekommen, in welchen Angelegenheiten sie wohl unterwegs wären.

Das war keine Zeit, in der die Menschen dumpf hinter ihrem Ofen hockten, sich hinter feuchte Burgmauern verkrochen oder sich in die Mauerringe ihrer Städte einschlossen. Europa war groß, weit und hell. An der Freiheit der Straßen konnten auch Zölle und Brückengelder nichts ändern. Und ein so grausiges Unding wie die Mauer, die Deutschland heute durchschneidet, war gänzlich unvorstellbar.

Wie war das im Mittelalter anders: Wissen und Erfahrungen zogen mit dem Volk auf den Straßen von Nord nach Süd, von Ost nach West durch unseren Kontinent. Mit den Kreuzfahrern kamen die Verfeinerung der Sitten, das Wissen um Algebra und Medizin und so manches Heilkräutlein aus dem Orient. Die Steinmetzen und Bauleute der Dombauhütten wanderten von einer Baustelle zur anderen und gaben, gleichzeitig Neues lernend, ihr Können weiter.

Deutsche Bergleute wurden nach Frankreich oder Böhmen geholt, um dem Bergbau dieser Länder auf die Beine zu helfen. Und vergessen wir die Modetorheiten nicht, die sich in Windeseile von Land zu Land verbreiteten.

In dieser unglaublich mobilen Gesellschaft waren Nachrichten noch nicht verkäuflich. Sie wurden von jedem Benutzer der Straße weitergetragen. Das änderte sich erst Ende des 16. Jahrhunderts. Der Reisende wurde aus seiner Rolle als Nachrichtenvermittler allmählich verdrängt. Nicht mehr der Mensch selbst, sondern das bedruckte oder beschriebene Stück Papier wurde zum Träger der Neuigkeit.

Die Geschichte der Straße

Die Geschichte der Menschheit ist immer auch die Geschichte ihrer Wege und Straßen, denn es gibt keinen Verkehr im menschenleeren Raum.

Am Beginn der Entwicklung der Straße steht der Urpfad oder Trampelweg. Unsere nomadischen Vorfahren folgten auf ihren Jagdzügen dem Weg der Tierherden. Im Laufe der Zeit bildeten sich breite Naturwege heraus, die auch nachfolgende Stämme benutzten, und die schließlich zu dauernd bestehenden Verbindungen zwischen menschlichen Ansiedlungen wurden. Zu den ältesten Handelswegen, die wir in unserem Raum kennen, gehören die Bernsteinstraßen, die aber noch keine Straßen im tatsächlichen Sinne des Wortes waren. Denn »Straße« beginnt eigentlich erst da, wo der Mensch durch technische Maßnahmen die Verbindungswege für den Verkehr leichter gangbar macht. Zu den frühesten Zeugnissen dieser Entwicklung zählen die Bohlenwege und Moorbrücken, die sumpfiges Gelände überwinden halfen.

Als der Mensch nicht mehr alleiniger Benutzer der Wege war, mußten mit dem Aufkommen des Wagens und dem Gebrauch von Ochsen und Pferden als Zug- und Lasttiere befestigte Trassen angelegt werden. Zur höchsten Meisterschaft darin haben es die Römer gebracht, deren kunstvoll gearbeitete Straßen das ganze römische Reich mit einem dichten Netz überzogen. Nach dem Zusammenbruch Roms konnte das frühe Mittelalter westlich des Rheins und südlich des Limes auf die alten Römerstraßen zurückgreifen. Unter Karl dem Großen kamen neue Straßenzüge dazu, die durch das Ausgreifen des Fränkischen Reiches nach Norden und Osten notwendig wurden. Sie entstanden hauptsächlich durch Verbesserung der schon bestehenden Urpfade und Saumwege. Hier wären vor allen anderen der Hellweg vom Rhein durch Westfalen zur Weser und der Weg vom Rhein über Würzburg nach Regensburg zu nennen. Mit dem Aufkommen der Städte und den gestiegenen Bedürfnissen des Handels entwickelte sich ein immer dichteres Straßennetz, dessen Linienführung so manche der heutigen Bundesstraßen und sogar Autobahnen noch immer nutzt.

Wie wir hörten, war das Leben auf den alten Straßen bunt und abwechslungsreich. Ganze Menschenscharen schienen dauernd in Bewegung zu sein. Aber eine Idylle war das Leben auf den Straßen nicht, das verhinderte schon ihr schlechter Zustand. Die Wege des Mittelalters, ja darüber hinaus bis ins 18. Jahrhundert, waren morastig, hatten ausgefahrene Gleisspuren und waren voller Schlaglöcher. Selbst die hochentwickelten Römerstraßen waren verkommen, weil keiner mehr die Techniken zu ihrer Erhaltung beherrschte.

Da die alten Handelsstraßen eigentlich nur festgetretene Naturwege waren, bei denen man die größten Hindernisse beseitigt und die man notdürftig ausgebessert hatte, mußte sich der Verkehr die günstigsten geografischen Bedingungen zunutze machen. Im Gegensatz zu heute zog man gern über die trockenen Höhenwege. Um aus den sumpfigen Flußniederungen herauszukommen, wurden auch große Steigungen in Kauf genommen. Sandige und kiesige Böden boten gute Verkehrsmöglichkeiten, auf lehmigen Böden versank man bei Regen und im Winter tief im Morast. Zu Flußüberquerungen standen nur wenige Brücken zur Verfügung. Meist war ein Fluß mittels einer Fähre oder einer Furt zu überwinden. Zum Auffüllen der Schlaglöcher wurden Erde vom Straßenrand und große Reisigbündel verwendet. Aber das Holz verfaulte schnell, und der alte elende Zustand war bald wiederhergestellt.

Blieb ein Fuhrmann mit seinem Wagen im Schlamm stecken oder lag eine besonders steile Wegstrecke vor ihm, konnte er in den anliegenden Dörfern Vorspanndienste anfordern. Neben Reparatur und Übernachtung brachte dieses den Anwohnern der Straße guten Verdienst – den Schmieden, Herbergsleuten und Stellmachern.

Was die Breite der Straßen anbetraf, gab es unterschiedliche Bestimmungen. Die Straßen sollten einmal so breit sein, daß zwei Wagen sich begegnen konnten, ein anderes Mal wieder war vorgeschrieben, sie solle so breit sein wie die quergelegte Lanze eines Reiters hoch zu Roß. Manchmal werden in alten Unterlagen 24 Fuß angegeben – das entspricht etwa sieben Metern –, häufig werden auch 16 Fuß genannt, also etwa fünf Meter.

Diese Bestimmungen bezogen sich nur auf die großen Durchgangsstraßen des Reiches, die »Königs- oder Heerstraßen«. Des »heiligen Reiches freie Straßen« waren Eigentum des Königs. Die Unterhaltung der großen Straßen war Aufgabe des Reiches. Der König konnte seinen Untertanen die Pflichten zum Straßen- und Brückenbau auferlegen, zugleich aber gewährte er auch allen Reisenden Schutz, die auf seiner Straße zogen. Nach und nach aber wurden diese Regalien auf dem Wege der Lehensverleihung an kirchliche und weltliche Territorialherren vergeben, die wohl an Zöllen und Geleitsgeldern interessiert waren, weit weniger aber am Zustand der Straßen. Je schlechter die Straße war, desto häufiger konnten sie das Recht der Grundruhr in Anspruch nehmen. Stürzte ein Wagen um oder brach eine Achse, war es dem Grundherrn erlaubt, alle Waren, die den Boden berührt hatten, zu beschlagnahmen. Und um wie vieles größer konnte doch die Beute sein, wenn der Weg voller Löcher und überhaupt in miserablem Zustand war.

Wenn dieses Grundruhrrecht auch schon fast der Wegelagerei gleichkam, so drohten einem Handelszug doch die größten Gefahren durch die Strauchritter und Straßenräuber. Die fielen besonders gern über die Besucher der großen Messen her, führten sie ja kostbares Handelsgut mit sich. So mancher Übeltäter wurde am Wegesrand aufgeknüpft – Straßenraub stand unter schwerer Strafe. Die Aussicht auf reiche Beute ließ jedoch alle Bedenken vergessen.

Allen voran betätigte sich der Adel in diesem unschönen Gewerbe. In welchem Umfang das geschah, beweist die Nachricht, daß König Rudolf I. von Habsburg allein im Jahre 1290 sechsundsechzig Raubschlösser in Thüringen und siebzig in Franken und Schwaben zerstört haben soll.

Götz von Berlichingen und Hans von Selbitz machten den Nürnberger Kaufleuten schwer zu schaffen. Als diese sich beim Kaiser Maximilian I. über die beiden beklagten, sagte der verzweifelte Herrscher nur: »Heiliger Gott, heiliger Gott, was ist das? Der eine hat nur eine Hand, der andere nur ein Bein. Was wolltet ihr erst machen, wenn sie zwei Beine und zwei Arme hätten!?«

Die Frage erhebt sich, woraus der Verlauf der alten Straßen zu erkennen ist. Da haben zunächst einmal die Historiker das Wort: Aus Straßenbezeichnungen lassen sich Rückschlüsse auf die Bedeutung einer Straße ziehen. »Königsstraße«, »Heerweg« oder »Heerstraße« bezeichnen zuverlässig einen Hauptverkehrsweg. Der Name »Hellweg« deutet auf eine wichtige Straße hohen Alters hin und auch nach den auf ihr beförderten Waren konnte eine Straße benannt sein. Die Namen »Salzstraße«, »Eisenstraße«, »Ochsenweg« weisen auf die Güter hin, die man hauptsächlich auf ihnen transportierte.

Entlang des Verlaufs einer Straße gab es Einrichtungen, die in direktem Zusammenhang mit derselben standen. Allen voran die Zollstationen, dann die Geleitsstrecken und die Stapelplätze. Burgen und Warten sicherten die Straßenzüge, Hospitäler und Siechenhäuser lagen an den Straßen außerhalb der Städte. Die Königshöfe sorgten für Unterbringung und Verpflegung bei den Reisezügen der Könige. Vorbei an Richtstätten zog der Reisende durch die Tore einer Stadt. Vereinzelt liegende Herbergen und Straßenkrüge sorgten für das leibliche Wohl vorbeiziehender Fuhrleute.

Noch deutlichere Zeugnisse für den Verlauf einer Handelsstraße sind Nachrichten über Warentransporte. Meist in Form von Beschwerden finden wir sie in alten Urkunden. Es sind Klagen über Unfälle, Beraubungen und Beschlagnahme von Waren mit oftmals sehr genauen Angaben über die Art der Handelsgüter die verlorengingen, und den Heimatort des Geschädigten.

Weit zahlreicher sind Reiseberichte. Ratssendeboten und fürstliche Gesandte berichten über die Stationen ihrer Reisen und legen Reisekostenabrechnungen vor. Außerdem sind uns Itinerare überliefert, die als Reisehandbücher anzusehen sind. Sie geben die Entfernungen zwischen einzelnen Stationen einer Route an und waren vorwiegend für Pilger auf ihrem Weg zu den berühmten Wallfahrtsorten gedacht.

Das älteste deutsche Itinerar hat Abt Albert von Stade Mitte des 13. Jahrhunderts angefertigt. Es beschreibt den Weg von und nach Rom und eine Fahrt über das Mittelmeer ins Heilige Land. Zu den berühmten Reisebüchern gehört auch das Brügger Itinerar aus der Zeit um 1380.

Was hier bis heute an den Schreibtischen der Historiker erarbeitet wurde, wird ergänzt durch die Geländebegehungen der Geographen, die sich mit Altstraßenforschung befassen und in der Lage sind, alte Wegespuren im Gelände zu erkennen. Am deutlichsten sind noch die an Steigungen tief eingefahrenen Rinnen der alten Hohlwege auszumachen. So manches stille Waldstück birgt die Geleisespuren der alten Wege, und so mancher stille Feldweg war früher einmal die Trasse eines bedeutenden Handelsweges.

Menschen auf den Straßen

Solange die Straßen schlecht und unsicher waren und der Mensch bei einer Reise große Beschwernis auf sich nahm, hat man nur Zweckreisen unternommen. Die Reise um ihrer selbst willen gab es nicht. Die Menschen begaben sich aus beruflichen, politischen oder religiösen Gründen auf den Weg. Solche Zweckreisen unternahmen Kaufleute, Fuhrleute, Minnesänger, Marktbeschicker, Hausierer, Artisten und Bader – alle diejenigen, die ständig den Ort wechseln mußten, um Kundschaft und Publikum zu finden.

Dahin gehören auch die Wanderschaften der Handwerksburschen, die Universitätsreisen der Professoren und Studenten, die Reisen der Äbte und Mönche von Kloster zu Kloster und die Ausbildungsreisen junger Kaufleute. Königszüge, Pilgerreisen, Kreuzzüge und nicht zu vergessen die Ostkolonisation waren besondere Antriebe, die die Menschen immer wieder auf die Straße brachten. Ganze Völkerschaften gerieten im Mittelalter durch sie in Bewegung.

Die Fahrten der Pilger war die größte Reisebewegung des Mittelalters. Allein nach Santiago de Campostela zogen jährlich bis zu einer halben Million Menschen. Rom und Aachen sahen große Pilgerscharen, aber auch kleinere Wallfahrtsorte oder solche von nur regionaler Bedeutung zogen immer wieder Menschen an. Sei es, daß der Pilger ein Gelöbnis erfüllte, auf Heilung seiner Gebrechen hoffte, um Fürbitte nachsuchte oder Ablaß seiner Sünden zu erreichen hoffte.

Pilgerreisen wurden meist zu Fuß unternommen. Als Gepäck nahm man so wenig wie möglich mit. Der Pilger trug einen weiten langen Mantel, in den er sich, falls keine Unterkunft vorhanden war, zur Not einwickeln konnte, wenn er sich unter freiem Himmel zum Schlafen niederlegte. Ein breitkrempiger Hut, der gegen Sonne und Wetter schützte, und ein kräftiger Stab gehörten zur Ausrüstung. Am Gürtel hing eine Tasche, die ein paar Münzen, Papiere und Empfehlungsschreiben und einen kleinen Mundvorrat enthielt. Feuersteine und ein Messer, mehr brauchte der Pilger nicht, da Klöster und Hospize am Wege Obdach gewährten.

Am Mantel oder an der Hutkrempe trug der Wallfahrer die Pilgerabzeichen der von ihm besuchten heiligen Stätten.

Um wie vieles sorgfältiger und von langer Hand geplant waren da die Reisevorbereitungen der Kaiser- und Königszüge und der Fürstenreisen, mußte doch für die Verpflegung und Unterbringung einer großen Anzahl von Menschen vorgesorgt werden.

Kaiser, Könige und Landesfürsten übten ihre rechtlichen Funktionen vielfach im Umherreisen aus. Die Anwesenheit des Herrschers wurde überall verlangt, sei es, um Recht zu sprechen, Verträge zu schließen oder die Huldigung der Untertanen entgegenzunehmen.

Der kaiserliche Hof reiste mit großem Troß durch die Lande. Die Schreiber und Akten der Kanzlei, die Geistlichkeit des Hofes mit der Reisekapelle, die Reichskleinodien und zahlreiches adeliges Gefolge waren dabei, wenn der mittelalterliche Reisekaiser von Pfalz zu Pfalz oder von Stadt zu Stadt zog, um seine Regierungsgeschäfte in Ordnung zu halten. Der Herrscher reiste, wie seine Begleitung, zu Pferde. Am Schluß des Zuges folgte eine lange Reihe von schweren Wagen, auf denen in Truhen und Laden verstaut das Gepäck für eine so zahlreiche Reisegesellschaft mitgeführt wurde.

Führte die Reise durch Gebiete, die zur Hausmacht des Herrschers gehörten, ging sie ohne besondere Förmlichkeiten vor sich. Wenn nicht besondere Eile geboten war, legte man etwa 20 bis 40 Kilometer am Tage zurück, übernachtete in Burgen oder Städten und reiste am nächsten Morgen nach der Frühmesse weiter.

Verließ der Herrscher seine eigenen Länder und kam in das Gebiet eines weltlichen oder geistlichen Herren, gab sein Erscheinen Anlaß zu Ehrungen und Feierlichkeiten. Der Empfang lief fast immer nach den gleichen Regeln ab. Näherte sich der Zug dem Territorium eines Landesherren, so ritt dieser dem Kaiser bis an die Grenze seines Herrschaftsbereiches entgegen, begrüßte ihn und gab ihm mit seinem berittenen Gefolge das Geleit an seinen Aufenthaltsort. Dann blieb er dem Herrscher zur Seite, bis dieser sein Gebiet wieder verließ.

15

Erfuhren die großen Städte, daß die Reiseroute eines Kaisers ihn auch in ihre Gegend führen würde, schickten sie ihm mehrere Ratsherren entgegen, die ihn zum Besuch ihrer Stadt einluden. Falls sie schon wußten, daß sie zu einem Besuch auserkoren waren, ritten dem kaiserlichen Reisezug einige Räte der Stadt entgegen, um die Freude ihrer Gemeinde über den bevorstehenden hohen Besuch zum Ausdruck zu bringen. Mit gar zierlichen Worten bestätigten sie dem Herrscher ihre Untertänigkeit, wie es zwei Nürnberger Ratsherren taten, als sie Kaiser Friedrich III. auf dem Weg von Regensburg in ihre Stadt auf halbem Wege in Neumarkt begrüßten:

»Allergnädigster, großmächtigster Kaiser, allergnädigster Fürst und Herr! Meine Freunde, Euer kaiserlicher Gnaden willige und gehorsame Untertanen, ein Rat zu Nürnberg, haben meinen Mitfreund und mich zu Euer kaiserlichen Majestät gesandt und lassen sich Euer kaiserlichen Großmächtigkeit mit demütigem Fleiß empfehlen und sind erfreut und begehrlich Euer kaiserlichen Majestät Zukunft, Gesundheit und glückliches Wesen, die der allmächtige Gott dem Heiligen Römischen Reich zu Ehren, der Christenheit zum Trost, lange bewahren wolle, mit Anerbietung ihrer schuldig und gehorsamen Dienste, womit sie auch Euer kaiserlichen Stadt Nürnberg Euer kaiserlichen Durchlauchtigkeit untertänigst empfehlen, als ihrem allergnädigsten Herrn zu und unter dessen Gnade sie ohne alle Mittel gehören.«

Näherte sich der Zug des Herrschers, der über 1000 Mann stark sein konnte, der Stadt, kamen ihm die Bürger entgegen, um den Kaiser in feierlichem Festzug in die Mauern einzuholen. Zuerst erschien die in bunte Festgewänder gekleidete Jugend der Stadt. Die Mädchen und Jünglinge trugen Kränze auf dem Kopf und sanken in die Knie, wenn die Majestät vorüberritt. Kurz bevor das Tor erreicht wurde, erschien die Geistlichkeit in feierlicher Prozession, einen Lobgesang auf den Lippen, Vortragkreuz, Fahnen und Reliquien mit sich führend. Die Bürgerschaft säumte auf beiden Seiten die Straße. Der Bürgermeister reichte dem Kaiser die Schlüssel zum Stadttor, der sie sorglich zurückgab mit der Mahnung, Schlüssel und Tore wohl zu hüten.

Unter einem seidenen Baldachin, der von vier der angesehensten Bürger getragen wurde, ritt der Herrscher in die Stadt ein, wobei der Bürgermeister und die Ratsherren zu Fuß neben seinem Pferd hergingen.

Nicht nur aus repräsentativen oder politischen Gründen waren die Fürsten unterwegs, sondern auch als Kriegsherren. Riefen sie zu Kriegszügen auf, so bevölkerten Ritter, Knechte, »Reisige« und Söldner die Straßen. Vorüberziehende Soldateska war der Schrecken der Bewohner der Dörfer an einer Heerstraße, kamen doch immer wieder Übergriffe auf ihr Hab und Gut vor.

Aber auch lustiges Volk zog über die Straße. Da waren die ehrbaren Spielleute, die von Burg zu Burg wanderten und von Stadt zu Stadt: Sie kamen aus allen Ständen, waren Klosterschüler oder Minnesänger, die den ganzen Sommer an den Höfen herumzogen. Dazu kamen die »unehrlichen« Tänzer, Possenreißer und Bader, Hausierer, Quacksalber, Feuerschlucker und Gaukler, die mit Affe und Tanzbär durch die Lande zogen und zur Belustigung des Volkes ihre Kunststücke zeigten. Zu diesem bunten Haufen gesellten sich noch entlaufene Mönche, Deserteure, Strauchdiebe und die willigen Damen des leichten Gewerbes.

Weit über diesen vagabundierenden Banden stehend sahen sich die Vaganten, wandernde Schüler und Studenten, die in Gruppen von einer Latein- oder Klosterschule zur nächsten zogen. Singend und bettelnd pilgerten sie zu berühmten Lehrern oder zu den Universitäten in Paris, Bologna und später dann auch in Prag. Die Texte zu ihren Liedern, die zumeist von der Lust des freien Lebens auf den Straßen handeln, dichteten sie in Latein:

»Wer nicht abwirft alle Bande und durchwandert alle Lande, frohen Sinns mit offnen Augen, der wird niemals etwas taugen.«

Von den wandernden Handwerksburschen auf ihrer Walz wissen wir, aber auch Künstler gingen auf Bildungsreisen, so Albrecht Dürer, den sein Weg nach Italien und Holland führte. Junge Kaufmannssöhne wurden in die großen Städte, nach Genf, London oder Venedig, zu befreundeten Handelshäusern geschickt, um ihre Ausbildung zu vervollständigen und Verbindungen anzuknüpfen.

Schon früh hatten die Klöster einen Botendienst untereinander organisiert, und die Städte folgten bald. Hatte man im frühen Mittelalter den wandernden Kaufleuten die Nachrichten anvertraut, so wurden diese später von den städtischen Boten und den landesherrlichen Läufern aus ihrer angestammten Rolle verdrängt. Mit Spieß und Botentasche ausgerüstet wurden sie zu ständigen Benutzern der Straße. Es waren zuverlässige und verschwiegene Männer, die stolz das gestickte Wappenschild ihres Herrn auf dem Wams trugen und weithin bekannt waren.

Und dann war da noch einer unterwegs auf den Straßen des Mittelalters: der Kaufmann. Wohl keiner hat ihn so treffend beschrieben wie Gustav Freytag in seinem Essay *Auf den Straßen einer Stadt um 1300.* Er sagt von ihm:

»Er kannte Sprache, Recht und Sitten der fremden Völker, war an ein hartes Leben in Gefahren und unsicherem Rechtsschutz gewöhnt, zäh, gewandt und unerschrocken. Er wußte in der Fremde mit jedermann zu verkehren, mit dem König und dem wilden Reiter in einsamer Herberge; überlegen wußte er seinen Vorteil zu verfolgen, mit spähendem Auge und unablässiger Selbstbeherrschung. Und er brachte heim, was einen Zauber ausübte, wie ihn unsere geldreichere Zeit gar nicht begreift. Die Kostbarkeiten, die er mit sich führte, waren Sehnsucht und Poesie von jedermann, durch ihn kam alles Seltene und ganz Unerhörtes in die Landschaft; er besaß das Geld womit man die Höchsten der Erde gewinnen konnte, den Papst, daß er Nonnen verheiratete, den Kaiser, daß er ganze Haufen Unedler zu Rittern machte und Pate stand bei den Kindern eines Bürgers. Geld erwarb, wie man klagte, die Liebesgunst edler Frauen und alle denkbare Herrlichkeit der Welt. Der Kaufmann verlieh und verschenkte. Er gewann guten Willen, wo er ihn nur brauchte, kaufte Häuser und Güter und machte einen großen Teil der Bürger abhängig von seinem Wohlstand und seinem Geschäft. Seine Erfahrung und seine Geldmittel waren der Stadt in gefährlicher Zeit unentbehrlich, und er wußte wieder zu machen, daß die Stadt ihre ganze Kraft daran setzte, seine Geschäfte zu fördern.«

Es gab viele Typen von Kaufleuten. Die Krämer, die an den Markt der Stadt gebunden waren, die Höker, die mit einer Kiepe auf dem Rücken oder mit einem Handkarren die ländlichen Gebiete versorgten. Derjenige aber, von dem Gustav Freytag hier spricht, ist der wagende, gewinnorientierte reisende Fernhandelskaufmann, der sein Handelsgut von Messeort zu Messeort und von Handelsplatz zu Handelsplatz begleitete. Die Waren, die er mit sich führte, waren zum größten Teil hochwertige oder Luxusgüter, nur für einen kleinen Abnehmerkreis bestimmt.

Das Risiko des Fernhandelskaufmanns war sehr hoch, also versuchte er es zu verringern, indem er sich auf der Reise mit anderen Kaufleuten zu Fahrtgenossenschaften zusammenschloß oder indem der Kaufherr einen Karawanenzug zusammenstellte mit einem erfahrenen Führer an der Spitze, der selbst und dessen Knechte im Waffengebrauch wohlgeübt waren. War ein Handelszug glücklich verlaufen, winkten am Ende der Reise allerdings auch beträchtliche Gewinne.

Am Beginn des Mittelalters lag der Fernhandel in den Händen von Syrern und Juden. Ihnen folgten die Friesen, Wikinger, Flamen, Wallonen und Italiener. Gegen Ende der Karolingerzeit (um 950) sehen wir dann einheimische Händler auf den Straßen, Messen und Märkten auftauchen, vor allem aus dem oberdeutschen und nordwestdeutschen Raum.

Trotz Reichtum und Einfluß blieben die reisenden Kaufleute Außenseiter in einer Gesellschaft, in der allein Grundbesitz Macht und Ansehen bedeutete. Das änderte sich erst im 13. Jahrhundert, als die Glanzzeit der städtischen Wirtschaft begann. Der Kaufherr ritt nicht mehr mit dem Frachtwagen auf der Straße, er tätigte nun seine Geschäfte vom Kontor aus, legte einen Teil seines Vermögens in Handelsgesellschaften an, verband Handels- und Kreditgeschäfte und saß bald als angesehener hoher Herr im Rat der Stadt. Seine Warenzüge zogen jetzt in der Obhut von Verwandten oder bewährten Dienern durchs Land, betreut von Schirrmeistern und Fuhrknechten, die die Gespanne vor den hoch mit Ballen, Kisten und Fässern bepackten Wagen über die Straßen trieben.

Bräuche und Aberglaube

Eine Reise war für den mittelalterlichen Menschen stets eine außerordentliche Begebenheit, die mit Mühsal und Gefahr verbunden war. Um die günstigsten Voraussetzungen dafür zu schaffen und um allen Eventualitäten Rechnung zu tragen, mußten sorgfältige Vorbereitungen getroffen werden.

Begab man sich auf eine längere Reise, ordnete man seine häuslichen Angelegenheiten und setzte sogar ein Testament auf für den Fall, daß einem unterwegs etwas zustoßen sollte.

Aber auch eine Reihe von abergläubischen Bräuchen mußte beachtet werden, um ein gutes Gelingen zu gewährleisten.

Das fing schon mit dem Tag der Abreise an. Der Freitag galt in den christlichen Ländern allgemein für den Antritt einer Reise als ein unglückbringender Tag, während der Montag als günstiger Abreisetag angesehen wurde. Der glückverheißende Tag aber genügte nicht allein, um sich eines guten Ausgangs der Reise zu versichern. Auch die Gunst der Götter mußte durch Gebete und Opfer erworben werden. In Deutschland zeichnete der Fuhrmann vor Antritt der Fahrt mit der Peitsche drei Kreuze vor seinen Pferden in den Sand, was dieselbe Wirkung haben sollte wie die vielen Reisesegen und Reisegebete, die wir kennen.

Noch größeren Einfluß auf den Verlauf einer Reise aber hatte der Reisezauber, der immer und überall ausgeübt wurde. Einen schwachen Abglanz davon finden wir noch heute in vielen Automobilen. An so manchem Rückspiegel baumelt ein Talisman, und Plaketten des Heiligen Christophorus, des Schutzpatrons der Reisenden, kleben an den Armaturenbrettern – heilbringende oder Unglück abwehrende Gegenstände, die durch alle Zeiten hindurch als Schutz mitgenommen wurden.

Damit der Reisende wohlbehalten wieder nach Hause komme, gaben ihm die Zurückbleibenden das Geleit, so wie wir heute noch unsere Gäste zum Abschied an den Wagen geleiten.

Ein unfehlbares Mittel, um den Gefahren einer Reise zu entgehen, gibt uns eine Handschrift des 16. Jahrhunderts: An einer Wegscheide soll man sich auf die linke Schuhsohle mit Kreide ein Kreuz machen und dabei sprechen: »Ich gebeutte dir das du mir unterthenig seyst und mich führest ohne schaden meines Leibes, das ich möge in der Zeit do und do sein möge. Nun hebe mich auf über alle Stock und Stein und Felsen.«

Wenn der Abreisende mit dem Mantel in der Tür hängenblieb, bedeutete dies, daß er gesund zurückkehrte. Auch war es Brauch, bei der Abfahrt in die Fremde oder beim Auszug in den Krieg den Hausgenossen mit einem Becher Wein zu verabschieden, es wurde der Satteltrunk oder Scheidetrunk gereicht. Der Becher, der eigens dafür bestimmt war, beim fröhlichen Umtrunk nach glücklicher Heimkehr die Runde zu machen, hieß »Willekum«.

Wegen der Gefahren, mit denen eine Reise verbunden war, bestanden für die Reisenden im Mittelalter Ausnahmerechte. Das Holz, das sie zum Ausbessern eines Wagens benötigten, durften sie im Wald an der Straße schlagen, und wurde ihnen die Nahrung knapp, war ihnen erlaubt, sich aus den angrenzenden Feldern und Gärten zu nehmen, was sie brauchten. Überhaupt sollte dem Reisenden auf jede Weise geholfen werden.

Mit dem stärker werdenden Verkehr im Hoch- und Spätmittelalter gewann auch das Gewerbe des Handels- und Frachtverkehrs an Bedeutung, und der Fuhrmann mit seinem Gespann tauchte immer häufiger auf den Straßen auf. Es waren rauhe Burschen, denen der Zustand der Wege, die oft nur erweiterte Gehsteige oder Tragtierwege waren, größte Schwierigkeiten bereitete. So ist es nur zu verständlich, daß bei diesem Berufsstand abergläubischen Vorstellungen Vorschub geleistet wurde. Und fluchen konnten die Fuhrleute unbändig. Ein Fluch wird oft als Fuhrmannsgebet bezeichnet, und der Satz »Du fluchst wie ein Fuhrmann« wird auch heute noch sprichwörtlich gebraucht.

Da ein Fuhrmann meist auf derselben Straße fuhr, kannte er alle Schwierigkeiten der Strecke, und auf sein Gespann konnte er sich auch verlassen. Wenn sich sein Wagen aber trotzdem einmal festfuhr oder die Pferde durchgingen, konnte es sich nur um einen Schadenzauber handeln! Da gab es etwa das Festbannen des Wagens, den die Pferde dann auch unter größten Anstrengungen nicht von der Stelle bringen konnten. Den gebannten Wagen konnte man schnell freibekommen, wenn man die Speiche eines Rades, die der Stellmacher zuerst eingesetzt hatte, wegschlug. Verhindern konnte man das Bannen eines Wagens auch, wenn man zuerst das linke Vorderrad, dann das linke Hinterrad und zuletzt das rechte Vorderrad schmierte. Ein gebannter Fuhrmann konnte auch, um loszukommen, dreimal den Wagen mit den Worten »Laß mich los, im Namen des Vaters, des Sohnes und des Heiligen Geistes« umschreiten, dann war der Spuk vorbei.

Die Fuhrleute verstanden sich als geschlossene Berufsgruppe, die sich schon durch den blauen Fuhrmannskittel auswiesen. Um in diese Gemeinschaft aufgenommen zu werden, mußte sich der Neuling bestimmten Hänselbräuchen unterwerfen. Kam ein Kutscher beispielsweise das erste Mal nach Frankfurt, wurde er dreimal mal durch die Roßschwemme geschleift und mußte sich dann in einem Wirtshaus durch einen Umtrunk freikaufen. In Leipzig mußten die Fuhrleute durch die Speichen eines Rades kriechen, wobei ihnen das Hinterteil kräftig verbläut wurde. Dasselbe geschah bei dem berühmten »Nadelöhr«, einer Felsspalte in Ilfeld am Harz, durch das die Holzknechte, die zum ersten Mal in den Harzwald fuhren, sich zwängen mußten.

»Ein altes Wagenrad schützt gegen böse Mächte«, heißt es in Oldenburg. Dem Storch legte man zum Nestbau ein Wagenrad aufs Dach, so war das Haus vor Blitzschlag geschützt. Fand man eine alte Wagenfelge und warf sie in die Scheune, konnten die Mäuse keinen Schaden anrichten.

Diese und viele andere zauberische Bräuche zeigen die schützende Funktion des Rades im Aberglauben an. Aber auch Hexen und Dämonen konnten als feurige Räder durch die Nacht rollen und dem, der sie erblickte, Leid und Unglück bringen. Sogar in modernen Zeiten wird noch von ihnen erzählt. So sollen sich nachts zwischen Hannover und Bremen feurige Räder gezeigt haben, just an der Stelle, wo später die Eisenbahnlinie gebaut wurde.

Die feurigen Räder zeigten sich oft in der Nähe von Galgen und Richtstätten, was auf die Bedeutung des Rades im altdeutschen Rechtsleben hinweist. Fuhrleute leisteten ihren Eid auf das Rad. Am bekanntesten aber ist seine Verwendung bei der Strafe des Räderns, die in allen germanischen Stämmen verbreitet war. Bei der ursprünglichen Form des Räderns wurde der Verurteilte quer zu den Wagengeleisen auf den Weg gelegt und von einem ihn überrollenden Wagen zu Tode gebracht.

Im Mittelalter wurden besonders verruchte Mörder, Verleumder und Brandstifter zum Tode durch das Rädern verurteilt. Dem Verurteilten wurden mit einem Rad die Knochen gebrochen und der Leichnam dann durch die Speichen geflochten, so wurde der Verbrecher an der Richtstätte zur Schau gestellt. Diese Todesart galt als eine weit schimpflichere als das Hängen.

An den Wagen, der wie das Rad ursprünglich auch kultische Bedeutung hat, knüpfen sich ebenfalls Sagen und Zauberbräuche. Vom richtigen Wagenschmieren haben wir schon gehört, aber auch die Achse, die Deichsel und die Wagengeleise haben ihre abergläubische Bedeutung. Reibt man zum Beispiel seine Warzen an einer Wagenachse, so werden sie »wegfahren«.

Beim Anspannen darf nicht über die Deichsel gestiegen werden, sonst fällt der Wagen um. Ebenso muß man vermeiden, unter einer Deichsel durchzukriechen, und zerbrechen die Pferde bei einem Brautwagen die Deichsel, so bedeutet das eine unglückliche Ehe.

Ganz besonderer Aberglauben haftet den Wagengeleisen an. Geht man zwischen ihnen auf seinem Weg voran, können einem weder Hexen noch Spuk oder gar der Teufel etwas anhaben. Vor dem Irrwisch schützt, wenn man mit einem Fuß im Wagengeleise geht. In den Geleisen haben aber auch die armen Seelen ihren Aufenthalt. Sie leiden besonders, wenn schwerbeladene Wagen über sie hinwegfahren, und sieht man Kröten im Wagengeleise hocken, muß man sie »mitleidig heraustun«, denn auch sie sind arme Seelen.

Heilkraft sagt man dem Wasser nach, das am Himmelfahrtstag an einem Kreuzweg aus den Geleisen geschöpft wird: Es hilft gegen Krämpfe. Und auch zu Prophezeiungen über den Ausgang der Ernte können die Wagengeleise helfen. Stehen sie am Martinstag voll Wasser, wird es im nächsten Jahr eine gute Weinernte geben. Liegt aber eine Erbse im Geleise, so fällt der Wagen um.

Die Unsicherheit des Verkehrs und der schlechte Zustand der Straßen regten die Phantasie des Volkes an. Es bevölkerte die Wege mit hilfreichen und vor allem mit bösen Geistern. Diese Spukgestalten versperrten entweder dem Reisenden den Weg oder versetzten die Wegezeichen, lockten so den Wanderer vom rechten Wege ab, so daß er in die Hände von Räubern und Wegelagerern fiel.

Die Menschen versuchten die Wegegeister günstig zu stimmen, indem sie ihnen Opfer brachten. Nahrungsmittel und Trankopfer wurden am Weg vergraben, um die Fährnisse der Straße zu bannen.

Man könnte annehmen, dies seien Bräuche, die nur auf alten Straßen geübt wurden, aber noch beim Bau der Eisenbahnen in Belgien hat man Hühner und Hasen in den Bahndämmen vergraben, um den Geistern dieser neuen Wege zu opfern.

Zu Fuß, zu Pferd, im Wagen

Das Mittelalter erstreckt sich zeitlich über fast ein Jahrtausend. Der Zeitraum vom 6. bis zum 15. Jahrhundert umschließt gewaltige Entwicklungen und Veränderungen wirtschaftlicher und kultureller Art. Eines aber ist in dieser Zeitspanne, was den Verkehr betrifft, unverändert geblieben: Der einfache Mann ging zu Fuß. In der Regel hatte er keine weiten Strecken zurückzulegen. Aber Pilger, Boten und Händler legten oft große Distanzen *per pedes* zurück. Die Entfernungen sind erstaunlich, manchmal Tausende von Kilometern. Schritt ein Reisender rüstig voran, so konnte er eine Tagesstrecke von 30 Kilometern bewältigen.

Der Herr ritt auf dem Pferd. Das Pferd war Ausdruck einer gehobenen sozialen Stellung, es wurde zum Statussymbol. Der Ritter zog zu Pferd in den Krieg, seine Knechte folgten ihm zu Fuß. Das Pferd konnte Hindernisse im Gelände leicht überwinden, sein Siegeszug als Transportmittel war durch die Entwicklung des Sattels bedingt, der als Reit- oder Packsattel verwendet werden konnte. Verschiedentlich fand das Pferd auch als Zugtier Verwendung, wenngleich das Ochsengespann lange eine dominierende Rolle spielte.

Es galt als außerordentlich unmännlich, im Wagen gezogen zu werden. Selbst die Frauen bevorzugten das Pferd; im Damensitz saßen sie auf ihren Zeltern oder schwangen sich im Rücken der Herren auf den Sattel. Wenn das Gelände schwierig wurde, es steil bergauf oder bergab ging, ritten aber auch die Damen im Herrensitz. Den »Frauenzimmern« und älteren Reisenden gestand man noch am ehesten eine Fahrt im Wagen zu. Häufiger wurde aber doch die Pferdesänfte, ein zwischen zwei Rössern aufgehängter überdachter Tragsessel, vorgezogen. Eine kleine Reisegesellschaft zu Pferde ohne großes Gefolge konnte bis zu 75 Kilometer am Tage bewältigen.

Der Wagen wurde zum Befördern des Gepäcks, zum Gütertransport und in der Landwirtschaft eingesetzt. Es gab zweirädrige Wagen, die von einem Pferd gezogen wurden, und die vierrädrigen Ochsenkarren. Der Wagen des frühen Mittelalters bestand aus einem hölzernen offenen Wagenkasten, der nicht selten zerlegbar war. Die Wagenwände waren geschlossen oder leiterwagenförmig. Erst seit dem 12. Jahrhundert wird der Wagen mit einer Plane gegen Wind und Wetter abgedeckt. Auf mit Speichen versehenen Holzrädern rollten diese plumpen Gefährte, dem Reisenden eine Qual, durch die Lande. Und langsam ging die Reise auch noch voran. Mehr als 20 bis 30 Kilometer am Tage waren nicht zu schaffen, also weniger, als ein rüstiger Wanderer hinter sich brachte.

Der lenkbare Wagen entstand im Laufe des 12. Jahrhunderts. Die starre Vorderachse wurde durch den Drehschemel ersetzt, der es möglich machte, das Gefährt auf kurvenreichen Fahrwegen oder in den engen Straßen einer Stadt zu manövrieren. Für die Reisenden im Wagen wurde die Fahrt erst bequemer, als man dazu überging, den Wagenkasten an Lederschlaufen aufzuhängen, so daß die gröbsten Stöße aufgefangen und gemildert wurden.

Der für das Spätmittelalter zur Personenbeförderung benutzte Wagentyp war der Kobelwagen. Er bestand aus einem mehrrippigen tonnenförmigen Aufsatz, der auf den Wagenboden montiert war. Allmählich ließen sich die vornehmen Leute ihre Wagen gefälliger, ja sogar luxuriös bauen. Mit Wappenschildern und Schnitzwerk verziert, manchmal vergoldet, wurden diese Gefährte hauptsächlich von adeligen Damen benutzt. Vor Regen schützten Lederplanen, die innen mit Seide oder Brokat gefüttert waren. Dergleichen verschwenderisch ausgestattete Gefährte dienten auch als Brautwagen für hochgestellte Damen. 1446 wurde ein solcher Wagen für die Herzogin Katharina von Österreich angefertigt. Das Wageninnere war mit zwei Sitztruhen, in denen auch die Gewänder aufbewahrt wurden, einer Silbertruhe, einigen Schemeln und einem »haymlich Stuhl« (einer Reisetoilette) ausgerüstet. Zu dem Brautzug gehörte, neben anderen Begleitfahrzeugen für das Gefolge, auch ein Kammerwagen für das Gepäck der Herzogin.

Als häufiges Gefährt für den steigenden Bedarf des Personenverkehrs im ausgehenden Mittelalter wurde schließlich

der Rollenwagen eingesetzt. Von bestimmten Ein- und Um-
steigestellen aus wurde er vor allem von Kaufleuten benutzt,
die zu den Messen fuhren. Für den Frachtverkehr aber blieb
unverändert bis in das 19. Jahrhundert hinein der Planwagen
das typische Transportmittel. Hochbeladen rumpelte er über
die Landstraßen, wie R. Baumbach es in seinen Liedern von
der Landstraße beschreibt:

Es schnaubt und wihrt und knarrt und knallt
Es klingen Messingschellen.
Dazwischen hott und hoh erschallt
Und lustges Hundebellen.
Es schwankt heran durch Staub und Sand
Ein Wagen wie ein Elephant.
Sechs Rosse ziehn im Kummet
Von Fliegenvolk umsummet.

Die Alte Salzstraße

Lüneburg – Artlenburg – Mölln – Lübeck

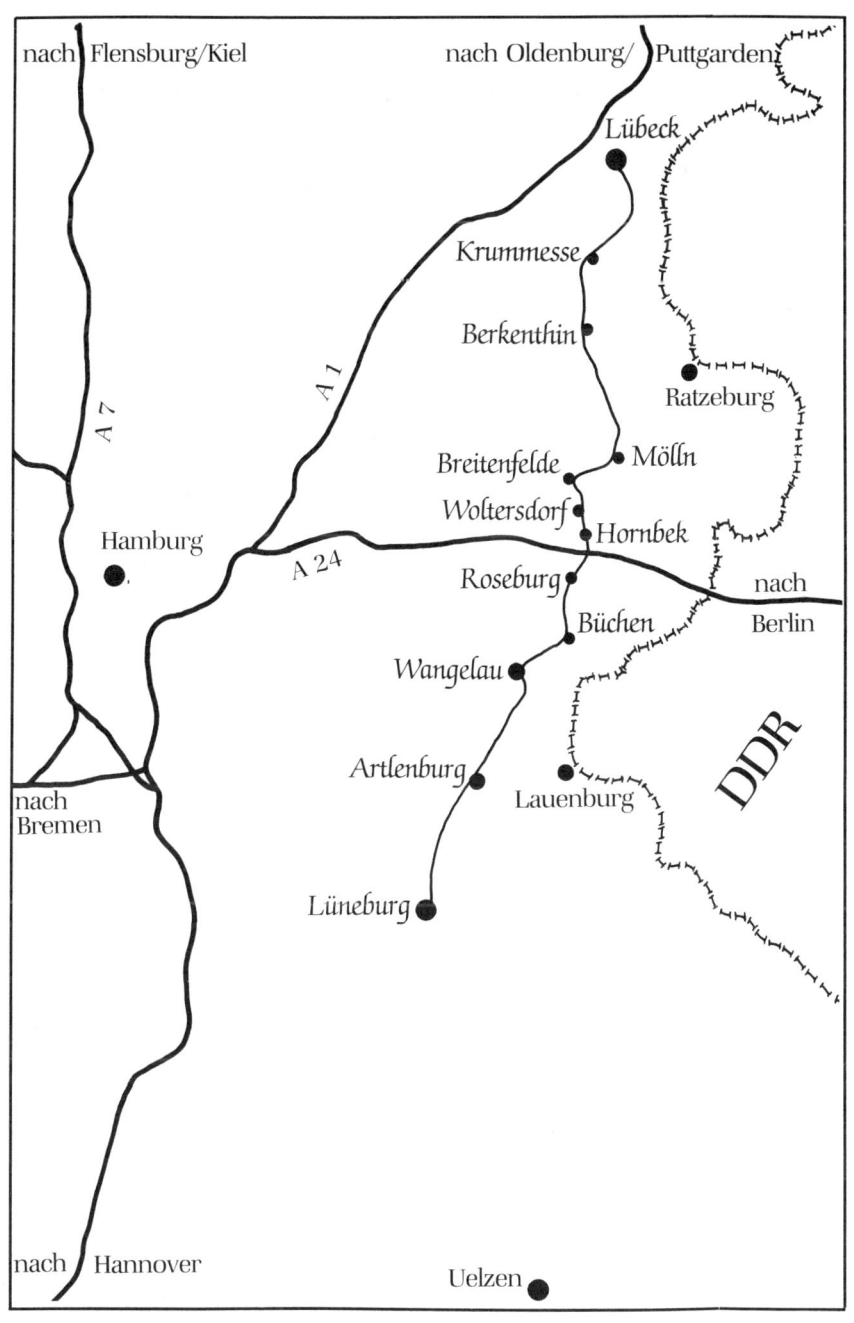

Im Westen der Stadt stiegen die hohen Rauchsäulen der Saline in den Himmel. Sie waren über Jahrhunderte das eigentliche Wahrzeichen Lüneburgs. Hier wurde das Salz, das »weiße Gold«, gewonnen, das die Fuhrleute auf ihren schwerbeladenen Wagen nach Norden, nach Lübeck, schafften.

Salz war im Mittelalter die einzige Möglichkeit, Fleisch und Fisch zu konservieren. Man brauchte etwa ein Faß Salz zum Einsalzen von vier bis fünf Fässern Hering und eines für zehn Fässer Butter. Der Bedarf in privaten Haushalten betrug jährlich etwa fünfzehn Kilogramm pro Einwohner. Es bestand also eine beträchtliche Nachfrage. In manchen Jahren produzierte die Saline bis zu 20 000 Tonnen. Das deckte den Bedarf von zwei Millionen Menschen, vom Polarkreis bis in den Süden des Deutschen Reiches und bis weit nach Rußland hinein.

Für die salzarmen Länder an Nord- und Ostsee besaß Lüneburg bis ins 14. Jahrhundert das absolute Salzmonopol. Um diesen gewaltigen Bedarf zu decken, loderten Tag und Nacht die Feuer unter den Siedepfannen. Die Sole wurde mit Kübeln in die bleiernen Pfannen geschöpft und dann verdampft. Das kostete Holz, und so entstand aus einem ungeheuren Raubbau an den Wäldern, mit dem Abholzen von Eiche und Buche, langsam ein Ödland, in dem sich die Besenheide breit machte. Die Lüneburger Heide, heute von uns gehegt und gepflegt, ist das Resultat dieses ehemaligen Umweltfrevels. Aber daran dachte damals niemand. Die Sole mußte kochen. Der Verbrauch einer Siedehütte betrug um 1 300 Kubikmeter Holz im Jahr.

Begonnen haben soll das alles mit einer Wildsau. Auf der Flucht vor ihren Jägern geriet sie in einen Tümpel und wälzte sich im Morat, um ihre Wunden zu kühlen. Als die Männer das Tier aufgespürt hatten, sahen sie in der Sonne eine weiße Kruste auf den getrockneten Borsten glitzern. Salz! Diese schlammige Sauensule soll die erste Salzquelle Lüneburgs gewesen sein, die Grundlage für Reichtum, Macht und Unabhängigkeit der Stadt.

Die Anfänge dieses größten Industriebetriebes des deutschen Mittelalters liegen im dunkeln. Sicher haben schon die frühen Bewohner der Gegend, die slawischen Wenden, um die Solequellen gewußt. Als 956 Kaiser Otto I. den Salzzoll dem nahegelegenen St. Michaeliskloster überließ, muß die Saline schon in Betrieb gewesen sein. Bis zum 12. Jahrhundert, hatten sich die Herzöge von Sachsen in den Besitz Lüneburgs gebracht, und dieses ging dann vom 13. Jahrhundert an in die Hände Lüneburger Bürger über. Der berühmteste der Welfen, Heinrich der Löwe (1142–1180), wird zum entschiedenen Förderer und Beschützer der Saline und der nahegelegenen Stadt Bardowick, dem wichtigsten Fernhandelsort der damaligen Zeit in den slawischen Raum, der seine Bedeutung aus der Durchreise sächsischer Kaufleute zog, die ins wendische Gebiet und bis nach Rügen zogen, um dort Fisch zu kaufen. Die beträchtlichen Einnahmen aus dem kaiserlichen Zoll zog der Herzog von Sachsen ein.

Die große Zeit Lüneburgs und damit auch unserer Straße brach jedoch erst mit dem Aufschwung Lübecks an. Auch hier hatte »der Löwe« seine Hand im Spiel. Das nüchterne, weitsichtige, wirtschaftspolitische Denken dieses Fürsten ist für seine Zeit, die eher dem Pathos, der großen Geste zugeneigt war, ganz ungewöhnlich, wenn auch die Methoden, mit denen er seine Vorstellungen durchsetzte, nicht gerade von der feinsten Art waren.

Der Mönch Helmold von Bosau schreibt mit einem Ton frommen Entsetzens in seiner Slawen-Chronik: »Bei allen Unternehmungen im Slawenland denkt dieser Herzog nur ans Geld.«

Sein Vasall, Graf Adolf II. von Schauenburg, hatte den slawischen Stamm der Obotriten nach erbitterten Kämpfen, die manchmal mit unvorstellbarer Grausamkeit geführt wurden, im Jahre 1142 fast völlig aufgerieben und weit nach Mecklenburg hinein vertrieben. Ins jetzt beruhigte Ostholstein holt er Kolonisten aus Westfalen und anderen Teilen des Reiches. Auf dem sandigen Landrücken zwischen Trave und Wakenitz gründet er 1143 den Ort Lübeck. Kaufleute und Handwerker wurden von der rasch aufstrebenden Siedlung angezogen.

Der Handel in Nord- und Ostsee war ein Gegenstück zum Mittelmeerhandel. Die Stellung Lübecks in diesem Gebiet ist mit der Venedigs in jenem zu vergleichen. Auch aus Heinrichs Stadt Bardowick wandern die Einwohner nach Lübeck ab, und die Einnahmen des Herzogs verringern sich drastisch.

Im Frühjahr 1151 schreibt Heinrich der Löwe daraufhin einen Brief an Adolf II. von Schauenburg: »Es ist uns kürzlich berichtet worden, daß unsere Stadt Bardowick wegen des Marktes in Lübeck eine beträchtliche Zahl der Verringerung ihrer Bürger hinnehmen muß, weil alle Kaufleute dorthin gehen. Die Einwohner Lüneburgs beklagen sich, daß Unsere Saline durch das Salzwerk geschädigt wird, das Ihr neuerdings in Oldesloe betreibt. Wir fordern daher, daß Ihr Uns die Hälfte Eurer Stadt Lübeck und der Sülze gebt, weil wir die Beeinträchtigung unserer Stadt nicht dulden können. Andernfalls bestimmen wir, daß kein Handel mehr in Lübeck stattfinden darf.«

Daß der Herzog seine Drohungen durchaus ernst meint, zeigt sich bald. Er läßt kurzerhand die Salzquelle in Oldesloe zuschütten und verbietet den Handel in Lübeck. Als 1157 eine Feuersbrunst die Stadt niedergelegt und nach zähen Verhandlungen der Schauenburger auf seine Rechte verzichtet hatte, war der Weg frei für Heinrich den Löwen. Zur Jahreswende 1158–1159 ging er an die Neugründung Lübecks und gab ihren Bürgern weitgehende Privilegien. Er besaß jetzt in dem aufblühenden Handelsplatz einen Ersatz für das an Bedeutung verlierende Bardowick. Die Bürger haben dem Herzog den Niedergang ihrer Stadt nie verziehen. Von Kaiser Barbarossa in die Acht getan, auf der Flucht nach Stade in die Verbannung, reitet er an Bardowick vorbei. Die Männer drängen sich auf den Mauern, lassen die Hosen herunter und zeigen dem Geschlagenen den blanken Hintern. Er hat sich bitter gerächt. Nach seiner Rückkehr 1198 fällt er über die Stadt her und läßt sie brandschatzen. In der kleinen Ortschaft, in der heute hauptsächlich Gemüsebauern leben, zeugt allein der wuchtige Dom von der ehemaligen Bedeutung des Ortes.

Der Fuhrmannsweg zwischen Lüneburg und Lübeck ist ein Teil der ehemals wichtigsten Nord-Süd-Verbindung Deutschlands. Der Straßenzug dürfte wenigstens bis in frühgeschichtliche Zeiten zurückgehen. Seine größte Bedeutung erlangte er vom 12. bis zum 16. Jahrhundert.

Der griffige Name »Alte Salzstraße« wird diesem Weg aber nur zum Teil gerecht. Bis in die Mitte des 14. Jahrhunderts wird das Salz über diesen Landweg zum Export nach Norden nach Lübeck, und die Tonnen mit eingesalzenem Hering aus Schonen nach Süden gebracht. Der Hering war zusammen mit dem Stockfisch die unentbehrliche Fastenspeise des Mittelalters. Auf dem Kontinent gab es einen schier unerschöpflichen Markt für den silbernen Segen des Meeres.

Die Deutschen, allen voran die Lübecker, sicherten sich geschickt den Löwenanteil an diesem Geschäft. Der hansische Heringshandel war meisterhaft organisiert: Von deutschen Faßbindern hergestellte Tonnen wurden mit den frischen Heringen gefüllt, mit Lüneburger Salz gesalzen, auf hansische Schiffe verladen und im Reich auf allen Märkten abgesetzt. Bezahlt wurden die schwedischen Fische mit Brotgetreide, Malz und Bier. Wenig anders verlief der Einkauf des bereits erwähnten Stockfisches in Norwegen.

Mit dem Ausgreifen des Lübecker Handels nach Osten bis zur Kaufmanns- und Adelsrepublik Nowgorod erscheinen deren Produkte auch auf der Salzstraße. Mit den begehrten Pelzen, mit Hermelin und Zobel, Wiesel, Nerz und Biber, Wolf, Fuchs und Luchs, sind hohe Gewinne zu erzielen. Bienenwachs kommt über die Salzstraße ins Reich. Die Nutzung des Produktes der Waldbienen ist damals in Rußland unbekannt. In Westeuropa aber hat die katholische Kirche einen unersättlichen Bedarf an duftenden Wachskerzen. Asche, die in Flandern zum Bleichen der Tuche genutzt wird, und Teer zum Kalfatern der Schiffe kommen aus Polen. Schweden schickt gesalzene Butter, und im Gegenzug wandern Tuche aus Flandern, Wein aus dem Rheinland und die Luxusartikel der oberdeutschen Städte zum Export nach Norden.

Als Salzweg verlor die Straße ihre Bedeutung mit dem Bau des Stecknitzkanals. 1391 begannen die Arbeiten. Von Lüneburg aus war die Ilmenau bis zur Elbe hin schiffbar. Es galt jetzt eine Verbindung zu Wasser, von der Elbe zur Ostsee, zu schaffen. Dringend notwendig machte diese Maßnahme das billige Salz, das vermehrt von der französischen Atlantikküste in den Ostseeraum kam. Um dem »Baiensalz« gegenüber konkurrenzfähig bleiben zu können, mußten die Transportkosten gesenkt werden, und das hieß: weg mit dem Salz von der Straße aufs Wasser.

Die Lübecker benutzten schon seit langen Jahren die bis zum Möllner See reichende Stecknitz für Frachtfahrten. Es war dies ein der Stadt von Friedrich I. verliehenes Privileg. Von der Elbe her war die Delvenau bis kurz vor Mölln schiffbar. Es fehlte nur noch das Verbindungsstück zwischen beiden Wasserwegen. Nach langen Verhandlungen mit den Herzögen von Lauenburg und Mecklenburg, die möglichst am Gewinn beteiligt sein wollten, konnte die fehlende, acht Kilometer lange Strecke zwischen Mölln und der Delvenauquelle durch ein Kanalstück geschlossen werden.

Über den »Graben« berichtete die Chronik im Jahre 1398: »Am Maria-Magdalenen-Tage wurde der neue Graben fertig, daran man sieben Jahre lang gearbeitet hatte, also daß zu dieser Zeit kamen aus der Elbe von Lüneburg mehr denn 30 Schiffe, vollgeladen mit Salz und Kalk bis zur Trave in Lübeck, was der ganzen Stadt eine große Freude war.« Dieser Wasserweg war ausschließlich von der Hansestadt Lübeck finanziert worden und blieb bis Ende des 19. Jahrhunderts, bis zum Bau des modernen Elbe-Lübeck-Kanals, fest in ihrer Hand.

Die an Flußschleifen reiche, 93 Kilometer lange Strecke konnte in zwei bis drei Wochen bewältigt werden. Die Fahrt auf dem Kanal war allein der Stecknitz-Bruderschaft, die in Lübeck beheimatet war, vorbehalten. Sie besaß zeitweilig bis zu 200 Schiffe. Die zehn bis zwanzig Meter langen und zwei bis drei Meter breiten Kähne konnten zwischen 7,5 und 12,5 Tonnen Fracht aufnehmen.

Am Ufer der Trave in Lübeck, nahe dem Holstentor, stehen noch die alten Salzspeicher, in denen Lüneburgs Reichtum gelagert wurde, bevor er zur Weiterverschiffung kam. Auf dem Rückweg wurden die Kähne mit Holz aus dem waldreichen Ostholstein und aus Mecklenburg beladen; die Sole mußte kochen! Bis zu den Schleusenmeistern hin war der Betrieb auf dem Kanal allein Sache der Stadt Lübeck. Nur die schweren Frondienst leistenden Treidler kamen aus den Orten rechts und links des Kanals.

Wenn auch das Salz und die Massengüter von der Straße verschwanden, so schmälerte dies die Bedeutung des Weges kaum. Er war nach wie vor die wichtigste Verbindung zwischen Lübeck und dem Süden des Reiches. Von Lüneburg aus gabelte sich die Strecke in drei Hauptrichtungen: nach Nürnberg über Erfurt, nach Frankfurt über Hannover, Hameln und Göttingen, nach Köln über Münster und Dortmund.

Dem Zug der alten Straße kann man noch heute folgen, wenn wir auch nicht genau wissen, wo die alte Trasse gelegen hat. Der Fuhrmannsweg war eine Naturstraße und nur an feuchten, sumpfigen Stellen befestigt. Auch vor den Toren der Städte gab es meist ein Stück steinernen Weges. Einen mit Kopfsteinen gepflasterten Streckenabschnitt kann man noch im Breitenfelder Moor sehen. Diese Pflasterung ist im 15. Jahrhundert von Lübeck veranlaßt worden, und man erkennt sehr gut die ehemalige Breite der Straße.

Folgt man dem Verlauf der historischen Straße, so verließ man Lüneburg über die Lüner Straße und durchfuhr, bevor man an den Hafen kam, das Neubrücker Tor, das es heute nicht mehr gibt. Aber den alten Fischmarkt am Ilmenau-Hafen, den Stintfang, gibt es noch. Hat man den Fluß überquert und kommt auf den Werder, die ehemalige Fischersiedlung, sieht man den alten Kran am Rand des Hafenbeckens stehen. In seinem Inneren bewegten zwei Treträder die Winde, die den Ausleger mit Rollen und Flaschenzug antrieb. 1346 wird er zum ersten Mal erwähnt und war bis zum vorigen Jahrhundert noch in Betrieb. Heute legt hier kein Kahn mehr an. Liebevoll erhalten, spiegelt sich sein Bild im jetzt stillen Gewässer.

Gleich darauf ging es durch das Lüner Tor hindurch, vorbei am Kloster Lüne. Das Tor ist verschwunden, man überquert heute die Lüner-Tor-Brücke und fährt geradeaus unter der Bahn hindurch, wendet sich sofort nach links und sieht schon die lange rote Backsteinmauer des Klosters auftauchen.

Um 1140 hat es hier, etwa zwei Kilometer vom Zentrum Lüneburgs entfernt, eine Einsiedelei gegeben. 30 Jahre später bittet die Chorfrau Hildeswidis den Bischof von Verden, ein Kloster einrichten zu dürfen, und das Ordenshaus wird bald zum Zentrum der Christianisierung der slawischen Wenden. Hinter hohen Eichen und Buchen versteckt liegen die alten

Fachwerkbauten des ehemaligen Nonnenklosters, das seit der Reformation ein adeliges Damenstift ist. Die Insassinnen hüten zwei besondere Schätze, Zeugnisse des religiösen und sozialen Lebens des Mittelalters: Weißstickereien aus dem 13. und 14. Jahrhundert und farbige Teppiche aus Wollstickerei, die fast 500 Jahre alt sind. Nur einmal im Jahr, während einer Woche im August, sind sie zu besichtigen. Bereits im Mittelalter hat es die Lüner Klosterschenke gegeben, an der die Fuhrknechte vorbeifuhren. Für eine Rast, die durstige Fuhrmannskehle zu kühlen, wird die Etappe wohl zu kurz gewesen sein. Das Fachwerkgebäude, in dem man heute seinen Durst löschen kann, stammt aus dem 16. Jahrhundert.

Hatten die Fuhrknechte das stille Kloster hinter sich gelassen, ging es bis Adendorf eine sandige Höhe hinauf in Richtung Brietlingen. Schwer mußten sich die Pferde in ihr Riemenzeug legen, um die Steigung zu überwinden. In Brietlingen heißt ein Teil des Ortes heute noch »Hölzerne Klinke«, was auf einen Durchlaß in der Lüneburger Landwehr hindeutet – einen Schlagbaum quer über die Straße gelegt, zwischen Wällen, die mit undurchdringlichem Weißdorngesträuch bewachsen waren. Eine einfache, aber überaus wirksame Kontrolle im Vorfeld der Stadt. Schloß sich der Schlagbaum hinter den Reisenden, waren sie schon bald den Gefahren der Straße ausgesetzt. Mitte des 14. Jahrhunderts, und dann wieder 100 Jahre später, wissen wir von Kaufleuten, deren Wagen an dieser Stelle beraubt wurden. Bei solchen Überfällen wurden die Kaufherren häufig auch als Gefangene genommen. Die Straßenräuber spekulierten auf ein hohes Lösegeld.

Brietlingen lagert sich heute längs der B 209 in Richtung Lauenburg. Ein Stück hinter dem Ort verläßt man die große ausgebaute Straße nach links und gelangt auf ein Stück der alten Trasse beim Dorf Lüdershausen. Hier befand sich im Mittelalter die Fähre über das Flüßchen Neetze. Heute überquert man das Gewässer auf einer Brücke und sieht ein Straßenschild, das den Weg als »Alte Salzstraße« ausweist. Man kann diesem Weg in Richtung Artlenburg aber nicht folgen, sondern muß zurück auf die B 209, um von dort wieder nach links abzuzweigen und durch den Ort hindurch auf den Elbdeich zu gelangen.

Bei dem Krug »Artlenburger Fährhaus« ist die Anlage einer Fährstelle zu erkennen. Furt und Fähre sind sehr alt. Hier war für Jahrhunderte der natürliche Elbübergang der Salzstraße. Die Lübecker Kaufleute hatten seit 1191 für jeden Frachtwagen, der über die Elbe setzte, 5 Pfennige Zoll zu entrichten, während sie im übrigen Herzogtum Sachsen von Abgaben befreit waren.

Im Mittelalter war der Pfennig fast die einzige Silbermünze Europas nach der Münzordnung Karls des Großen. Sein Wert betrug ½ Schilling; durch die dauernde Münzverschlechterung wurde der Pfennig allmählich zur Scheidemünze und schließlich ganz aus Kupfer geprägt.

Steht man auf dem Deich und schaut hinüber auf das nördliche Ufer der Elbe, sieht man den Geesthang sich bis an den Fluß vorschieben. Beim Gasthaus Sandkrug war der steile Hang in zwei tiefen Schluchten zu überwinden. Den Berg hinauf und hinab zur Fähre gab es einen Zweibahnenverkehr, womit vermieden wurde, daß sich die schwerfälligen Fuhrmannswagen an diesem wichtigen Punkt der Straße gegenseitig behinderten. Denn waren sie erst einmal in den Hohlweg eingefahren, gab es kein Zurück mehr.

Den Elbübergang bewachte die Ertheneburg. Der Name leitet sich von »erdene Burg« ab und hat sich im Namen des Dorfes Artlenburg am südlichen Elbufer erhalten. 1026 wird zum ersten Mal ein Graf von Ertheneburg mit Namen Sifridus erwähnt. Heinrich der Löwe begegnet uns hier wieder. Er ist oft in der Burg gewesen, hat Urkunden ausgestellt und Verträge geschlossen. 1160 empfängt er den dänischen König Waldemar den Großen in den Mauern über dem Elbstrom. Auch den Untergang der Burg besiegelt der Welfenherzog. Nach dem verlorenen Prozeß, der auf der Kaiserpfalz in Gelnhausen gegen ihn geführt wurde, auf der Flucht vor Kaiser Friedrich I., läßt er die Festung niederbrennen. Sie ist nie wieder aufgebaut worden, denn nach dem endgültigen Sturz Heinrichs des Löwen wurde die Burganlage abgetragen und die Steine zum Bau der Lauenburg verwendet, die etwa vier Kilometer weiter flußaufwärts entstand. Danach hat es hier nur noch eine Zollstation gegeben. Von der Burg ist ein halbkreisförmiger Ringwall erhalten geblieben, den man auf dem Geestvorsprung über der Elbe noch sehen kann.

Heute überquert keine Fähre mehr den Fluß. Will man das gegenüberliegende Ufer erreichen, muß man zurück auf die B 209 und bei Lauenburg über die Elbbrücke fahren, in Lauenburg auf die B 5 in Richtung Geesthacht einbiegen, dann bis Schnakenbek weiterfahren, wo linker Hand eine Abzweigung nach Sandkrug führt. Den Verlauf der alten Straße kann man hier wieder aufnehmen.

Die Fuhrleute werden froh gewesen sein, ihre Wagen mit den rumpelnden Salzfässern die steile Strecke durch den Hohlweg hinauf gebracht zu haben. Jetzt ging es über den trockenen Boden der Geest nach Norden durch Schnakenbek in Richtung Krützen. Eine schmale Straße, eher ein Landweg, schlängelt sich durch weite, jetzt landwirtschaftlich genutzte Flächen und führt zwischen Krützen und Juliusburg hindurch nach Lütau. Im späten Mittelalter muß der Weg hier zeitweilig in einem desolaten Zustand gewesen sein, denn der Rat der Stadt Lüneburg beschwerte sich beim Herzog von Lauenburg wegen des »bosen weges in Luthow«.

Die Ortschaften Wangelau, Pötrau, Siebeneichen und Roseburg liegen am alten Straßenzug. Wie unsicher die Straßen waren, ist daraus ersichtlich, daß alle genannten Orte als Schauplätze von Wegelagerei, Überfall und Raub in den Annalen auftauchen.

Weiter geht es über Hornbek und Woltersdorf nach Breitenfelde, dessen Kirchturm schon von fern zu sehen ist. Er ist zwar erst am Ende des 19. Jahrhunderts erbaut worden, aber die Grundmauern des Kirchenschiffes sind aus Feldsteinen errichtet und stammen wie die des Gotteshauses in Siebeneichen und vieler anderer Orte an der Straße aus dem 13. Jahrhundert. Also aus der Zeit nach Heinrich dem Löwen, als das Land befriedet und christianisiert war und die Kolonisten hier festen Fuß gefaßt hatten.

Jetzt ist es nicht mehr weit bis Mölln, der Festung an der »Salzstraße«. Die mühsam vorangetriebenen Wagenzüge überwanden den Stecknitz-Kanal beim Hahnenburger Schleusenhaus und ratterten durch das Steintor in die Stadt. Wer Mölln besiegte, konnte den Verkehr von Lüneburg nach Lübeck lahmlegen oder doch empfindlich stören.

Die Stadt liegt auf einem Werder im See und mußte nur auf der Landseite befestigt werden. Die Einfahrt ins Steintor deckte ein mächtiger, runder, hoher Turm. Ein Beobachter konnte weit ins Land schauen und erspähen, ob Gefahr im Verzuge war. Auf der anderen, der Seeseite, bewachte das Wassertor die Stadt und die Brücke, die hier an der schmalsten Stelle des Sees das Wasser überquerte. Mölln war eine gut befestigte Stadt, deren Bürger sich hinter Mauer, Wall und Graben sicher fühlen konnten.

Die Möllner gewannen einen mächtigen Schutzherren, als im Jahre 1359 die lauenburgischen Landesherren die Stadt für 10 000 Mark an Lübeck verpfändeten. Wie wichtig den Lübeckern ihr Stützpunkt an der Straße war, ist an der schnellen und großzügigen Hilfe zu erkennen, die Mölln geleistet wurde, als im Jahre 1391 eine Katastrophe die Stadt traf. Ein Feuer brach aus, das schnell um sich griff und – bis auf zehn Häuser – die Stadt und ihre Befestigungen vernichtete.

Der Lübecker Chronist Detmar berichtete: »Es verbrannten viele Leute, viele Pferde, Schweine und Kühe und alles, was die Bürger in der Stadt besaßen, also daß die Stadt ganz wertlos war. Aber der Rat von Lübeck sandte allerhand Leute, Speisen und Waffen und ließ die Stadt wieder aufbauen und befestigen, denn der Turm und alle Wehren waren aufgebrannt.«

Den Turm und die Stadtbefestigungen gibt es nicht mehr, der Straßenzug durch die Stadt aber ist derselbe geblieben – ein langes Stück die Hauptstraße geradeaus, dann um den Fuß des Kirchhügels herum zu Damm und Brücke über den See.

Oben an der Kirchmauer liegt, nein steht einer begraben, der seine Schelmenstreiche in fast allen Städten Deutschlands vollbracht hat. Till Eulenspiegel, der, wenn auch nur eine Sagenfigur, zur großen Gruppe des fahrenden Volkes gezählt werden kann, die im Mittelalter die Straßen bevölkerte. Zum Wesen des fahrenden Volkes aller Zeiten gehört, daß es im Lande zu Fuß umherwanderte oder im Wagen fuhr, ohne festen Wohnsitz, ohne Heimat. Es hatte sich die Unterhaltung und Erheiterung der Mitmenschen zum Beruf gemacht. Wo immer es einen Anlaß gab, tauchten sie auf. Bei Dorffesten, Kirchweih, großen Messen, Fürstentagen erheiterten die Spielleute, Gaukler, Taschenspieler, Seiltänzer, Kunstreiter, Bärenführer, Akrobaten, Marktschreier, Bänkelsänger, Hellseher und Wahrsager das Publikum. Im Jahre 1350 soll der Schalksnarr Till im Möllner Heilig-Geist-Spital an der Pest gestorben sein. Sein Bronzeabbild sitzt an der Mauer zwischen dem gotischen Rathaus und der Kirche auf einem Brunnenrand und lächelt verschmitzt auf den Betrachter herunter.

Wie prägend der Einfluß Lübecks zu Zeiten der »Pfandherrschaft« gewesen ist, beweist der Backstein-Prachtbau des Möllner Rathauses aus dem 14. Jahrhundert. Ganz aus lübeckkischer Tradition erwachsen, gilt es heute neben Lübeck als das bedeutendste gotische Rathaus Schleswig-Holsteins.

In der Kirche St. Nikolai, deren Bau nach 1200 begonnen und in der Mitte des 13. Jahrhunderts vollendet war, trifft man auf das Gestühl der Stecknitzfahrer. Während der zwei- bis dreiwöchigen Kanalfahrten besuchten an Sonntagen die Mitglieder der Bruderschaft die Gottesdienste und fanden Platz im ihnen eigenen Gestühl.

Die 62 Meter lange Brücke über den Stadtsee ist am Ende des letzten Jahrhunderts durch einen Damm ersetzt worden, auch das Wassertor gibt es nicht mehr. Aus Mölln heraus fährt man ein kleines Stück die B 207 in Richtung Ratzeburg und biegt dann links in die Straße nach Berkenthin und Krummesse ein. 1955 hat sich ein Verein zur Förderung des Fremdenverkehrs »Alte Salzstraße e.V« gegründet, der die Strecke der B 207 über Fredeburg nach Ratzeburg, am Ufer des Ratzeburger Sees entlang, nach Lübeck als die »Alte Salzstraße« ausgibt. Es hat sich hierbei aber bis ins 17. Jahrhundert hinein nur um einen Weg geringerer Bedeutung gehandelt. Der im Mittelalter wichtige Straßenzug ging über das ehemalige Kloster Marienwolde, das heute noch ein stattlicher Gutshof ist, durch Rotenfelde zum Albsfelder Berg, weiter nach Behlendorf. Der Behlendorfer See blinkt hinter den Strohdächern des Dorfes hervor wie ein Spiegel in der stillen, leicht hügeligen Landschaft Ostholsteins.

Bis hierher war der Weg über festen Grund gezogen, hinter dem Behlendorfer Forst aber mußte man hinunter nach Hollenbek, wo die Straße das gleichnamige Flüßchen überquerte. Der Rat der Stadt Lübeck hat für die Befestigung des Weges und die Brücke in Hollenbek beträchtliche Summen aufgewendet. Durch einen Wegezoll in dem kleinen Flecken versuchten die Lübecker die Kosten auszugleichen. War diese schwierige Stelle überwunden, gewann die Straße schnell wieder an Höhe und damit festen Boden. Durch das Kirchdorf Berkenthin, fast parallel zum Elbe-Lübeck-Kanal, geht es nach Krummesse, wo 1342 Frachtwagen ausgeraubt wurden. Die fortwährenden Unsicherheiten auf den Landstraßen, die vor allem den Handel beeinträchtigten, veranlaßten 1349 die Herzöge von Mecklenburg und Lauenburg und die Hansestädte Lübeck und Hamburg, sich zu einem großen Landfriedensbund zusammenzuschließen. Es gelang im Laufe dieses Jahres, ein Dutzend Burgen – »Rofhuse« (Raubnester) – zu erobern und niederzulegen. Die ärgsten Feinde der Handelsleute waren die Herren von Scharffenberg, die auf Burg Linau saßen. Die vereinigte Streitmacht mußte die Burg drei Wochen lang belagern. Mit schweren Belagerungsgeschützen und 1 500 Mann waren die Lübecker dabei. Am Michaelistag wurde die Burg genommen und bis auf den Grund zerstört.

Bei Krummesser Baum passierten die Reisenden die Lübecker Landwehr. Der Verlauf der alten Straße deckt sich nicht ganz mit der Kronsforderallee, auf der man heute nach Lübeck hineinfährt. Durch den Vorort Rothebek, unter der Bahn hindurch, hinein nach St. Jürgen zieht sich die Allee. St. Georg mit dem Drachen – auf niederdeutsch St. Jürgen – einer der vierzehn Nothelfer, der dem Ort seinen Namen gab, wurde bei Seuchengefahr um Hilfe angerufen. Weit vor den Toren der Stadt lagen, wie in allen mittelalterlichen Ortschaften, die Siechenhäuser Lübecks. Die Aussätzigen fristeten hier ihr elendes Dasein, und bei Seuchengefahr brachte man die der Ansteckung Verdächtigen heraus aus der Stadt ins Hospital oder Pesthaus. Die Bestimmung des Ortes hat sich durch die Jahrhunderte erhalten – der Weg in die Innenstadt führt heute am Städtischen Krankenhaus Süd vorbei und erreicht über die Mühlenbrücke die Altstadt.

Die steigende Getreideeinfuhr aus den von Lübeck gegründeten oder beeinflußten Ostseestädten rief nach Ausbau und Verbesserung der Mühlenwerke. Der Stau des Wakenitzwassers unterhalb des Domes ermöglichte eine für damalige Zeit fast industriell zu nennende Großanlage, in der das Getreide zu teurem Mehl vermahlen und gewinnbringend ausgeführt werden konnte. Im Städteatlas von Braun/Hogenberg wird der Stadtplan Lübecks beschrieben: »Diese Stadt hat zwei lange Straßen, die von den anderen kreuzweise geteilt werden und bis zur Trave und Wakenitz allmählich hinabgehen; sie sind sehr sauber, da aller Schmutz zum Wasser abläuft.«

Im Laufe des 12. Jahrhunderts, nach bösen Erfahrungen mit Feuersbrünsten, war der Backsteinbau auch für Privathäuser amtlich befohlen worden. Das erste große Lübecker Bauwerk aus dem neuen Material war der Dom, dessen Grundstein Heinrich der Löwe 1173 legte. Unter seinen mächtigen Doppeltürmen zieht sich die Mühlenstraße in die Altstadt und erreicht über den Klingenberg und die Sandstraße den Markt.

Der weltliche Prachtbau des 12. und 13. Jahrhunderts war das Rathaus. Für Verwaltungszwecke wurde das obere Stockwerk genutzt, während das Erdgeschoß als Lager und Verkaufsräume den Gewandschneidern zur Verfügung stand. Das Rathaus ist wieder und wieder vergrößert worden, um 1300 baute man den ersten Teil des Langen Hauses an den alten Bau an, das, weil es auch zu repräsentativen Zwecken genutzt wurde, als »Danzelhus« bezeichnet wurde. Um 1400 besaß Lübeck eines der größten Rathäuser dieser Zeit, nur das Lüneburger übertraf es und ist auch heute noch der größte gotische Rathausbau in Deutschland.

Der Markt hat nicht nur geschäftiges Kaufmannstreiben gesehen, sondern auch glanzvolle, festliche Fürstenbesuche. Aber ähnlich wie die Lübecker auf die Sicherung ihrer Handelsstraßen bedacht waren, waren sie es auch in bezug auf die Sicherheit in der Stadt. Zumal wenn eine so große Zahl von Personen, wie sie zum Troß eines Fürsten gehörte, in ihren Mauern war. Die fürstlichen Gäste wurden großzügig bewirtet, es gab Musik und Tanz auf dem Rathaus, reichlich floß der Wein, und »Apothekerkonfekt« wurde gereicht. Gleichzeitig aber bemannte man die Tore, sperrte die Straßen durch Ketten und steckte Laternen mit Kerzen zum Beleuchten der Gassen auf. Man wußte die hohe Ehre eines solchen Besuches wohl zu schätzen, bewahrte aber die nötige Vorsicht, um sich vor unliebsamen Überraschungen zu schützen.

Der Markt und der Hafen, die wichtigsten Plätze des Stadtgebietes, waren in der Hand der Gründerfamilien der Hansestadt. Auf ihren Parzellen am Markt errichteten die Besitzer Marktbuden, die an Handwerker aller Art gegen hohe Zinsen vermietet wurden und in denen die Pächter sowohl ihre Werkstätten als auch ihre Verkaufsstände einrichteten. Aus der Vermietung von Speichern am Hafen zogen die Besitzer hohe Gewinne. Walther von der Vogelweide, der wohl im Gefolge des Hochmeisters des Deutschen Ritterordens einmal nach Lübeck gekommen ist, beklagt das geschäftige Treiben der aufstrebenden Kaufmannschaft in einem bekannten Spruch:

Gewandert bin ich von der Seine bis zur Mur
Vom Po zur Trave, und sah allenthalben nur
Wie alles strebt und giert, Gut zu erwerben,
Sollt ich so tun, mein Rittersinn müßt davon sterben.

Die Nordsee-Ostsee-Straße der Hanse

Lübeck – Oldesloe – Hamburg

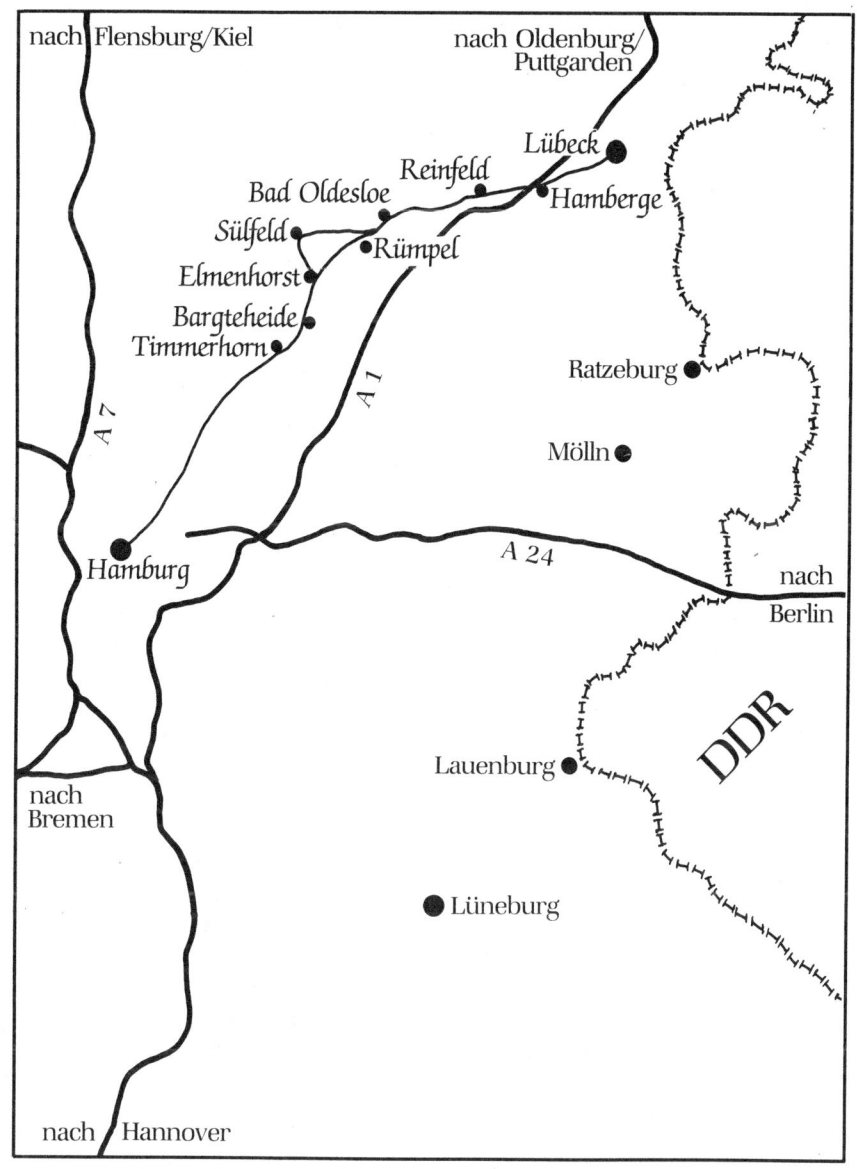

Die »Alte gewohnliche Straße«

Naer Oostland willen wy ryden
Naer Oostland willen wy mée
Alover die groene Heiden
Frisch over die Heiden
Daer isser en béte re stée

(Nach Ostland wollen wir reiten
Nach Ostland wollen wir mit
All über die grüne Heiden
frisch über die Heiden
Da ist eine bessere Stätte)

Noch wichtiger als die vielbefahrene Handelsstraße über Lüneburg in das Reich war zu Zeiten der Hanse die Verkehrsverbindung zwischen der Ostsee und der Nordsee über Lübeck und Hamburg.

Um 1230 begannen sich die deutschen Kaufleute der Ostsee dem Westhandel zuzuwenden. Es lag auf der Hand, daß die Lübecker auch hier im Vordergrund standen. So wandten sie ihr Interesse Hamburg zu. Der Elbe-Trave-Weg der Ostseestadt Lübeck wurde die wichtigste Straße der Hanse und blieb sie auch dann noch, als der Seeweg durch den Sund, um Dänemark herum, immer mehr an Bedeutung gewann.

Die Straße war ein festes Band zwischen beiden Städten. Im Jahre 1241 hatten die beiden Hansestädte einen Vertrag zum Schutze ihres Verbindungsweges geschlossen. Die Kaufleute brauchten Ruhe und Ordnung. Nur im Frieden konnten sie und ihr Werk gedeihen. Für die Hanse war der Krieg die Ultima ratio. Der Lübecker Bürgermeister Heinrich Costrorp hat es so formuliert: »Latet uns dagen, wente dat vänlein is licht an de Stange gebunden, aver es kost vel, it mit ehren wedder af to nehmen.« Er wollte damit sagen: »Verhandeln ist besser als Kriegführen.« Die Sicherung des Überlandweges hat Hamburg und Lübeck zusammengeführt, wobei Hamburg am Anfang der Beziehung im Schatten Lübecks stand.

Die Stadt an der Elbe war fortgesetzt Ziel wendischer Überfälle. Auch die Normannen, wegen der rauchenden Trümmer als Hinterlassenschaft ihrer Überfälle »Aschenmänner« genannt, hatten die Ansiedlung zwischen Alster und Elbe niedergebrannt. Auf ihren drachenkopfgeschmückten, wendigen Schiffen kamen sie die Elbe herauf, verheerten, wie auch an anderen Flußunterläufen Europas, die Städte und machten reiche Beute.

Außerdem hatte Hamburg in Stade, am südlichen Elbufer gelegen, das den Schutz Heinrichs des Löwen genoß und eine enge Verbindung mit Bremen besaß, eine nicht zu unterschätzende Konkurrenz. Mit dem ständig anwachsenden Überlandverkehr Lübecks kam Hamburgs Stunde. Die Lübecker Kaufleute bedienten sich der hamburgischen Reeder für ihren expandierenden Handel nach Flandern und England.

In umgekehrter Richtung, also von Hamburg nach Lübeck, hatte dieser Straßenzug eine zweifellos entscheidende Bedeutung für die Kolonisation der Ostgebiete. Auf ihm kam ein guter Teil der Neubürger Lübecks und danach die Einwohner der, mit einem entscheidenden Anteil Lübecks, neugegründeten Städte an der Ostsee – Rostock, Wismar, Stettin, Stralsund, Danzig, Riga und Reval – über Hamburg gezogen.

Wie eng die Verbindung der beiden Städte war, ist aus einer Fülle von Akten zu ersehen, die nicht nur große politische Ereignisse dokumentieren, sondern gerade über das tägliche Geschäft Auskunft geben. Man fragt an bei der Nachbarstadt, wenn ein neues Verwaltungsproblem auftaucht. Man leiht sich Techniker aus, den Stadtbaumeister oder den Wasserkunstmeister oder man gibt Auskünfte über Kanzleibräuche. Schon im 14. Jahrhundert kam alle drei Wochen der lübeckische Ratsbote nach Hamburg. Gemessen an der Sparsamkeit des Schriftverkehrs in damaliger Zeit, eine verblüffende Häufigkeit des Amtsverkehrs.

Versuchen wir einmal der Straße zu folgen, soweit das heutzutage noch möglich ist. Vom Marktplatz in Lübeck die lebhafte Holstenstraße herunter, über die Holstenbrücke, die älteste Brücke der Stadt, die die Flußhäfen der Obertrave von den Seehäfen der Untertrave trennte, kommt man am stattlichen Holstentor vorbei. Es lag vor der eigentlichen Stadtbefestigung und ist 1469 bis 1476 als Geschütztor vom Ratsbaumeister Helmstede erbaut worden. Die Mittel dazu kamen aus dem Nachlaß des Ratsherrn Broling. Dieses stolze, trutzige Bauwerk, das uns als eines der hervorragenden Wahrzeichen Lübecks lieb ist und unsere braunen Fünfzig-Mark-Scheine schmückt, sollte im Jahre 1831 abgerissen werden, was in der Stadt die heftigsten Diskussionen auslöste. Mit nur einer Stimme Mehrheit wurde die Erhaltung beschlossen.

Man überquert die Puppenbrücke, die ihren Namen der acht Sandsteinfiguren wegen, die sie schmücken, bekommen hat. Unter ihnen ist auch der Gott Merkur zu sehen, den Emanuel Geibel mit folgendem Vers beschrieb:

> *Zu Lübeck auf der Brücken*
> *da steht der Gott Merkur,*
> *er zeigt in allen Stücken*
> *olympische Figur.*
> *Er wußte nichts von Hemden*
> *in seiner Götterruh,*
> *drum kehrt er allen Fremden*
> *den blanken Podex zu.*

Von hier führte die Straße ziemlich geradlinig zum Hof Nebenhof. Dessen Name hat sich in der Nebenhofstraße erhalten. Von dort aus ging es direkt auf das Gut Bunte Kuh zu. Heute kann man diesem Verlauf nicht mehr folgen, weil sich die Eisenbahn mit ihren Geleisen, Verladeschuppen und Verwaltungsgebäuden quer über die alte Trasse in die Stadt hineingeschoben hat. Die Bahngeleise sind aber auf der St.-Lorenz-Brücke zu überwinden, die auf die Ziegelstraße zuläuft, und diese führt über die heutige Siedlung Bunte Kuh nach Padelügge zur Hamburger Straße, der B 75. Die Ziegelstraße zieht auf den Ort Moisling zu, wo die Ziegeleien arbeiteten, die den Werkstoff für die Backsteinbauten des mittelalterlichen Stadtbildes Lübecks lieferten, das uns als hervorragender Ausdruck der Kultur der Hanse überliefert ist.

Kurz hinter Padelügge erreicht man das hohe linke Ufer der Trave und sieht unten am Fluß das Gasthaus Hohenstiege liegen. Hier, nahe beim Ort Hohenstiege ist der obere Teil eines hohen gotischen Kreuzes ausgegraben worden, der heute den Hof des St.Annen-Museums in Lübeck ziert. Es war im Mittelalter üblich, an Wegen Kreuze und Bildstöcke aufzustellen, so wie es heute auch noch im katholischen Süden Sitte ist. Sie sollten an Unfälle oder bemerkenswerte Vorkommnisse an der Straße erinnern. So zum Beispiel das Ansverus-Kreuz bei Ratzeburg, das an der Stelle errichtet wurde, wo um 1066 der Missionar Ansverus von den Polaben gesteinigt wurde. Nur wenige der Kreuze sind erhalten, aber an Hand einiger Flurnamen längs des alten Lübecker Heerweges kann man deren Vorhandensein annehmen. Ein, einen grauen Mönch darstellender Bildstock deutet den Flurnamen »Grauenmönck« an, auch die Namen »Heiligenkreuz« oder die Bezeichnung »Opn Krütz« finden wir an der Straße.

Durch die liebliche, leicht wellige holsteinische Landschaft über die A 1 hinweg in Richtung Hamberge und vorbei an der Hofstelle »Heerweg« geht es nach Stubbendorf. Der Name des Dorfes deutet auf die Kolonisationsarbeit des nahegelegenen Klosters Reinfeld hin. Um 1186 gegründet, war es die erste Zisterziensergründung nördlich der Elbe. Stubbendorf ist durch Rodungsarbeiten des Klosters entstanden. Das Kloster Reinfeld, wenn auch ein wenig abseits des Straßenzuges gelegen, spielte in den Handelsbeziehungen in bezug auf Lübeck und Lüneburg eine nicht unbedeutende Rolle.

Das Kloster Loccum bei Hannover hatte 1186 eine Schar von Mönchen in das »wüste Land zwischen Lübeck und Oldesloe neben der Trave, da wo der Bach Heilsau der Trave zufließt«, ausgeschickt. Innerhalb von fünf Jahren war es den Brüdern gelungen, den Bau des Klosters zu vollenden. Schon zu Zeiten des fünften Abts, des weitsichtigen, tatkräftigen Herbordus I., war es gelungen, Anteile des Lüneburger Sülzgutbesitzes zu erlangen, und bis zum Ende des Klosters in der Reformationszeit hat diese Verbindung in Treue gehalten. Die Einnahmen aus dem Besitz an den Lüneburger Salinen müssen beträchtlich gewesen sein, denn das Kloster hat sich über die Höhe der Erträge immer geflissentlich ausgeschwiegen.

Das Lüneburger Salz wurde über Lübeck verhandelt, wo das Kloster an der Obertrave eine eigene Niederlage für seine vielfältigen, überschüssigen Produkte besaß. In den Speichern des »Klein-Reinfelde« genannten Klosterhofes wurden sie gelagert, bevor sie auf Seeschiffe verladen und nach Dänemark oder Schweden befördert wurden. Nicht nur auf

Lastkähnen, die auf Trave und Mühlenau bis dicht an das Kloster heranfahren konnten, sondern auch auf unserer Landstraße führten schwer beladene Wagen die Erträge des Klosterbetriebes nach Lübeck und Handelswaren, die in der Abtei benötigt wurden, wieder zurück.

Vom so beeindruckenden Kloster Reinfeld ist nicht viel mehr geblieben als die lange, rote Backsteinmauer des Klosterbezirkes. Sie war die Grenze, über die sich die Mönche nur mit besonderer Erlaubnis des Abtes hinausbegeben durften. Solch eine Umfassungsmauer wurde »Mönchsschranken« genannt. Geblieben sind auch noch die beeindruckenden Anlagen der Fischteiche, die unter kundiger Mönchshand im Mittelalter entstanden sind und heute noch den weitberühmten Reinfelder Karpfen liefern.

Zurück auf die Hamburger Straße. Sie schlängelt sich weiter an der Trave entlang über Steinfelderhude nach Kneeden und, nach einer Traveschleife, durch hohen Buchenbestand direkt nach Oldesloe hinein. Schon in den Privilegien, die Heinrich der Löwe seiner neuen Stadt Lübeck gewährte, war festgelegt worden, daß die Lübecker Anspruch auf die Trave mit Wald- und Weiderechten auf beiden Seiten des Flusses bis Oldesloe hatten. So beherrschten die Herren der Trave rund ein Drittel des Handelsweges nach Hamburg. Der größte Teil der Waren kam auf dem Wasserweg in flachen, breiten Travekoggen nach Oldesloe und wurde hier auf Fuhrmannswagen umgeladen.

Oldesloe passierten alle Waren, die von Rußland und den Ostseeländern über Lübeck nach Hamburg, dann von dort weiter nach England und Frankreich, nach den Niederlanden, den Rheinlanden und Westfalen bestimmt waren. Befördert wurden auf diesem Wege die schon bekannten Güter: Pelze und Wachs aus dem Osten und Tuche aus Flandern und England. Aber auch der Wein spielte eine nicht unbeträchtliche Rolle im Warenverkehr. Der Lübecker Ladeplatz vor der Stadt hieß Weinhude. Noch heute trägt ein Weg, der zur Trave hinabführt, diesen Namen. Er endete beim Gasthaus zum Kran, dessen Name an das Laden und Löschen der Lastkähne erinnert.

So wie Heinrich der Löwe und später Kaiser Friedrich Barbarossa ihre Hand schützend über den Trave-Wasserweg hielten, versuchten die holsteinischen Grafen den hamburgischen Teil der Straße zu sichern und für die Freihaltung der Alster zu sorgen. Im Jahre 1448 kam ein Vertrag zustande, der den Bau eines Kanals zwischen Alster und Beste, die bei Oldesloe in die Trave mündet, beinhaltete. Es wurde auch mit dem Bau begonnen, der aber erst 1525–1529 vollendet war, übrigens mit tatkräftiger Hilfe der Lübecker. Er ist jedoch nie zu gleicher Bedeutung gelangt wie der Stecknitzkanal, sondern hat ein eher kümmerliches Dasein geführt. Für die meisten Waren scheint der Landweg benutzt worden zu sein.

Oldesloe hat immer im Schatten Lübecks gestanden, einen gewissen Glanz erreichte es der Verhandlungstage wegen, die hier abgehalten wurden, um dem Unwesen auf den Straßen ein Ende zu setzen. Das Ziel der hier beschlossenen Landfriedensbündnisse war, die fortwährenden Kleinkriege zwischen Fürsten, den Hansestädten und einzelnen oder Gruppen von Adeligen in Grenzen zu halten, die Straßen zu schützen und die Gefahr auszuräumen, daß ständig Warenladungen ihren Besitzern fortgenommen wurden. Schließlich wurde die Stadt Sitz des Landfriedensgerichtes. Aber obgleich scharf gegen die Straßenräubereien vorgegangen wurde, hörten Überfälle und Wegelagerei nicht auf.

Wie wenig Achtung man der Institution des Landfriedensgerichtes entgegenbrachte, erhellt ein Vorfall aus dem Jahr 1387, in dem sich Fürsten und Städte in Oldesloe eingefunden hatten. Es war eine erlauchte Schar, die in der Stadt zusammengekommen war. Herzog Erich III. und Erich IV. von Sachsen, Herzog Gerhard von Schleswig, die Grafen Klaus und Adolf von Schauenburg und die Vertreter der Städte Hamburg und Lübeck. Dazu das Gefolge von Rittern und Knechten. Die Stadt wimmelte von großmächtigen, waffenklirrenden Männern, vor den Toren weideten friedlich ihre Pferde. Eine Schar von Rittern aus dem Lüneburgischen zog plündernd durch die Gegend und nahm den hohen Herren ohne jeden Respekt die Pferde vor der Nase weg. Der lübeckische Reitervogt mußte ihnen nachsetzen, erreichte sie bei Mölln und konnte einen Teil der Beute zurückholen.

In den letzten Jahrhunderten des Mittelalters war die Sorge für das Geleitrecht den holsteinischen Grafen überlassen worden. Sie sicherten durch bewaffnete Mannschaften die Warenzüge, wofür sie Gebühren erhoben. Die Geleitsgebühr wurde nur für Handelsgüter verlangt, während reitende und gehende Leute kostenlos geleitet wurden. Wurde vom Kaiser die Bewilligung zu höheren Zöllen erbeten, wurde als Grund dafür unter anderem angeführt, daß die Beschirmung der Straßen einen größeren Aufwand erfordere. Am Ende des Mittelalters beliefen sich in guten Jahren die Summen aus dem Geleitsgeld um tausend rheinische Gulden, was eine sichere, nicht unbeträchtliche Einnahme bedeutete.

Die Straße verließ Oldesloe und bot dem Frachtverkehr jetzt zwei Möglichkeiten, die sumpfigen Auen der Besteniederung zu umgehen. Die nördliche verlief im Zuge der heutigen Chaussee über Blumendorf, Neritz und Elmenhorst nach Bargteheide. Für die südliche Strecke verläßt man Oldesloe auf dem Rümpeler Weg, durch Quellental hindurch und erreicht das Dorf Rümpel. Im Gegensatz zur heute gut ausgebauten nördlichen Strecke, der Hamburger Chaussee (Bundesstraße 75), ist das südliche Teilstück ein landschaftlich sehr reizvoller, stiller schmaler Weg. Durch Rümpel hindurch ist die Straße noch mit altem Katzenkopfpflaster befestigt. Weiter geht der Weg unter der Bundesstraße 404 hindurch, überquert das Flüßchen Beste und steigt schnell aus der Niederung nach Hölten Klinken hinauf. Das Gehöft ist nach einem ehemaligen Schlagbaum benannt. Gegenüber vom Dorfteich stehen zwei schöne alte Strohdachhäuser mit einer Reihe hoher, alter Kastanien davor. Quer durch weite landwirtschaftlich genutzte Flächen gelangt man nach Fischbek und von dort über Mönkenbrook und Hüls nach Bargteheide, wo sich der nördliche und der südliche Weg wieder vereinigen.

Die Gegend um Bargteheide und besonders Mönkenbrook hatte zumindest im 15. Jahrhundert einen denkbar schlechten Ruf, es wurden Pferde gestohlen und Frachtwagen geraubt. Wegen Wegelagerei und Raubsucht sah sich die Stadt Hamburg verschiedentlich gezwungen, den »Ausreitervogt« mit einer Schar Bewaffneter zur Sicherung der Straße auszusenden.

Der letzte Teil der Hamburg-Lübecker Straße, der den Namen »Alte Landstraße« trägt, führte über Timmerhorn, Hunnau, Hoisbüttel nach Bergstedt, wo er die heutige Grenze der Freien und Hansestadt Hamburg passiert. Bergstedt und Sasel gehören heute zu den Villen-Vororten der Walddörfer, und in Bramfeld und Barmbek sind wir schon mitten in den dichtbesiedelten Gebieten der Stadt. Bei der Kuhmühle versperrte die hamburgische Landwehr damals den Weg, der weiter durch den Siechenort St. Georg zum Spitaler Tor führte. Auch hier finden wir dieselbe Situation wie im Lübecker Stadtteil St. Jürgen vor. Das Allgemeine Krankenhaus St. Georg, eines der größten Hamburgs, setzt die Tradition des Ortes fort.

Auch das etwas südlicher vom Spitaler Tor gelegene Steintor wurde zur Einfahrt in die Stadt genutzt, über die Steinstraße, die erste gepflasterte Straße Hamburgs, rumpelten die Frachtwagen zu den Lagerhäusern am Binnenhafen an der Elbe.

Die große hansische Ostseestraße

Lübeck – Wismar – Rostock – Stralsund – Stettin

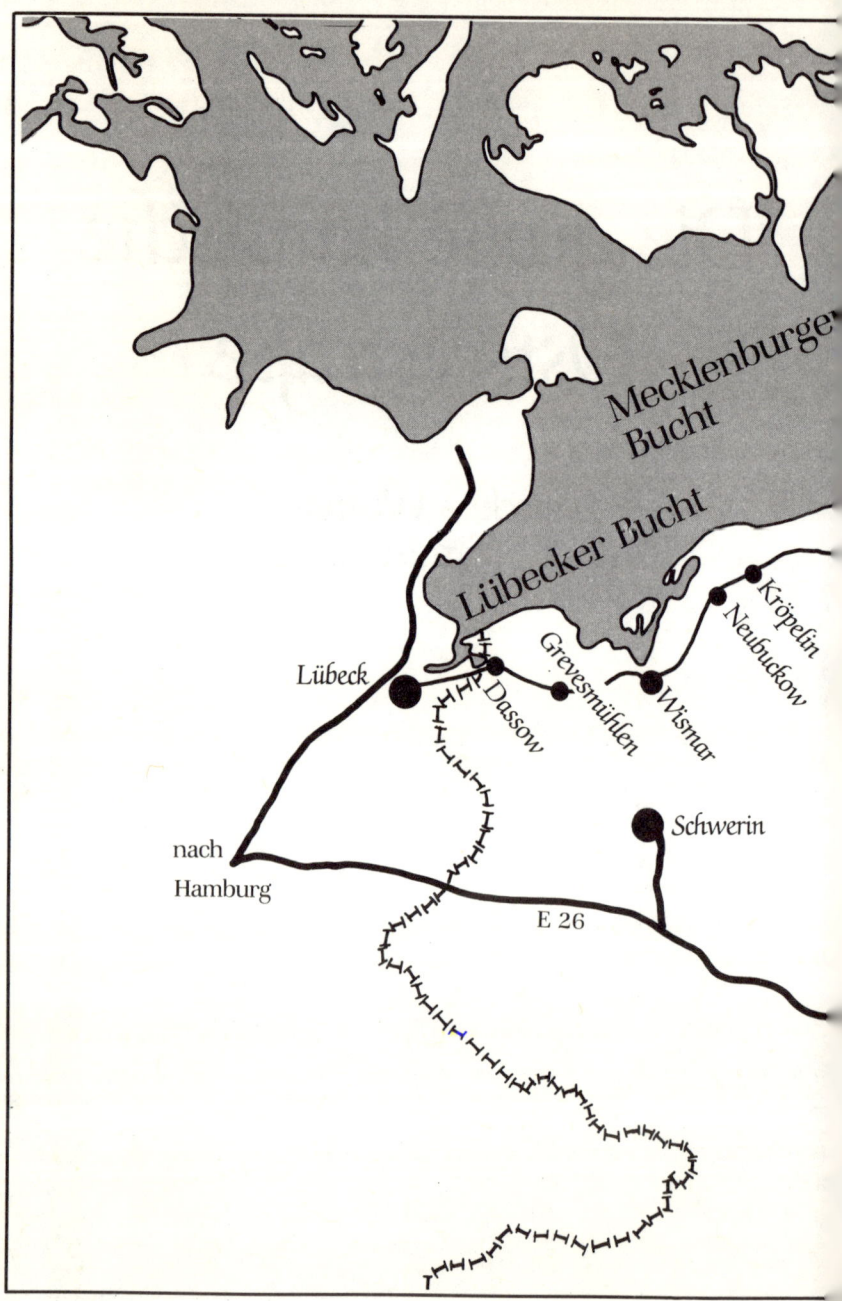

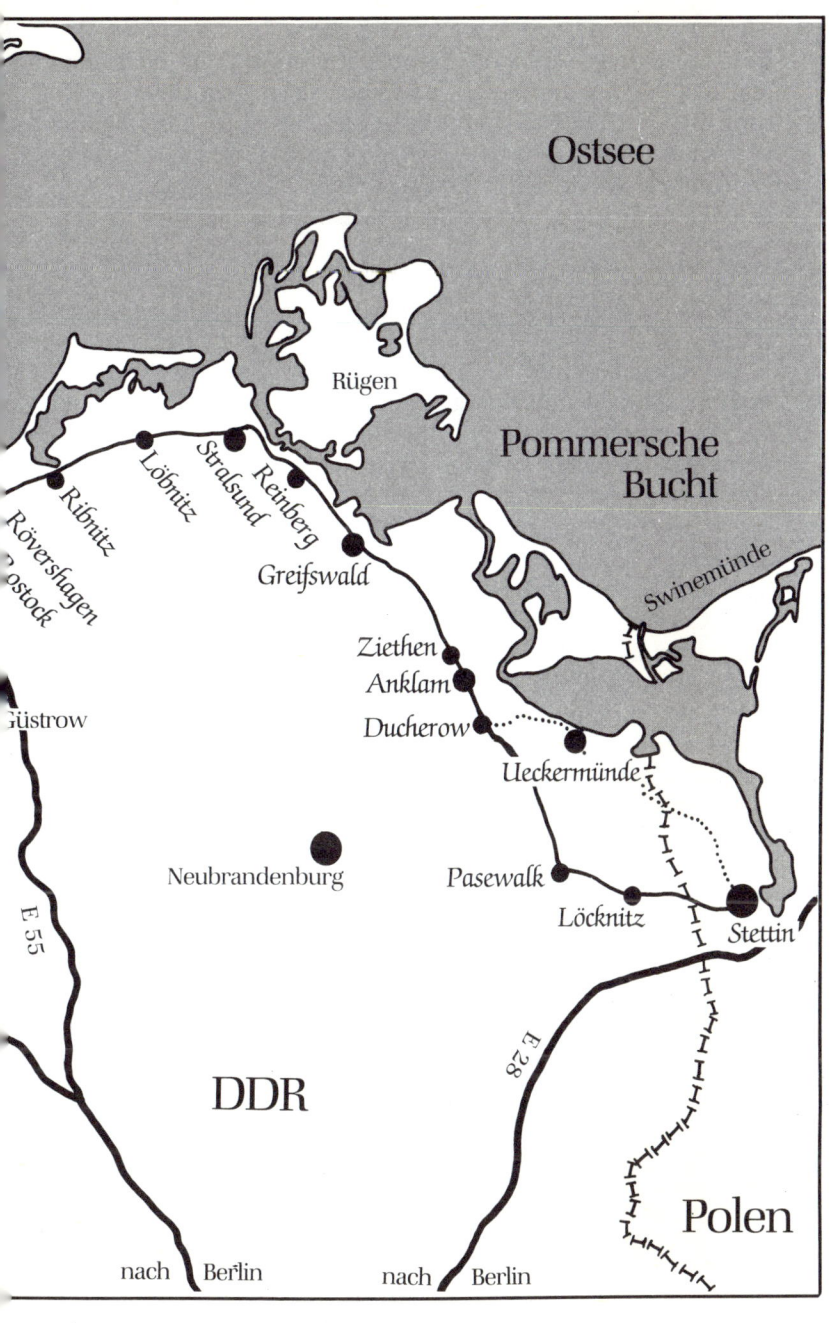

Mehr als fünfhundert Jahre hat die Hanse bestanden, die Politik wie ein souveräner Staat machte, obwohl sie nicht einmal eine Verfassung besaß, und auch keine zentrale Verwaltung die Geschicke des Bundes lenkte. Aus einer Vereinigung von Kaufleuten erwuchs ein Städtebund, dessen Größe und Einflußbereich so umfassend war, daß, würde er heute noch existieren, er die wirtschaftliche Macht der EG weit in den Schatten stellen würde. Die rasche Entwicklung des deutschen Ostseehandels wäre nicht möglich gewesen ohne die Ostkolonissation und die Gründung der deutschen Ostseestädte.

Zwischen 800 und 1250 hatte sich die deutsche Bevölkerung verdoppelt und drängte geradezu stürmisch in die neuen Siedlungsgebiete im Nordosten. Als erste kamen die Niederdeutschen aus dem Raum zwischen Rhein und Elbe sowie die Friesen und Flandern, danach aber auch Deutsche aus allen anderen Stämmen. Der Ostseeraum ist das Geburtsland der Hanse. Unter der Führung der Lübecker hatten die seit dem 12. Jahrhundert neu gegründeten Städte an der südlichen Ostseeküste zur Entwicklung der Machtfülle der Hanse kräftig beigetragen.

Die Gründung der Städte vollzog sich, wie in Lübeck auch, durch die Initiative einer Gruppe von kaufmännischen Unternehmern. Die Stadtpläne zeigen alle eine ähnliche Struktur. Das Zentrum bildet ein rechteckiger Markt, von dem aus die Hauptstraßen auf die Tore zulaufen. Der Rest der Stadtfläche wird in rechteckige Parzellen aufgeteilt, auf denen die Bürgerhäuser entstehen. Acker, Wald und Weide gehören dazu, um die Bürger ernähren zu können.

In den größeren Städten entwickelten sich bald Handwerk und Gewerbe wie Weberei, Brauerei, Schiffbau und vor allem der Fernhandel. Die Hanse konnte sich so mächtig entwickeln, weil sie in zentraler Lage zwischen den Rohstoffgebieten des Ostens und den gewerbetreibenden Städten des Westens und Südens ihre Tätigkeit entfalten konnte.

Der Straße, welche damals die Ostseestädte miteinander verband, kann man heute bequem folgen, handelt es sich doch um die Transitstrecke durch die DDR von Lübeck nach Saßnitz, die besonders von skandinavischen Reisenden gern benutzt wird. Sie war ein Teil der großen hansischen Ostseestraße, die bis nach Danzig führte und darüber hinaus nach Königsberg, Riga und Reval.

Wie Perlen auf einer Schnur ziehen sich die wendischen Städte, die mit Lübeck den Kern der Hanse bildeten, entlang der Ostseeküste. In weniger als zwei Menschenaltern ist die Küste mit deutschen Bürgerstädten besetzt. Wismar und Rostock entstehen zwischen 1218 und 1229, beide nach lübischem Recht. Stralsund, zunächst eine dänische Siedlung, wird 1234 von Rostock aus neu gegründet, Stettin 1234, Greifswald erhält 1250 deutsches Stadtrecht und Anklam 1264.

Vom Markt in Lübeck lief die Straße durch das Burgtor an den Galgenbrockwiesen vorbei, die heute den Stadtpark bilden, und auf Schlutup zu, wo sie die lübische Landwehr kreuzte, die an dieser Stelle durch einen starken Turm gedeckt war. Die aufgeschütteten Wälle der Landwehr findet man noch heute kilometerlang im Gelände, auch hier bei Schlutup. Die Durchlässe in der Landwehr dienten als Zollstelle und zugleich als Sperre gegen Feinde und Räuber.

Gelang es solch übelwollenden Gestalten doch einmal, die Schlagbäume zu durchbrechen, verstärkten die Bürger Lübecks die Besatzung an den Toren der Stadt und riegelten die Durchbruchstelle ab. Das Land bis zur Stadtmauer war dann der Plünderung ausgesetzt, aber der Feind saß in der Falle. Durch die Wälle, die von dichten Hecken bewachsen waren, gab es kein Hinauskommen, und geraubtes Vieh oder erbeutete Kaufmannswagen konnten nicht weggebracht werden.

Bei Schlutup passiert man heute die Grenze zur DDR und fährt auf der Fernstraße 105 nach Selmsdorf. Die alte Straße führte nördlich davon an der Martinsmühle vorbei. Hier stand auch ein verwittertes Steinkreuz, das zum Gedenken für den 1398 an dieser Stelle verunglückten Lübecker Kaufmann Marquard Bortzowe aufgestellt worden war und zu einem Gebet für seine arme Seele aufforderte.

In der Mitte des 15. Jahrhunderts soll sich der Sage nach in der Mühle ein grausiges Verbrechen zugetragen haben:

»Um diese Zeit wohnte in der Martensmühle – zwischen Lübeck und Dassow gelegen – ein Müller glücklich im Schoße seiner kleinen Familie. Schon frühe verließ sein einziger

Sohn das elterliche Haus, um sich in fernen Ländern Glück und Erfahrung zu suchen. Durch mancherlei Unglücksfälle waren die Eltern ziemlich heruntergekommen und ergaben sich, von Armut und Not getrieben, dem schändlichen Gewerbe, die in der Mühle, welche zugleich Gasthaus war, übernachtenden Wanderer auf die schrecklichste Weise zu töten, indem sie ihnen während des Schlafes siedendes Blei in die Ohren gossen. So erging es auch dem Sohne, als dieser nach mehreren Jahren zurückgekehrt war, sich den Eltern aber nicht zu erkennen gab. Tags darauf kam sein Freund in die Mühle und fragte nach ihm. Die Müllersleute wollten ihn nicht gesehen haben. Da erzählte er ihnen denn, daß der Vermißte ihr Sohn sei, der sie habe überraschen wollen. Im plötzlichen Schreck darüber verraten sich die Müllersleute und der Freund zeigt die Greueltat an. Die Mörder werden gefangengenommen und erleiden beide die verdiente Todesstrafe. Die Mühle aber wurde gänzlich geschleift, und nie hat es jemand gewagt, sich an diesem verrufenen Orte wieder anzusiedeln, wohl aber erblickt man noch jetzt an der Stelle, wo der Sohn von seinen Eltern eingescharrt worden war, ein steinernes Kreuz.«

So berichtet die Legende von Mühle und Kreuz auf dem Wege nach Dassow. Es gab außerdem noch den legendären Räuber Papedönne, der die Lübecker Kaufherren beunruhigt haben soll. In seiner Mordgrube nahe der Straße, so wird erzählt, habe er alle Kaufleute, derer er habhaft werden konnte, beraubt und erschlagen. Ihre Schädel soll er auf eine Leine gezogen, mit einem Stabe den Takt geschlagen und dabei gesungen haben: »So danzet, so danzet mine levesten Söhne. Dat Danzen, dat maket juwe Bader Papedönne.«
   Diese Geschichten geben einmal mehr Bericht von der Unsicherheit, welche im Mittelalter auf dem Land und zur See herrschten und von denen wir uns heute gar keinen Begriff mehr machen können. Von der Gründung Lübecks bis zur Reformation sollen mehr als zwanzigtausend Sünder, größtenteils Räuber, hingerichtet worden sein. Es war nicht ungewöhnlich, daß an einem Tage dreißig bis vierzig solcher Kumpane von dem Büttel zu Tode gebracht wurden. Das harte Durchgreifen Lübecks und seiner Tochter- und Part-

nerstädte zur Sicherung der Wege und zum Schutz der wagemutigen Fernhandelskaufleute, trug wesentlich bei zum Aufblühen des Handels dieser Städte.

Nachdem die Straße das Dassower Aussätzigenhaus passiert hatte, querte sie die Stepenitz mit der im Jahre 1266 erbauten Brücke und führte nach Dassow hinein. Von hier aus geht es weiter auf der Transitstraße 105 über Mallentin nach der ehemaligen Zollstätte Grevesmühlen. Daß solche Zollstellen durchaus nicht immer respektiert wurden und mancher sich besonders schlau dünkende Kaufmann versuchte, sie auf Schleichwegen zu umgehen, bezeugt ein Vorfall aus dem Jahre 1479. Ein Kaufmann aus Herzogenbusch hatte versucht, den Zoll zu umfahren, war aber erwischt worden und bezahlte den Versuch, Zollgeld zu sparen, mit der Beschlagnahme seines gesamten Handelsgutes.

Bei Hoikendorf finden wir, wie auch schon bei der Martinsmühle erwähnt und wie bei dem Dorf Tramm nahe Dassow, zwei alte Wegekreuze, die den Verlauf der Straße anzeigen. Eines dieser beiden war dem Wismarer Bürger Ludeke Mozellenbruch gewidmet, der hier kurz vor den Toren seiner Heimatstadt im Jahre 1391 verunglückte. Über Gägelow und dann vorbei am Aussätzigenhospital St. Jacobshof erreichte die Straße Wismar. Man nähert sich auch heute noch dem alten Stadtkern auf der Lübschen Straße. Dann geht es auf der Karl-Marx-Straße quer durch das Stadtinnere, das man auf der Rostocker Straße wieder verläßt. In der Lübschen Straße haben einige gotische Giebel die Zerstörung des Krieges überdauert. Sie schmückten das typische hansische Kaufmannshaus, das gleichzeitig als Wohnhaus, Kontor und Speicher diente. Durch eine breite Toreinfahrt gelangte man in die große Diele. Hier lagen an einer Seitenwand die Kontorräume. Eine mit reichgeschnitztem Geländer versehene Treppe führte in das obere Stockwerk, und dann ging es über eine Galerie zu den Wohnräumen. Alle hierüberliegenden Stockwerke darüber dienten als Speicher.

Von der alten Stadtbefestigung ist das Wassertor erhalten geblieben. Sein blendengeschmückter gotischer Giebel schaut über den alten Hafen, in dem zur Hansezeit Koggen aus Norwegen, Schweden und Rußland, aus den Niederlanden und England festmachten. Von der französischen Küste kamen Schiffe mit dem »Baiensalz«, das dem lüneburgischen weißen Gold so viel Konkurrenz machte. Sie alle luden und löschten Fische, Salz, Holz, Felle, Tuche und Wolle, Getreide, Hopfen und vor allem das berühmte Wismarsche Bier.

Um 1200 gesellte sich eine planmäßig angelegte deutsche Kaufmannssiedlung zu einem wendischen Fischerdorf. Wismar entstand im Zug der Kolonisation des von den slawischen Wenden bewohnten Mecklenburg und des späteren Ostdeutschland, durch Einwanderer aus Lübeck, Westfalen, Niedersachsen und Flandern. Heinrich der Löwe hatte mit seinem Zug nach Osten dazu den Grundstock gelegt. Der Chronist Helmold von Bosau schreibt darüber in seiner »Slawenchronik«: »Er hat die Kraft der Slawen zerrieben. Er legte ihnen das Gebiß zwischen die Kiefer und lenkt sie wohin er will. Er gebietet Frieden und sie gehorchen, er befiehlt Krieg und sie sprechen: Hier sind wir.«

Für die Hanse war die Entstehung des Bündnisses der »Wendischen Städte« von größter Bedeutung. Man versteht unter diesem Begriff die im wendischen Gebiet neu gegründeten Städte Lübeck, Kiel, Wismar, Rostock und Stralsund. 1269 hatten sich Wismar, Rostock und Lübeck entschlossen, gemeinsam die Seeräuberei zu bekämpfen. Daraus entstand ein Bund mit dem Versprechen, sich jährlich zu treffen, um die gemeinsamen Angelegenheiten zu besprechen. In Wismar wurden allein siebzig Hansetage abgehalten. Diesem verläßlichen Bündnis schlossen sich später auch die pommerschen Städte Greifswald, Anklam und Stettin an, die alle durch unsere Straße verbunden werden.

Über die Rostocker Straße gelangt man wieder auf die Fernstraße 105. Über die Brücke vor Neuburg zog die alte Straße nach Neubuckow und Kröpelin und weiter nach Doberan. Aus dem westfälischen Kloster Amelungsborn kamen im Jahre 1171 Zisterzienser-Mönche in das slawische Dorf Doberan und gründeten ein Kloster. Acht Jahre später beim Aufstand der Slawen wurde die Neugründung zerstört, aber schon 1186 wieder aufgebaut. Ein rascher Aufstieg zu einem der reichsten Klöster im norddeutschen Raum folgte. Mitten im Städtchen liegt die an der Wende zum vierzehnten Jahrhundert aus rotem Backstein erbaute Klosterkirche. Mit dem schönen Westgiebel, den hochstrebenden Pfeilern des Kapellenkranzes und dem eleganten Dachreiter über der Vierung zeigt sich hier ein bewundernswürdiges Beispiel nordostdeutscher Baukunst.

Die Bauten der hansischen Backsteingotik sind von herber Schönheit und von einem vollendeten Gleichmaß des Baukörpers. Georg Dehio sagt von diesen Bauten, sie seien »selbstbewußt ohne Selbstgefälligkeit, kühn im Großen und haushälterisch im Kleinen, besonnen und immer geradeaus auf die Hauptsache gerichtet. Eine Baukunst voll Mark und Saft und Eigenwillen.« Von der Klosteranlage sind nur wenige Bauten geblieben: ein Rest des romanischen Kreuzganges, das gotische Kontorhaus, die Klosterbrauerei und das Wirtschaftsgebäude, das heute Molkerei und Lagerhaus ist.

Über Parkentin und Klein Schwaß führt die Straße nach Rostock. Neben einem ursprünglich fürstlichen Burgwall des slawischen Stammes der Kessiner in der sumpfigen Warnowniederung südlich des Petridammes siedeln sich um 1200 deutsche Kaufleute auf dem Hügel um den alten Markt und die Petrikirche an. 1218 wird der Kaufmannssiedlung das Lübecker Stadtrecht verliehen. Die Stadt dehnt sich nach Westen aus und um 1230 wird die Mittelstadt um die Marienkirche und den Neuen Markt, der heute Ernst-Thälmannplatz heißt, planmäßig angelegt. Um 1250 kommen die Neustadt um den Hopfenmarkt und die Jacobikirche hinzu, so daß 1265 nach Vereinigung der drei Stadtteile der Umfang des alten Stadtkerns endgültig festliegt. Die Lage der Stadt am Ufer der hier sich verbreiternden Warnow ermöglichte auch dickbäuchigen Seeschiffen den Zugang zum Hafen, der aber soweit landeinwärts lag, daß im Mittelalter keine überraschenden Angriffe von See her zu befürchten waren.

Rostock pflegte ausgedehnte Handelsbeziehungen in den Osten nach Riga, in den Westen nach Brügge und in den Norden nach Bergen. In den Riesenrümpfen der Koggen, die auch den Handel mit Massengütern erlaubten, gingen Tuche, Getreide, Bier und Fässer nach Norden, und Butter, Heringe und Stockfisch wurden von dort eingeführt. Im 14. und 15. Jahrhundert lag die Blüte der Stadt, die ihren Wohlstand in prächtigen Stadttoren und großen Kirchenbauten dokumentierte. Die Hauptkirche St. Marien im 13. Jahrhundert begonnen, konnte erst nach 300jähriger Bauzeit fertiggestellt werden. Die Nicolaikirche entstand im selben Jahrhundert. Alle aber überragt die Petrikirche. Auf dem Rücken eines Hügels gelegen, reckt ihr Westturm sich 117 Meter in die Höhe und diente den Seefahrern als Landmarke. Durch das Kröpeliner Tor führte die Straße in die Stadt. Südlich des Tores sind noch erhebliche Reste der alten Stadtmauer erhalten.

Das Stadtbild der hansischen Städte im Kolonisationsraum des Ostens und insbesondere das der Städte an der Ostseeküste war überwiegend von gotischer Prägung, die sich in diesen Gebieten von der Mitte des 13. bis zur Mitte des 16. Jahrhunderts entwickelte und sich durch wuchtige, strenge und schlichte Backsteinarchitektur auszeichnete. Den Grundriß der Hansestädte der Ostseeküste bildete ein mehr oder weniger regelmäßiges Rechteck. Am weiten Marktplatz stand das Rathaus neben der Pfarrkirche, die der Gottesmutter Maria, der Schutzpatronin der Hanse, geweiht war. Das Rathaus war anfänglich ein unscheinbarer mit der Tuchhalle verbundener Bau, der mit dem Anwachsen der Städte durch Anbauten ergänzt und schließlich Sitz der Verwaltung wurde. Das ständig erweiterte Lübecker Rathaus wurde zum Vorbild für viele andere Städte der Hanse. In Lübeck standen um 1220 zwei bescheidene Gebäude. Das eine war das »Gewandhaus«, also die Tuchhalle, das andere diente als Versammlungsraum. Nachdem sie durch eine Querfassade verbunden worden waren, kam an der Ostseite des Marktes ein neuer Flügel dazu, der die Waage und das »Danzelhus«, den Festsaal, beherbergte. Hinter hohen Blendfassaden verbargen sich die Dächer der Gebäude. Mit schlanken Säulen und durchbrochenen Öffnungen in Form von Rosetten wurde trotz der eher strengen Backsteinarchitektur ein dekorativer Reichtum geschaffen, der dem Repräsentationsbedürfnis der reichen Hansestädte entsprach und dessen gelungenstes Beispiel wir im Rathaus von Stralsund finden.

Die Wehrbauten der Hansestädte, die zur Verteidigung gegen die Übergriffe der Fürsten errichtet wurden, zeichneten sich durch die Größe und Pracht ihrer Stadttore aus. Als Beispiel seien das Holstentor und das Burgtor in Lübeck genannt. Es bleiben aber die Kirchen die eindrucksvollsten Bauten. Die hohen Kirchtürme waren schon viele Meilen von See her zu sehen und kündigten den Seeleuten eine glückliche Heimkehr an. Allen Städten voraus schuf Lübeck mit der Marienkirche das großartigste Bauwerk der Backsteingotik. Sie wirkte als Beispiel für viele Kirchen der wendischen Städte, von denen die Nikolaikirche in Stralsund dem Vorbild am nächsten kam. Die Ostseestädte besaßen außer der Marienkirche auch eine Kirche, die dem heiligen Nikolaus, dem Patron der Seefahrer, gewidmet war. Man staunt immer wieder, wie rasch solche gewaltigen Bauwerke in den Himmel wuchsen. Hier paarte sich der religiöse Glaube der Menschen mit dem Stolz der Kaufleute und Bürger der sich im vollen Aufschwung befindenden Städte, die sich mit Eifer diesem Werk widmeten.

Verlassen wir Rostock, heute der größte Überseehafen der DDR. Der alte Hafen reichte nach dem Ende des Zweiten Weltkrieges bald nicht mehr aus, und so wurde im Jahre 1957 mit dem Bau des neuen Hafens begonnen. Der im Jahre 1419 gegründeten Universität, der ältesten Norddeutschlands, wurde nach 1945 eine schiffbautechnische Fakultät angegliedert, deren Arbeit der Neptunwerft und vor allem der Warnowwerft von Vorteil ist. Der Rostocker Raum ist mit nahezu 70 Prozent am Schiffbauprogramm der DDR beteiligt.

Die Transitstraße 105, die fast dem Verlauf der Küstenstraße der Hanse folgt, führt über den Ort Bentwisch nach Rövershagen. Die Straßen, die an der Küste entlangführten, waren für die Hanse von hoher Wichtigkeit, ließen sich doch auf ihnen die Waren schneller als zu See transportieren. Die Straße Lübeck-Danzig über Rostock und Stettin und auch die von Lübeck nach Brügge über Hamburg, Bremen, Deventer und Antwerpen bedeuteten eine nicht zu überschätzende Konkurrenz für den Seeverkehr, besonders bei leichten, kostbaren Waren, während die Koggen mehr für den Massenguttransport genutzt wurden. Die häufigen Überfälle und Wagenplünderungen auf diesen Küstenstraßen zeigen, wie bedeutend der Warenverkehr auf ihnen war.

Am Ortsende von Rövershagen lag ein »Landkrug« dicht an der Heerstraße und nicht weit davon entfernt der »Heidekrug«, beide sorgten für Unterkunft und Verköstigung der Reisenden. Bevor es überall Gasthöfe gab, mußte der Fremde um seine Versorgung auf Reisen bitten oder bei der Natur nehmen, was er brauchte. Die Wildnis, durch die er zog, war vogelfrei, und er konnte sich aus ihr bedienen. Später dann, als alles Grundbesitz war, blieb dem Fremden doch das Recht auf eine, wenn auch eingeschränkte Nutzung der Dinge rechts und links des Weges, die er für sein Fortkommen brauchte. Im Landfrieden Kaiser Friedrichs I. und in den verschiedenen lokalen Weistümern ist festgelegt, welche Rechte dem Reisenden zustanden. So konnte er sein Pferd von der Straße aus im Korn weiden lassen. Er durfte Äpfel von Bäumen an der Straße pflücken und seinen Wagen mit dem Holz flicken, das er am Wegrand geschlagen hatte.

Die zweite Möglichkeit der Hilfe für Reisende bestand für den Fremden im allgemeinen Gastrecht der Einheimischen. Tacitus schreibt in seiner *Germania* über die Deutschen: »Zu Bewirtung und gastlichem Leben hat kein anderes Volk eine so unbeschränkte Neigung. Irgendwem, wer es auch sei, seine Türe zu verschließen, gilt für ein Unrecht. Jeder bewirtet den Gast an dem nach Kräften reichlich besetzten Tische. Gebrichts an Vorrat, so macht der bisherige Wirt den Wegweiser zu einer neuen Herberge und geht mit seinem Gast ungeladen ins nächste Haus; beide werden ohne Unterschied mit gleicher Freundlichkeit aufgenommen. Ob bekannt oder unbekannt gilt in Hinsicht auf des Gastes Ansprüche gleichviel. Beim Abschiede ist es Sitte, dem Fremden mitzugeben, was er sich etwa ausbittet, und der Wirt macht eine Gegenforderung mit gleicher Unbefangenheit. Sie lieben derlei Geschenke, aber was sie geben, rechnen sie nicht an und was sie erhalten bindet sie nicht.«

Später, in der *Pax Dei* von 1083, heißt es dann: »Dem Reisenden soll niemand Herberge verweigern. Man soll ihm zu gerechten Preisen verkaufen, was er braucht, wenn man es selber hat, wenn man es nicht selbst hat, ihm von den Nachbarn verschaffen, bei Strafen für den Gastgeber wie für den Gast, wenn sie sich nicht dem Gastrecht gemäß verhalten. Auch Weide steht dem Gast zu, er darf auch Obst brechen.« Hier hat sich gegenüber dem Text des Tacitus schon einiges beim Gastrecht verändert. Der Fremde zahlt schon für die ihm gelieferten Nahrungsmittel und für das, was er an zusätzlichen Bedürfnissen auf der Reise hat.

Der Übergang von der Naturalwirtschaft zur Geldwirtschaft machte das Versorgen der Reisenden zu einem Gewerbe. Die Vorläufer der Gasthöfe waren die Schenken. Neben den Braustuben der Stifte und Klöster und den Ratskellern, in denen vornehmlich Wein ausgeschenkt wurde, gab es auch von den Grundherren konzessionierte Schenken in Privathand. Herbergen, in denen neben dem Ausschank auch Verköstigung und Unterbringung der Reisenden geboten wurde, gab es schon seit dem 13. Jahrhundert. Der Wirt war meist ein angesehenes Mitglied der Gemeinde und saß manchmal sogar im Rat des Ortes. Übernachtet wurde in einem großen gemeinsamen Schlafsaal, Männlein und Weiblein durcheinander, in dessen dicht gedrängter Fülle man oft eng zusammenrücken mußte. Später entstanden an den Fernstraßen besondere Fuhrmannsgasthöfe, die auch Platz für Roß und Wagen boten und oft Pferde zum Vorspann bereithielten.

Von Rövershagen ging es weiter nach Ribnitz, wo eine Zollstelle zu passieren war. 1473 hatte Kaiser Friedrich III. die Lübecker von der Zahlung des Zolls bei Ribnitz befreit. Gleich hinter der Zollstelle fließt die Recknitz, die die Grenze zu Pommern bildete und mittels der »hohen Brücke bei Damgarten« zu überqueren war. Über Löbnitz und Martensdorf zog die Straße in die Stadt Stralsund.

Im Franziskanerkloster St. Johannis, das heute das Archiv der Stadt Stralsund beherbergt, liegen die beiden Urkunden des Friedens zu Stralsund, der den hansischen Kaufleuten ihre ökonomische Sonderstellung im Norden zu festigen und zu erweitern half. Am 24. Mai 1370 fand mit der Besiegelung des Friedens zwischen Dänemark und den Städten der Hanse eines der herausragendsten Ereignisse der nordeuropäischen Geschichte des Mittelalters statt. Nach nahezu zehnjährigen kriegerischen Auseinandersetzungen trafen sich die Ratssendeboten von 23 Hansestädten mit den Vertretern der dänischen Krone in der trutzigen Stadt am Strelasund, um mit überlegener, zäher diplomatischer Kunst den Frieden auszuhandeln. Der brachte den hansischen Kaufleuten den freien Handel in Dänemark und Schweden zurück. Zur Sicherung der Friedensbedingungen enthielt der Vertrag die Klausel, daß sich der dänische Reichsrat ohne die Einwilligung der Hansestädte keinen neuen König wählen dürfe. Die Krone Dänemarks sollte künftig in Lübeck vergeben werden. Stralsund war 1234 an der Stelle des slawischen Fischerdorfes Stralow gegründet worden. Die Stadt war von der Landseite her gegen Übergriffe durch große Teiche im Süden und Westen geschützt. Um 1249, nach Anlage der Neustadt, wird zum zusätzlichen Schutz der Stadt eine feste Wehrmauer errichtet, von der noch größere Reste am Knieperteich und am Johanniskloster erhalten sind. Zwei Tore, das Kütertor und das Kniepertor, aus dem frühen 14. Jahrhundert haben die Zerstörungen des letzten Weltkrieges überstanden. Im 14. und 15. Jahrhundert, mit der wirtschaftlichen Blüte der Hanse, erreicht die Stadt den Höhepunkt ihrer Entwicklung. Die Marienkirche und die Nikolaikirche werden gebaut und am Rathaus wächst die elegante Blendfassade empor. Unter Stralsunder Flagge segeln bis zu 300 Schiffe über die Meere.

Stralsund besaß eine Schlüsselstellung zwischen Ost und West. Der Handel der Stadt war nicht nur nach Skandinavien, sondern auch nach England, Flandern und Frankreich ausgerichtet. Außerdem bot die Stadt eine direkte Verbindung zu den östlich gelegenen pommerschen Städten, und die Verbindung nach Rügen war durch den bei Stralsund nur anderthalb Kilometer breiten Strelasund besonders günstig.

Straßenräuber und Wegelagerer waren bei der Beschreibung der Straßen ein bereits immer wiederkehrendes Thema. Mit derselben Plage, aber nun zur See, hatten sich die Hansestädte weidlich abzuplagen. Besonders den Stralsundern sagte man eine gewisse Härte im Umgang mit den Seeräubern nach. Ausgerechnet zwei Hansestädte, Wismar und Rostock, hatten diese Plage der Ost- und Nordsee ins Leben gerufen. In ihren Auseinandersetzungen mit Königin Margarethe von Dänemark riefen sie freie Schiffsherren zu Kaperfahrten gegen die Dänen auf. Mit einem Kaperbrief ausgerüstet, auf eigene Kosten und eigenen Gewinn konnten sie dänische und norwegische Schiffe ausrauben. Auf diesen Aufruf hin entstand ein wüster Haufen, den Detmar in seiner Chronik wie folgt beschreibt: »Es steht nicht zu beschreiben, was da an losem und bösem Volk zusammenlief aus allen Ländern, an Bauern und Bürgern und all das lose Volk mehr, das nicht arbeiten wollte, gedachte reich zu werden.«

Bald vergaßen die Kaperfahrer ihren eigentlichen Auftrag und fielen über jedes Segelschiff her, das ihnen vor den Bugspriet kam. Am schlimmsten hausten die »Vitalienbrüder«, die sich selber »Liekendeeler« nannten, weil sie ihre Beute zu gleichen Teilen unter sich aufzuteilen pflegten. Sie kannten keine Gnade und jagten die Besatzungen der verhaßten Kaufmannsschiffe über die Planke ins Meer. Die Unsicherheit war so groß, daß der Handel mit dem schwedischen Schonen für drei Jahre eingestellt werden mußte. Das brachte eine Verteuerung des Herings mit sich, dessen Preis sich in dieser Zeit in Frankfurt verzehnfachte.

Die Hansestädte versuchten ohne Erfolg, Rostock und Wismar unter Druck zu setzen. Die beiden Städte verweigerten jede Aktion gegen die Freibeuter und so mußten Lübeck und Stralsund den schweren Kampf gegen diese Pest der Meere allein führen. Die Stralsunder waren bekannt dafür, daß sie keine Milde walten ließen. Gefangene Piraten steckten sie in Heringsfässer, so daß nur die Köpfe herausragten. »Dann wurden die Tonnen so gestapelt, wie man sie auch sonst an Bord zu stapeln pflegte und nach Stralsund gefahren. Dort blieben die Gefangenen in den Fässern so lange, bis man sie auf Wagen zu der Stelle brachte, da ihnen der Kopf abgehauen ward.« Berüchtigt waren auch die Ställe, in denen die aufgebrachten Stralsunder Bürger die Seeräuber einsperrten und so lange mit Brot und Dünnbier fütterten bis sie starben.

Die Vitalienbrüder wurden schließlich mit Hilfe des Deutschen Ritterordens, der eine Flotte von vierhundert Schiffen aussandte, aus der Ostsee verdrängt. Sie trieben ihr Unwesen danach von friesischen Küstenplätzen aus, bis 1401 endlich ihre beiden gefürchteten Anführer Klaus Störtebeker und Godecke Michels von den Hamburgern gefangengenommen und auf dem Grasbrook mit zahlreichen ihrer Kumpane hingerichtet wurden. Klaus Störtebeker aber lebt trotz seiner vielen Untaten im Gedächtnis der Menschen weiter als ein heldenhafter Kämpfer gegen die hansischen »Pfeffersäcke«.

Von Stralsund aus lief die Straße in südlicher Richtung auf Greifswald zu. Die Transitstraße 96 führt, wie der alte Weg, an Brandshagen, Reinberg und Kirchdorf vorbei nach Greifswald. Bei Kowall gab es einen Halt für die Reisenden an der Zollstelle, die im Besitz der Stadt Greifswald war.

Südlich des Flüßchens Ryck, das in den Greifswalder Bodden mündet, wurde um 1200 das Zisterzienserkloster Hilda (später Eldena) gegründet, das in der Nähe eines klostereigenen Salzwerkes lag. Auf dem flachen Hügel des heutigen Stadtkerns wurden vermutlich schon im ersten Jahrzehnt des dreizehnten Jahrhunderts Salinenarbeiter angesiedelt. Bald darauf verlieh man dem Kloster das Recht, einmal im Jahr einen Markt abzuhalten. Im Zuge der Einwanderung aus den westlichen Teilen des Reiches entstand in den Jahren zwischen 1241 und 1248 die planmäßige Anlage der Stadt Greifswald mit ihrem regelmäßigen Straßengitternetz, das den großen Marktplatz ausspart. Über den flachen Wiesen erheben sich, noch heute weithin erkennbar, die drei Kirchen aus rotem Backstein, die die Silhouette der Stadt bestimmen, die gedrungene, massige Marienkirche, die schlanke Nikolaikirche und die Jacobikirche. 1456 gründete Greifswald eine Universität, und zwar mit den Mitteln seines Bürgermeisters Heinrich Rubenow, der seine Studien in Rostock absolviert hatte. Den Ruf der mehr als fünfhundert Jahre alten Universität haben so berühmte Männer wie der Chirurg Sauerbruch und der Historiker Ernst Moritz Arndt weitergetragen. Über die Anklamer Straße verläßt man die Stadt.

In Greifswald schwenkt die Transitstraße 96 nach Süden Richtung Neubrandenburg ab. Der Weg nach Anklam und Pasewalk wird von der Kreisstraße 109 aufgenommen. Der alte Weg lief westlich davon über Groß- und Klein-Riesow, Ramin, Schlatzkow und Ziethen auf Anklam zu. Der Ort erhielt wahrscheinlich 1246 das Stadtrecht. Ihre Bedeutung verdankt die Stadt, die von westfälischen und niedersächsischen Siedlern angelegt wurde, der Protektion des Herzogs von Pommern. Die Peene, bis Anklam schiffbar, schafft einen natürlichen Zugang zur Ostsee. An den Kaimauern machen Binnen- und Küstenschiffe fest, und wie zu Zeiten der Hanse werden hier Holz und Lebensmittel umgeschlagen. Bereits 1283 wurde Anklam Mitglied der Hanse. Der Dreißigjährige Krieg setzte dem von Handwerkern und Kaufleuten geschaffenen Wohlstand ein Ende. Die Marienkirche und das hohe, weithin sichtbare Steintor geben noch einen Eindruck vergangener Wohlhabenheit.

Von Anklam aus gelangte man auf zwei Wegen nach Stettin. Die Hauptroute führte über Ueckermünde in die Stadt an der Oder. Das Städtchen war vor der deutschen Besiedlung ein fürstlicher Wohnsitz der Slawen. 1260 erhielt es durch den Herzog von Pommern das Stadtrecht. Hier fließt die Uecker in das Oderhaff, das mit flachen Booten bis Usedom befahren werden konnte. Der andere Weg nach Stettin führte von Anklam nach Süden auf der Linie der heutigen Kreisstraße 109 über Ducherow, Rathebur, Altwingshagen, Ferdinandshof und Jatznick nach Pasewalk, wo er auf die Straße Rostock-Demmin-Stettin traf. Pasewalk an der Uecker ist aus dem slawischen Flecken »Pasdowitz« hervorgegangen. Die Slawen hatten an diesem strategisch wichtigen Punkt, wo sich zwei alte Handelswege trafen, eine Befestigung mit einem Burgwall angelegt. Auf diesem Wall entstand die Stadt. Aufgrund der Lage an der Grenze zwischen Brandenburg und Pommern war sie fortwährend ein Zankapfel zwischen den Fürsten dieser beiden Länder. Daran erinnert noch die starke Befestigungsmauer mit ihren Wehrtürmen, deren bekanntester den Namen »Kiek in de Mark« trägt. Von Pasewalk führt heute, wie auch in Zeiten der Hanse, die Straße über Löcknitz und Bismark zur polnischen Grenze, jenseits derer sie über Doluje nach Stettin führt. Die alte Verbindung der Großen Ostseestraße von Ueckermünde ist durch die Grenze zerschnitten, abrupt enden hier alle Wege.

Der Ochsenweg

Hamburg – Neumünster –
Rendsburg – Schleswig – Flensburg

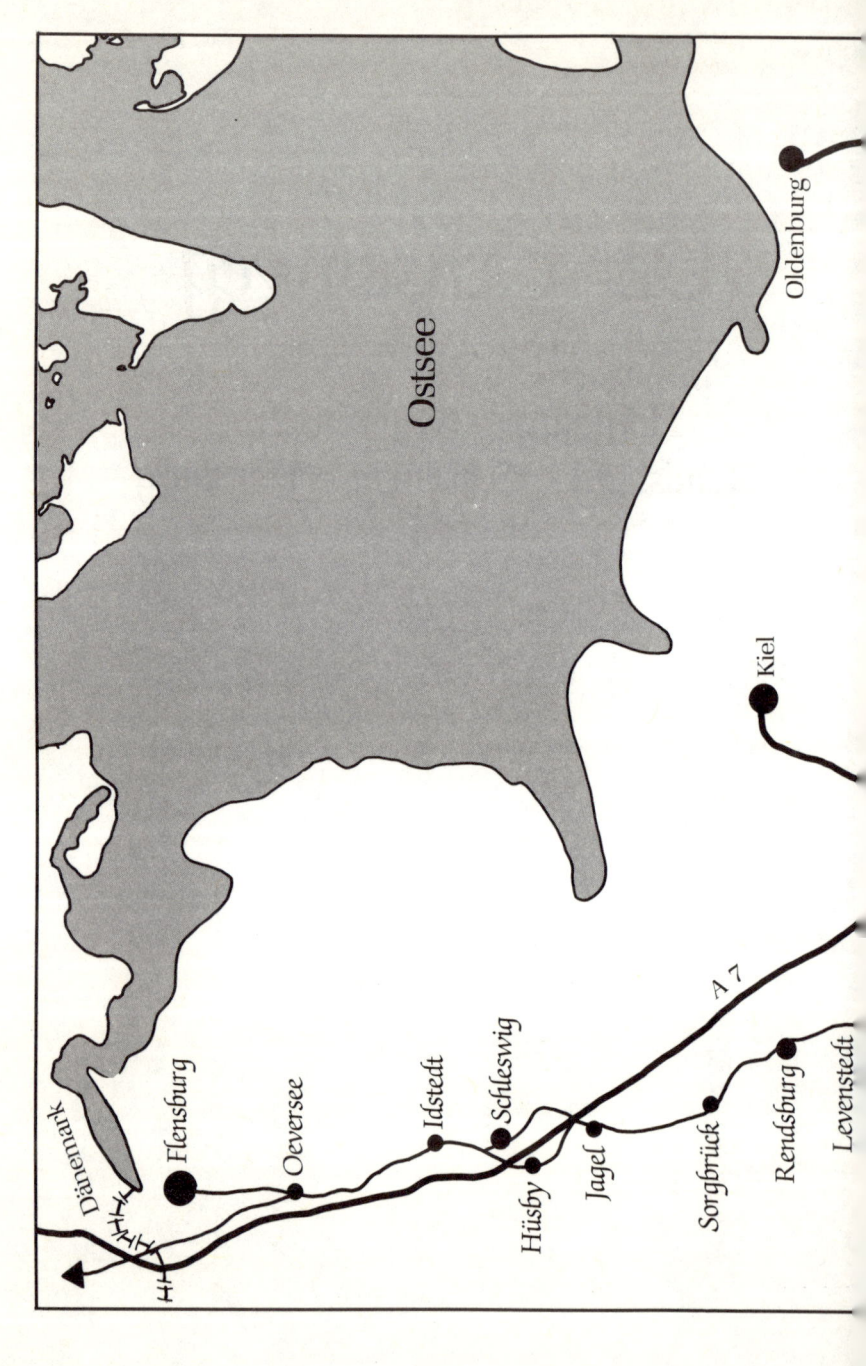

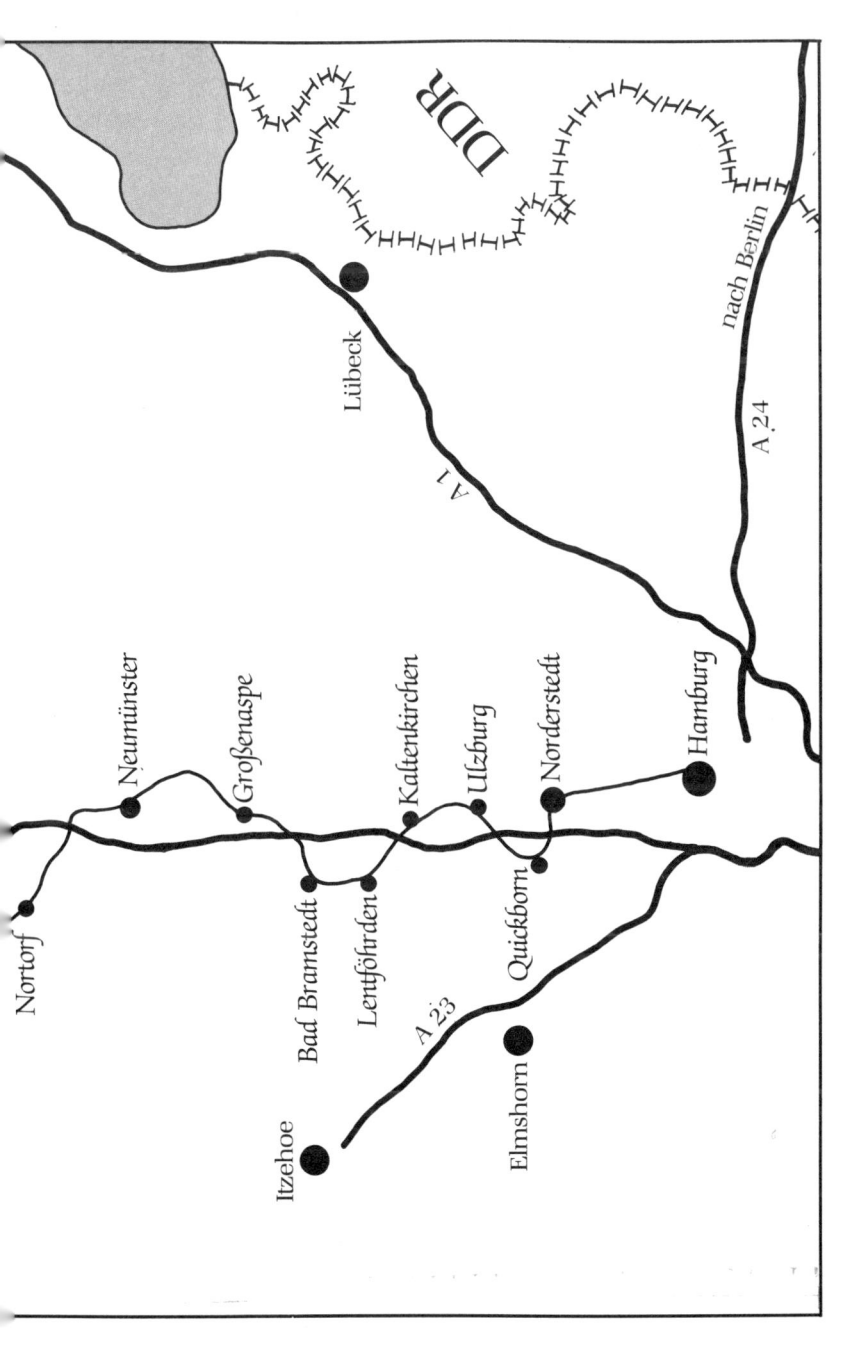

Die dritte wichtige Verkehrsverbindung Schleswig-Holsteins ist, zumindest in Teilen, zugleich die älteste. Der im Volksmund sogenannte »Ochsenweg« zieht sich auf dem uralten Völkerwanderungsweg von Nord nach Süd durch Jütland und den Holstengau. Er verläuft auf dem dürren Geestrücken, der die fruchtbaren Marschen an der Nordsee von dem hügeligen Land an der Ostsee trennt. Die zahlreichen Steinsetzungen, die seinen Verlauf säumten, sind leider in den letzten zwei Jahrhunderten bis auf einige wenige zerstört worden. Archäologische Funde geben uns Aufschluß über den regen Handel, der sich auf ihm abwickelte.

Die enormen Bernsteinfunde an der Mündung des Flusses Eider in die Nordsee setzten einen schwungvollen Handel mit dem begehrten »Gold des Nordens« in Gang. Das im Mittelmeerraum so überaus geschätzte Gut brachte im Austausch Gold, Bronze und Gewürze in den Norden.

Von den Fundstellen bei dem heutigen Städtchen Eiderstedt zogen die großen Bernsteinstraßen nach Osten, Süden und Westen. Der eine Strang führte von der Elbe an den Rhein und von dort südwärts bis nach Marseille, der andere elbaufwärts an die Flüsse March und Donau und von dort bis nach Griechenland. Von den Völkern, die an diesem Weg siedelten, wurde die Völkerwanderung in Gang gesetzt, die das festgefügte, wohlorganisierte Römische Reich durcheinanderwirbelte, in Angst und Schrecken versetzte und letztlich mit ins Wanken brachte.

Aus dem frühen Mittelalter besitzen wir kaum schriftliche Überlieferungen. Aber alte Wegespuren sind noch im Gelände zu entdecken. Zusammen mit der Kenntnis möglicher Flußübergänge und Schlüssen aus der geographischen Beschaffenheit des Landes lassen sich die Wegezüge ermitteln. Bedenkt man außerdem, daß man bestrebt war, sich möglichst auf trockenen Böden zu bewegen, Niederungen zu meiden und Flußübergänge auf das Notwendigste zu beschränken, ruft man sich ferner ins Gedächtnis, daß nichtentwässerte Moore und dichte Waldungen die Verkehrswege begleiteten, so ergibt sich daraus die Richtung der wenigen Verkehrsverbindungen.

All dies erklärt auch, daß eine einmal gängige Trasse nicht so schnell geändert wurde. Durch die Interessenkonflikte zwischen dem mächtigen Dänischen Reich und dem aufblühenden Deutschen Reich wurde diese alte Nord-Südverbindung zur Heerstraße. Karl der Große zog bei seinem Einfall in Nordalbingien bis an das schiffbare Flüßchen Stör, wo er durch Graf Egbert im Jahre 810 das erste karolingische Kastell nördlich der Elbe erbauen ließ. Der Platz der Burg Esesfeldt ist im Gebiet von Itzehoe zu suchen und war als Brückenkopf an einem strategisch hervorragenden Platz gelegen. Konnte doch von hier, wo sich drei Straßenzüge trafen, der Verkehr nach Norden zu den Dänen, nach Osten zu den Wenden und nach Westen in die Marschen überwacht werden.

Im späten Mittelalter diente der Ochsenweg hauptsächlich als Triftweg für die Viehherden, die aus Jütland auf die Märkte des Südens getrieben wurden. Das Vieh kam als Magerochsen zur Mast über Itzehoe in die Marschen bei Husum und als Mastochsen direkt nach Hamburg. Bis ins 19. Jahrhundert hinein vollzog sich auf diesen Wegen der Landverkehr in Schleswig-Holstein.

Folgt man dem jüngeren Strang der Straße, so verließ sie Hamburg durch das Dammtor, zog über den Lehmweg in Eppendorf, über Groß-Borstel und Langenhorn nach Ochsenzoll. Von der Stadtmitte verläuft der Straßenzug heute ungefähr auf der Bundesstraße 433. Am Ochsenzoll verläßt er die Hansestadt und passiert die Grenze zu Schleswig-Holstein. An dieser Stelle folgt man nicht der Bundesstraße, die in weitem Bogen um Norderstedt herumzieht, sondern fährt geradeaus durch Norderstedt und Harksheide hindurch bis Hasloh-Furth und trifft beim SOS-Kinderdorf wieder auf die B 433, die durch Ulzburg nach Kaltenkirchen führt. Über Kampen geht es nach Lentförden und Bad Bramstedt.

Der Flecken, dem erst 1910 das Stadtrecht zuerkannt wurde, liegt auf dem mittelholsteinischen Landrücken in einer wiesenreichen Talmulde, in der sich drei Auen zur Bramau vereinigen, einem Nebenfluß der Stör, die in die Elbe mündet. Am südlichen Ufer der Bramau liegt der Bleeck (die Bleiche) der große Marktplatz, auf dem man das Wahrzeichen der Stadt, den Roland, findet. Unter der farbigen Sandsteinfigur, Zeichen für die Marktgerechtigkeit, wurde durch Handschlag das Vieh verkauft, das auf dem historischen

Ochsenweg herangetrieben wurde. Ackerbau und Viehzucht spielen noch heute eine nicht unerhebliche Rolle in der Wirtschaft der Stadt. Die Bedeutung des Fleckens ergibt sich aus der Lage am Übergang über die Bramau und dem Kreuzungspunkt des Weges von Lübeck nach Dithmarschen mit dem Ochsenweg. Seit der Mitte des 15. Jahrhunderts zweigte von Bad Bramstedt ein Ochsenweg in Richtung Wedel ab. Auf Elbprämen nach Stade übergesetzt, zogen die Herden weiter in den Westen des Reiches.

In Bad Bramstedt verläßt man die Chaussee und fährt in Richtung Großenaspe weiter und von hier an Boostedt vorbei nach Neumünster. Im Dorf Großenaspe liegt rechts der Straße die Katharinenkirche, deren Bau von Kaiserin Katharina der Großen von Rußland finanziert wurde, die für ihren Sohn Paul die Regentschaft in dem gottorfschen Teil Holsteins führte. Aber vermutlich schon im 13. Jahrhundert stand hier eine Kapelle: Es hat sich ein Kruzifix-Fragment erhalten, das aus der zweiten Hälfte dieses Jahrhunderts stammt. In Boostedt erinnern Feldflurnamen, wie »Hamburger Weg« und »an der Heerstraße« an den Verlauf des Ochsenweges.

Etwa in der Mitte Holsteins liegt Neumünster. Hier kreuzte sich der Weg »lübsche Trade«, der von Lübeck über Segeberg nach Dithmarschen führte, mit unserer Straße, der wichtigsten Nord-Südverbindung. Am Flüßchen Schwale gelegen, das hier zwei Inseln bildete, bestand bereits um 1100 im damaligen Grenzraum zwischen Holsten und Slawen eine Siedlung, die Faldera genannt wird. Im Jahre 1125 baten deren Bewohner den Erzbischoff von Bremen um einen Priester. Er schickte ihnen den jungen Vicelin, der Faldera zum Stützpunkt seiner Slawenmission machte. Ein von ihm auf der unteren Schwaleinsel gegründetes Augustiner-Chorherrenstift war Ausgangspunkt der Bekehrung der heidnischen Stämme. Vicelin versuchte mit Eifer, die Slawen für das Christentum zu gewinnen, aber die Politik brachte ihn um die Früchte seiner Arbeit. Der törichte von den norddeutschen Fürsten angezettelte sogenannte Wendenkreuzzug, der gegen die heidnischen Obotriten in Mecklenburg gerichtet war, nahm ein unrühmliches Ende. Den Wenden erschien nach diesem Willkürakt die Botschaft von der Liebe Gottes wie blanker Hohn und sie wandten sich wieder ihrem in Eichenhainen verehrten Gott Prove zu. Im Jahre 1149 wurde Vicelin zum Erzbischof von Oldenburg in Holstein gewählt, konnte aber infolge der unsicheren Verhältnisse nie dort residieren. Er blieb also in Faldera und ist hier 1154 gestorben und begraben worden. Neun Jahre nach seinem Tode weihte der Erzbischof von Bremen die Kirche und befahl, das der Ort von nun an Novum Monasterium, also Neumünster genannt werden sollte. Das Kloster wurde übrigens im Jahre 1332 nach Bordesholm verlegt, die Mönche verließen den Ort wegen der »dortigen weltlichen Unruhe«, die sicher auch durch unsere Straße hervorgerufen wurde.

Neumünsters Lage als Verkehrsknotenpunkt erlaubte seinen Bewohnern bescheidene Verdienstmöglichkeiten im Fuhrwesen. Der Flecken, »von Fuhr- und Ackerbauern mehrenteils bewohnt«, wie Dankwerth 1652 schreibt, hat bis zum Bau der Eisenbahn im letzten Jahrhundert durch seine Fuhrknechte und Wagenführer den Landverkehr besorgt. Der Verkehr, wenn auch der auf der Schiene, ist Neumünster als Erwerbsquelle treu geblieben. 1861 wurde die Eisenbahnreparaturwerkstatt eingerichtet. Sie besteht noch heute und ist die einzige im ganzen nordwestdeutschen Raum, die auf D-Zug-Wagen spezialisiert ist. Wenn im Mittelalter Pferd und Wagen für das Auskommen der Menschen in der Stadt sorgten, so sind es heute die D-Zug-Wagen, die etwa eintausend Arbeitern Lohn und Brot verschaffen.

An der Holstenhalle vorbei, die einmal in jedem Jahr Austragungsort eines großen Reitturniers und einer Leistungsschau für das großrahmige Holsteiner Pferd ist, verläßt man Neumünster auf der Bundesstraße 205, die ungefähr dem Verlauf des Ochsenweges entspricht. Der Weg führt über Krogaspe und Timmaspe nach Nortorf und Thienbüttel. An einem Nebenweg, der von Timmaspe nach Nortorf führt, nördlich der Niederung des Baches Behmsbek verlaufen im Heidegelände mehrere Wagenrinnenspuren nebeneinander. Hier sieht man ein Teilstück des mittelalterlichen Weges, das erhalten geblieben ist und uns den Zustand der Naturstraßen erkennen läßt. Eingehüllt in dicke Staubwolken mühte sich der Verkehr an trockenen Tagen über das Land, an Regentagen versanken Vieh, Treiber und Frachtwagen im Schlamm.

In Brammerau passiert der Ochsenweg den Bach gleichen Namens und führt über den Hof mit dem bezeichnenden Namen Ochsenkate nach Schevenbrügge und Jevenstedt. Bei Jevenstedt verläßt man die B 205, fährt durch den Ort auf Brahmkamp zu, dann unter der B 205 hindurch nach Rendsburg hinein.

Bevor die Straße den Stadtkern erreicht, taucht der Nord-Ostsee-Kanal auf. 1887 begann das Deutsche Reich aus strategischen und handelspolitischen Gründen, den Kanal zu bauen, der 1895 vollendet war. Diese künstliche Verbindung zwischen Nord- und Ostsee entwickelte sich zur meist befahrenen Wasserstraße der Welt und verhalf Rendsburg, sich zu einer der größten Industriestädte Schleswig-Holsteins zu entwickeln.

Am damaligen Übergang über die Eider, die sich hier seenartig erweiterte, sich in zwei Arme teilte und eine Insel bildete, erbaute im 12. Jahrhundert ein deutscher Adliger namens Reinold eine Burg, die von nun an nach ihm Reinoldisburg genannt wird. Im Schatten dieser Burg gründeten niederländische Kaufleute eine Handelsniederlassung. Sie entwickelte sich im 13. Jahrhundert zu einer bedeutenden Handelsstadt. 1320 verstärkte Graf Gerhard der Große aus dem Hause Schauenburg die alte Grenzburg und bestätigte Rendsburg das Lübsche Recht, das es vermutlich bereits um 1250 erhalten hatte. Es war die Zeit wirtschaftlicher Hochblüte der Stadt. Die Burg beherrschte den an ihr vorbeilaufenden Heerweg, der sich über die jetzige Denker-Mühlen- und Schleifmühlenstraße hinzog. Die Eider wurde zunächst bei Ebbe durchschritten. Der westliche Arm erhielt eine Pfeilerbrücke, bis später Erddämme die Verbindung ergaben.

Im späten Mittelalter war Rendsburg Endpunkt der Eiderschiffahrt, Umschlag- und Brückenplatz gewesen. Holz und Getreide waren damals die Haupthandelsgüter, dazu die jütischen Ochsen, welche die Rendsburger Zollstelle auf dem Landweg passieren mußten. Von der Bedeutung dieses Viehtriebes bekommt man eine Ahnung anhand einer Zahl, die wir aus dem Jahre 1611 kennen. Damals passierten im Jahresverlauf 52 000 Rinder die Zollstelle.

Man verläßt Rendsburg auf der Bundesstraße 77 über Seemühlen und Suhmsheide. Der Ochsenweg überquerte bei

Sorgbrück das Flüßchen Sorge und führte durch den Staats-
forst Kropp, passierte den Ochsenkrug und den Kropper-
buschkrug. Ein Teilstück des alten Heer- und Ochsenweges
ist südlich der Gastwirtschaft im Waldgelände erhalten. Auf
breiter Trasse ziehen sich die alten Wagenspuren durch das
flache sandige Gelände. Ein Strang der Straße zieht weiter
auf der B 77 über Jagel und den Klosterkrug zur ehemaligen
Zollstelle Gottorf nach Schleswig. Jagel wird als Dorf zum
ersten Mal im Jahre 1180 erwähnt und sein damaliger Name
Tievela, das heißt Diebswald, gibt Zeugnis von der Unsicherheit, die im zwölften Jahrhundert in diesem Grenzgebiet zwischen Schlei und Eider geherrscht hat. Alle Heerzüge gen
Norden haben den Ort berührt, und verschiedene Male sind
die Dänen und ihre Gegner hier aufeinandergetroffen. Der
älteste Teil der Straße, der dem frühgeschichtlichen Heerweg
entspricht, verläuft westlich der B 77. Er passierte das Danewerk, führte über Hüsby und Schuby nach Lürschau, wo sich
beide Stränge wieder vereinigten.

Eine gewaltige Grenzbefestigungsanlage, die größte des
Nordens, das Danewerk, versperrte den Weg nach Dänemark. Mit dem Bau wurde um 800 begonnen, als das fränkische Reich unter Karl dem Großen sich nach Norden ausdehnte und eine Invasion Dänemarks drohte. Der dänische
König Göttrick errichtete eine Landwehr, die von Hollingstedt an der Treene bis zum Selker Noor reichte. Die ursprünglichen Holzbauten wurden von König Waldemar
(1157-1182) durch eine Ziegelmauer verstärkt. Der einzige
Durchgang, an dem der Heerweg von Jütland das Festungswerk passieren konnte, befand sich bei Rotenkrug. Östlich
dieses Durchlasses bewachte die Thyraburg den Wall. Die
Verteidigungsanlage war strategisch so bedeutungsvoll, daß
sie 1860 in die dänischen Festungsbauten an der Schleswiger
Landenge einbezogen wurde, und selbst noch im zweiten
Weltkrieg wurde an der Südseite des Hauptwalles ein Panzer-
graben ausgehoben. Bald nach seiner Entstehung wurde dieses gewaltige Festungswerk durch einen Verbindungswall an
den Stadtwall von Haithabu angeschlossen.

Haithabu, geheimnisvoll taucht der Name »der sehr großen Stadt am äußersten Ende des Weltmeeres« aus dem
Dunkel des frühen Mittelalters auf. Aus dem 9. Jahrhundert

haben wir Nachricht von einem norwegischen Handelsmann, der an der Schlei an einem Ort »at Haethum« Aufenthalt nahm. Der islamische Kaufmann At-Tartuschi aus Tortosa in Spanien hat uns einen aufregenden Bericht über dieses größte Handelszentrum des Nordens hinterlassen. Mit wachen Augen hat sich der feine Herr aus dem eleganten Spanien umgesehen. Er erzählt vom täglichen Leben, von Gelagen, Tischmanieren und Kulthandlungen. Das Wesen der Leute von Haithabu mutete ihn doch sehr barbarisch an, besonders aber mißfielen ihm die Gesänge der rauhen Seefahrer. Er schreibt:

»Niemals hörte ich häßlicheren Gesang als den der Leute von Haithabu. Das Brummen, das ihren Kehlen entweicht, ist wie das Bellen der Hunde.«

An der handelspolitisch günstigen »Wespentaille« der cimbrischen Halbinsel im innersten Winkel der Schlei, am Haddebyer Noor, lag der Handelsplatz. Mit der Nordsee war er über die Flüsse Eider und Treene verbunden. Nur ein kurzes Stück von 15 Kilometern über Land vom Stapelplatz Hollingstedt bis in die Stadt, waren zu überwinden. Die Handelsfahrten der flachen, wendigen Wikingerschiffe umfaßten für mittelalterliche Begriffe die ganze Welt. Die Leute von Haithabu organisierten den Warenaustausch mit den östlichen Mittelmeerländern auf dem Wege über die großen russischen Flüsse. Seide aus Byzanz und arabische Münzen gelangten in den Hafen an der Schlei. Geschäfte mit London, mit Birka in Schweden, mit Bagdad und Kiew wurden hier getätigt. Im Rund des mächtigen Stadtwalles handelte man mit Rheinwein und Pelzen, mit Tuch aus Friesland, mit Mühlsteinen aus dem harten Basalt der Eifel und auch mit Sklaven: Ein Sklave war soviel wert wie ein Pferd. Hohe Herren kauften Sklaven als Bedienstete, in den schnellen Seedrachen saßen sie als Ruderknechte auf den Bänken, und manch gutgewachsene blonde Schönheit aus dem Norden verschwand in islamischen Serails.

Das Gelände der Stadt, von der heute nur noch der mächtige elf Meter hohe halbrunde Stadtwall zu sehen ist, deckte 28 Hektar. Der Stadtgrund von Köln, der »Mutter der deutschen Städte« betrug zur gleichen Zeit nur 24 Hektar. Mitten durch den Ort floß ein Bach und mündete in den durch eine halbkreisförmige Seebefestigung geschützten Hafen. Zur Zeit seiner Blüte wurde in Haithabu aber nicht nur Handel getrieben, es gab im Nordwesten der Stadt ein ausgedehntes Handwerkerviertel, wo sich unter anderen Handwerker aus den Rheinlanden niedergelassen hatten, die für den Export nach den nordischen Ländern arbeiteten. Hier wurde Metall gegossen, klapperten Webstühle und unter den Händen kunstfertiger Töpfer entstanden irdene Waren.

1050 ging Haithabu unter. Der Norweger-König Harald der Harte überfiel die damals dänische Stadt, packte seine Schiffe voll Beutegut und hinterließ den Ort in Schutt und Asche. 1953 entdeckte ein Taucher im Haddebyer Noor zwei gesunkene Wikingerschiffe, die bei diesem Überfall brennend untergegangen waren. Der Isländer Snorri hat das Ende der Stadt miterlebt, er berichtet: »Hoch schlugen die Flammen aus den Häusern, als ich heute nacht vor Tagesgrauen auf dem Wall stand.«

Von diesem Schlag hat sich Haithabu nicht wieder erholt. Die Überlebenden flüchteten auf das nördliche Schleiufer und ließen sich in Schleswig nieder. In der zweiten Hälfte des 12. Jahrhunderts hatte sich auf dem Holm eine Siedlung gebildet, die die Tradition Haithabus als internationaler Warenumschlagplatz fortsetzte. Die St. Knuts Gilde der Fernhandelskaufleute war der erste nordöstliche Ableger der westfälischen und niederrheinischen Städte. In den Chroniken der Stadt Soest wird am Ende des dreizehnten Jahrhunderts eine »Bruderschaft der Schleswiger« erwähnt, aber auch Kaufleute aus Köln, Dortmund und Münster sind in Schleswig nachgewiesen. Ein Jahrhundert lang hat die Stadt ihre Stellung behaupten können, dann änderten sich durch das Aufblühen Lübecks die Handelsrouten und als Binnenwasserweg kam die Schlei für die tiefgehenden, dickbäuchigen Hanse-Koggen nicht mehr in Frage.

Haithabu ist versunken, aber Schleswig liegt am Weg und reckt seinen Domturm in den Himmel. Im Jahre 948 war Schleswig zum Bischofssitz erhoben worden, und um 1120 begann der Bau der Kirche. Er zog sich bis ins Jahr 1521 hin; Schleswig hatte seine führende Rolle im Ostseeraum an Lübeck abtreten müssen, und die Bauten am Dom stockten immer wieder. Am Ende des letzten Jahrhunderts, 1894, kam der neugotische Turm mit seinen harten Konturen dazu, übrigens als Stiftung des deutschen Kaiserhauses. Neben der größten Kostbarkeit, dem Bordesholmer Altar von Meister Hans Brüggemann, findet man im Dom eine Kuriosität, die an die stolze Wikingervergangenheit der Stadt anknüpft. An einem Bogen des Kreuzganges zeigt sich inmitten gotischer Wandmalereien ein Truthahn. Kenntnis von diesem Vogel bekam man in Europa aber erst nach der Entdeckung Amerikas im Jahre 1492. Flugs konstruierten die Schleswiger aus dieser Tatsache den Beweis, daß die Wikinger Amerika entdeckt haben mußten und auf diesem Weg, lange vor Kolumbus, das Bild des Vogels in den Dom gekommen ist. Selbst die Beteuerungen des Restaurators, er habe den Vogel selbst entworfen und gemalt, sind von den Nachfahren der Drachenbootleute nur zögernd angenommen worden.

Die Einfahrt nach Schleswig beherrscht Schloß Gottorf. Von der Insel im Burgsee schaut die noble, langgestreckte Fassade des Baues mit dem gewaltigen grünen Kupferdach herüber. Von 1268 bis 1834 ist das Schloß Sitz Schleswiger Herzöge, dänischer Könige und Statthalter gewesen. Zuletzt war es zur Kaserne eines Husarenregimentes heruntergekommen, doch nach dem Ende des Zweiten Weltkrieges wurde es seit 1948 wieder einer würdigen Bestimmung zugeführt. Es beherbergt heute die Landesmuseen, und in der Nydam-Halle ist eines jener Schiffe zu besehen, die die Wikinger auf ihren Raub- und Handelsfahrten über die Meere getragen haben. Das aus einem Moor geborgene Boot ist 23 Meter lang. 28 Ruderer haben das offene Boot mit ihren 3,60 Meter langen Ruderriemen fortbewegt.

Nördlich von Lürschau vereinigte sich der Weg über Schleswig und Gottorf wieder mit dem westlichen, ältesten Teil des Ochsenweges. Die Trasse führte weiter auf dem Geestrücken zwischen dem Idstedter See und dem Langsee hindurch auf Idstedt zu und von dort nach Stenderup. Hier mündet der Weg in die Bundesstraße 76, auf deren Verlauf man dem Heerweg über Schmedeby und Oeversee bis Bilschau folgen kann. Der mächtige runde Wehrturm der Kirche in Oeversee mag Hinweis auf die Unsicherheit auf diesem auch von mancherlei Kriegsvolk benutzten Weg sein. Im Jahre 1286 war der dänische König Erik IV. in einer Scheune ermordet worden, wo er sich aufgehalten hatte, weil er kein Rasthaus fand. Unter Bezug auf dieses Ereignis gebot 1396 Königin Margarethe I. von Dänemark im Abstand von jeweils vier Meilen einen Krug einzurichten. Der »Historische Krug« in Oeversee, an dem die Straße vorüberführt, steht in der Nachfolge eines der 113 königlich privilegierten Krüge.

Nördlich von Bilschau, bei Jarplundhof, teilt sich der Weg wieder. Die Trift des Ochsentriebes umging westlich von Flensburg die Stadt über Weiche und Harrislee nach Padborg und weiter nach Jütland hinauf. Der große Verschiebebahnhof Flensburg-Weiche liegt, wie auch der Ochsenweg auf dem hohen Sander. Der Durchgangsverkehr nach Dänemark wird wie in früheren Zeiten hier oben auf der Geest abgewickelt. Nur einige wenige Schienenstränge führen zum Bahnhof der Stadt tief unten im Tal. Auf dem anderen Strang führt die Chaussee geradeaus hinunter in die Stadt an der Förde, direkt zum Hafen.

Die Flämische Straße

Stade – Bremervörde – Bremen –
Delmenhorst – Wildeshausen –
Cloppenburg – Haselünne –
Lingen – Kampen oder Deventer

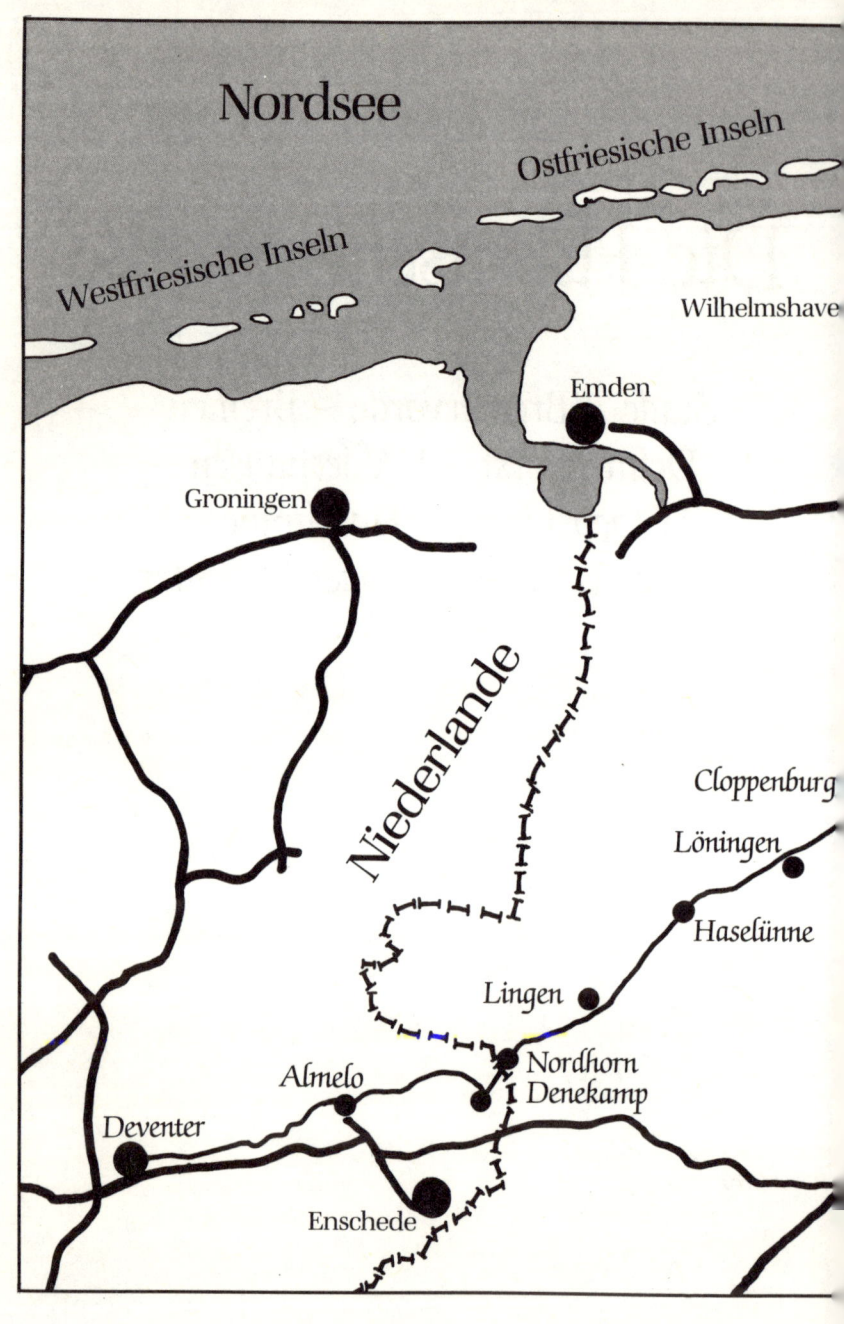

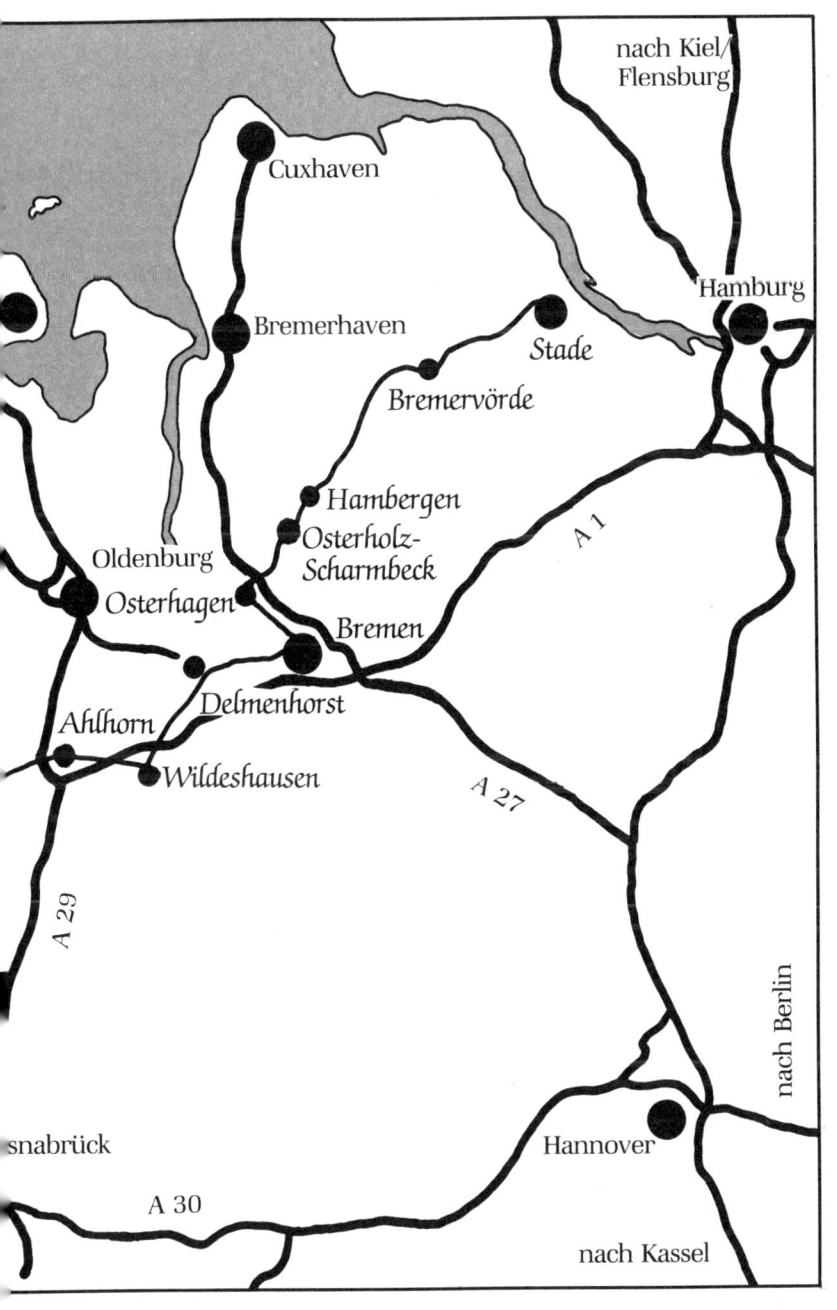

An des Höchsten Schutz und Segen,
Ist auch des Fuhrmanns Glück gelegen.
Dies Fuhrwerk geht in Gottes Hand,
Zwischen Bremen und Hamburg ist es bekannt.

Die Elbe herauf kamen die Drachenboote der Normannen
gefahren. Die Leute von Stade, dem Wikort an der Schwinge,
wußten wie so oft nicht, ob die Ruderer auf den Schiffen in
friedlicher Absicht als Händler kamen, oder ob ihnen
Schlimmes bevorstand. Dieses Mal, es war im Jahre 994, bestätigten sich ihre bösen Ahnungen. Die Askomannen – die
Männer mit den Eschenspeeren – fielen über Stade her. Sie
waren auf der Suche nach Graf Siegfried von Harsefeld, den
sie mit anderen als Geisel genommen hatten und der ihnen
entwischt war.

»Sie suchten ihn an den verborgensten Orten und als sie
ihn nicht fanden, raubten sie den Weibern die Ohrringe und
kehrten ergrimmt zu ihren Schiffen zurück.« Schlecht erging
es den anderen Geiseln, die in ihrer Hand waren: »So wü-
tend waren sie und schnitten ihnen Nase, Ohren und Hände
ab und warfen sie über Bord in den Hafen. Dann entflohen
sie.« So berichtet uns Thietmar von Merseburg, der Zeuge
des Überfalls war.

In diesem wüsten Bericht taucht zum ersten Mal der Name
Stade auf. Der Ort hatte sich, wie so viele andere Städte des
Mittelalters, aus einem Wik entwickelt. Einem Knotenpunkt
von Landstraßen, einer Stätte an einem schiffbaren Flußlauf
gelegen. Einem Hafen, wo Kaufleute, wandernde Fernhänd-
ler, Schiffer und Fischer ihre Waren bargen und stapelten.
Das 7. bis 10. Jahrhundert ist handelspolitisch gesehen, das
Zeitalter der Wikorte gewesen.

Stade liegt an einer Stelle, wo die Geest an den Fluß stößt,
da, wo noch heute die Hökerstraße den Abhang hinunter an
die Schwinge führt. Hinab zum Hafen und zur Fähre, die
über die Elbe ging. Zu Schiff elbabwärts und dann in die
Stör nach Itzehoe oder über die Elbinsel Stader Sand nach
Wedel, stellte die Stadt die Verbindung des alten Heer- und
Ochsenweges durch Schleswig-Holstein mit dem Westen und
Süden des Reiches dar. Elbaufwärts gelangte man auf dem
bequemen Wasserweg nach Hamburg und Lüneburg.

Die alte Handelsstadt Bardowik stand in lebhaftem Handelsverkehr mit Stade und vermittelte den Warenaustausch mit Braunschweig und dem Harz. Vor allem aber war der Ort Ausgangspunkt des nördlichen Straßenzuges des Deutschen Reiches an die Zuidersee, nach Kampen und Deventer und von dort aus weiter nach Brügge, der »Flämischen Straße«. Die günstige Lage am Wasser und an der großen Handelsstraße ermöglichten dem kleinen Wikort den Aufstieg zur Stadt, deren Höhepunkt im 12. und 13. Jahrhundert lag.

Geschützt wurde der Handelsort am Schwingehafen durch die Burg auf dem Spielberg, die den Grafen von Stade seit 1016 als Wohnsitz diente. 1144 war Rudolf der letzte Nachkomme dieses stolzen Geschlechtes, der das Blut sächsischer Herzöge und Könige in seinen Adern trug. Als er seine Rechte in Dithmarschen mit Gewalt durchsetzen wollte, erschlugen ihn die freiheitsliebenden Bauern. Er starb kinderlos. Der einzige Erbe war Hartwich, damals Domprobst zu Bremen. Der hatte schon 1142 die Grafschaft Stade in einem geheimen Vertrag dem Erzbistum Bremen versprochen, das Interesse daran hatte, seinen Besitz an der Elbe auszudehnen.

Da trat Heinrich der Löwe auf den Plan. Mit der Behauptung, die Mutter des letzten Stader Grafen Ricardis, hätte seiner Mutter Gertrud und ihm das Erbe übertragen, da der Domprobst Hartwich aufgrund seines geistlichen Standes kinderlos bleiben würde, beanspruchte er Stade für sich. König Konrad berief daraufhin einen Gerichtstag nach Ramelsloh in der Nordheide ein. Es erschienen der greise Erzbischof Adalbert von Bremen mit seinem Domprobst Hartwich und der junge Welfenherzog. Die anwesenden Fürsten, die als Schöffen und Beisitzer geladen waren, kamen aus dem Staunen nicht heraus über das hitzige, auftrumpfende Benehmen des erst sechzehnjährigen Herzogs von Sachsen. Vom Ausgang dieses Gerichtstages aber wurden sie vollkommen überrumpelt. Auf ein Zeichen des Löwen wurden der siebzigjährige Greis Adalbert und sein Domprobst überwältigt und auf die Pferde gebunden, mit denen man eiligst die Gerichtsstätte verließ.

Wenig später gab es einen Vergleich – die beiden hohen geistlichen Herren wurden freigelassen und Heinrich bekam die Grafschaft Stade zum Lehen. 1181 ließ der schon geschlagene »Löwe« die Burg und die Siedlung zur Festung ausbauen, um Kaiser Barbarossa hier letzten Widerstand leisten zu können. In dieser Zeit hat er Stade wohl ein besonderes Stadtrecht verliehen, das sein Sohn später bestätigte.

Stade ist eine der ersten Städte gewesen, die dem Bund der Hanse beitraten. Die Koggen der Stader befuhren die Länder um das Nordmeer, zu Dänemark gab es besonders enge Verbindungen. Gegen die Produkte des Stader Gewerbes, gegen Bier, Lüneburger Salz und niederländische Tuche tauschte man Butter, Talg, Häute, Fische, Aale, Gänsedaunen ferner Pferde, Ochsen und Kleinvieh.

Die alten Beziehungen nach Lüneburg, Celle, Braunschweig und dem Harz rissen nicht ab: Kupfer, Blei und Zinn wurden bezogen und Weizen, Gerste, Hafer, Bohnen, Pferde, Rinder, also die Erzeugnisse der fetten Marschen und Jütlands dafür geliefert.

An die Burg erinnern heute nur der Name Spiegelberg und die Burgstraße. Aber der alte Hafen zieht sich noch tief in die Stadt hinein. Das Baumhaus ist liebevoll restauriert. Hier wohnte der »Baumschließer«, der Hafenmeister, der das Hafenbecken mit einem Baum versperren konnte. Der Fischmarkt liegt am Ende des Hafens, und der alte Kran, der bereits 1337 genannt wird, schaut über das Hafenbecken. Vom Fischmarkt zieht sich die Hökerstraße, schon im 9. Jahrhundert Sitz der Händler und Kaufleute, den Hang hinauf zum Rathaus und zum Markt. Alljährlich berief der Rat der Stadt seine Bürger vor das Rathaus zur »Buursprake«. In einer Ansprache wurden der Bürgerschaft die Vorschriften bekannt gemacht, die das Leben in der mittelalterlichen Stadt regelten. Das war notwendig in einer Zeit, in der die wenigsten des Lesens kundig waren.

Unter vielen Artikeln, die sich mit der Reinlichkeit in der Stadt und mit ihrer Verteidigung befassen, finden wir auch einige, die den Handel und das Verhalten von Kaufleuten zum Inhalt haben. Sie seien hier in heutigem Deutsch wiedergegeben:

Zum ersten soll ein jeder einen höflichen Mund haben über Herren, Fürsten, Prälaten, Ritter, Knappen, Frauen, Jungfrauen und alle guten Leute.

Zum anderen soll sich ein jeder, der eine Reise macht oder wandert, allenthalben wohl vorsehen, daß er anderen Leuten keinen Schaden zufüge und selbst keinen Schaden nehme.

Zum dritten soll ein jeder wohl achtgeben, wen er in Haus und Herberge nimmt, auf daß er als Hausherr nicht für den Gast aufzukommen habe.

Zum fünften soll jeder außerhalb der Tore sich des Verkaufens enthalten. Wer dagegen handelt, soll mit fünf Mark Strafe dem Rat verfallen sein.

Zum sechsten soll sich ein jeder wohl vorsehen, mit wem er Handel, Wandel und Kaufmannschaft treibe, auf daß er sich dadurch nicht in Schaden und Nachteil führe und dem Rat keine Umstände mache!

Die Herren des Rates kamen dann aber doch in recht schwierige Umstände, als der rapide Niedergang der Stadt einsetzte, der durch das allmähliche Versanden der Schwinge und vor allem durch den übermächtigen Konkurrenzdruck Hamburgs hervorgerufen wurde.

Die Straße verließ die Stadt durch das Schiffertor und überquerte auf der Schiffertorbrücke den Burggraben. Zwei mächtige Türme bewachten den Weg aus der Stadt. Auch heute verläßt man Stade auf der Straße »Beim Schiffertor« und erreicht dann die Bundesstraße 74 nach Bremen. Aus den geographischen Gegebenheiten läßt sich vermuten, daß die heutige Straße ungefähr dem Verlauf der alten Straße folgt. Über einige Geestinseln hinweg zieht sie sich durch die großen Moore des Landes zwischen Elbe und Weser. Die Fuhrknechte werden erleichtert aufgeatmet haben, wenn sie bei anbrechender Dunkelheit den Ausspann erreicht hatten. Auf allen Landstraßen erlosch am Abend das Leben. Jedermann versuchte ein schützendes Dach zu erreichen. Die Fuhrknechte, die ja meistens im Konvoi unterwegs waren, bildeten, wenn es dunkel zu werden begann, aus ihren Gespannen eine Wagenburg, in deren Schutz sie sich sicher fühlten. Keiner von den rauhen Burschen hätte sich in dieser unheimlichen Gegend am Rande der Moore, nachts der Gefahr ausgesetzt, der Moorhexe zu begegnen oder gar von einem Irrlicht ins Verderben gelockt zu werden.

Heute sind die großen Moore längst trockengelegt und kultiviert, und die Straße führt durch eine weite ebene Landschaft, die keine Gefahren mehr birgt. Am Ortsausgang von Stade läuft die Straße am großen Komplex des Kreiskrankenhauses auf eine Kreuzung zu, wo die Bundesstraße 73 rechts in Richtung Cuxhaven und links in Richtung Buxtehude–Hamburg, unsere Straße schneidet. Geradeaus geht es weiter nach Bremen. Kurz hinter der Abzweigung nach Mulsum überquert die Straße die Schwinge. Im Mittelalter war hier eine Furt, die die Reisenden zu überwinden hatten. Der Name hat sich erhalten, trotz der neuen Brücke heißt der Platz immer noch Hagenaher Furt.

Weiter geht es an Willah und Elm vorbei nach Bremervörde. An einer »Vörde« einer Furt durch die Oste, schützte eine um das Jahr 1000 gebaute Wasserburg den Übergang über den Fluß, der von der Elbmündung her schiffbar war. 1219 wurde die Burg Vörde Hauptburg der Bremischen Kirche, Residenz der Bremer Bischöfe und seit 1225 war der Ort Zollstelle des Erbistums Bremen. Auf der westlich von der Heerstraße berührten Oste-Insel stand das »Zollenthor«, ein Zollhaus mit Schlagbaum.

Der Ort lag lang hingezogen an der alten Handelsstraße. Die Einwohner, lebten außer von einem ausgedehnten Handel mit Korn, Mehl und Holz auch vom Fuhrwesen. Sie besorgten den Frachtverkehr von Stade nach Bremen. Es gab einen Kram- und Viehmarkt und hier auf dem Markt begegnen wir den jütländischen Ochsenherden wieder, die bei Stade in Kähnen über die Elbe gesetzt worden waren. Am Ende des 15. Jahrhunderts belief sich der Viehtrieb auf etwa 8000 Tiere im Jahr.

Vom alten Bremervörde ist nichts geblieben, nur die Lage der Stadt entlang des alten Straßenzuges ist noch zu erkennen. Im Mittelalter war dieser Weg die einzige Fernhandelsverbindung durch die Stader Geest. Nähert sich die heutige Straße der Stadt, tauchen plötzlich rechter Hand die Masten von Segelschiffen auf. Vor ein paar Jahren ist die Oste zu einem großen See aufgestaut worden, ein Segelschiffhafen und andere Wassersportmöglichkeiten entstanden.

Von Bremervörde aus laufen die Bundesstraße 74 und die Bundesstraße 71 bis Basdahl auf derselben Strecke. Hier teilt sich die Straße. Die B 71 zweigt nach Bremerhaven ab, während unsere Straße, die B 74, durch Viehweiden, Getreidefelder und Waldstücke hindurch weiter nach Kuhstedt führt. In den Berichten über die Gesandtenreisen der Hansestädte nach Flandern wird als nächste Etappe des öfteren die Giehler Mühle erwähnt. Die Vertreter der Hansestädte waren stets gefürchtete Verhandlungspartner, die es verstanden, ihre Interessen mit Nachdruck und Geschick durchzusetzen. Der Stoßseufzer eines englischen Kontrahenten, der sich mit den Herren auseinanderzusetzen hatte: »Ich will lieber mit allen Fürsten der Welt verhandeln, als mit hansischen Ratssendeboten!«, wirft ein Schlaglicht auf die Macht der Hanse und die Durchsetzungskraft ihrer Gesandten.

Die Straße überquert den Giehler Bach, an dem die verfallenen Überreste einer Wassermühle liegen. Über Hambergen, Ströhe und Pennigbüttel zieht sich der Weg am Teufelsmoor entlang. Seit Jahrhunderten wird das Moor zur Torfgewinnung genutzt. Immer noch findet man die unheimliche Stimmung, die im Namen »Teufelsmoor« aufscheint.

Als nächstes liegt Osterholz-Scharmbek am Wege. Adam von Bremen, der um das Jahr 1075 die Hamburg-Bremische Kirchengeschichte geschrieben hat, erwähnt den Ort zum ersten Mal. Es wird erzählt, daß der Erzbischof Becelin barfuß von hier nach Bremen gepilgert sei, worauf er eine Erkältung bekam, an der er starb. 1190 wurde in »Osterholte« ein Benediktinerinnenkloster gegründet, dessen, in Teilen noch romanische Kirche, erhalten ist. Der Verkehr verlagerte sich im späten Mittelalter weg von unserer Straße. Die Strecke von Hamburg nach Bremen verlief hauptsächlich über Buxtehude und Zeven. Erst im Netz der neuen Bundesstraßen wurde der Verlauf der frühmittelalterlichen Straße wiederaufgenommen. Für Osterholz wurde aber auch der neue Verkehrsweg über die Schiene zum Schicksal. Als im Jahre 1862 die Eisenbahn von Bremen nach Bremerhaven gebaut wurde, billigte man den beiden Nachbargemeinden Osterholz und Scharmbeck nur einen Bahnhof zu. Die Ortschaften wurden zusammengelegt und entwickelten sich zu dem Städtchen, durch das unsere Straße heute wieder führt.

Vorbei an Ritterhude, durch Burglesum, wo sich der Übergang über die Hamme befand, gelangte man über Oslebshausen, Gröpelingen und Walle nach Bremen hinein. Lesum ist ein alter Königshof gewesen, der später in die Hände der Grafen von Lesum überging. Heute zieht sich die Straße entlang der Weser und dem Hafen durch die Industrievororte der alten Hansestadt.

Bremen ist stets eine sehr eigenwillige Tochter der Hanse gewesen. Georg Braun und Franz Hogenberg beschreiben sie in ihrem großen Städteatlas *Civitate Orbis Terrarum* (1572–1618) folgendermaßen: »Bremen ernährt und bereichert sich vom Kaufhandel und von weiten Schiffahrten. Daher auch fast alle Bürger, Kaufleute oder Handwerksleute und sonderlich viele kunstreiche Schiffbauer sind. Sie sind von Natur aus streitbar, klug und etwas zu Aufruhr geneigt, wie die alten und neuen Geschichten bezeugen.« Bis in den Anfang des 14. Jahrhunderts war die Hanse ein Zusammenschluß deutscher Kaufleute, die in den Handelsplätzen des Auslandes bestimmte Vorrechte zu erwerben suchten. Auch Bremer Kaufleute betätigten sich im Rahmen der »Kaufmannshanse« und genossen Vorrechte, zum Beispiel in Norwegen, wo vor allem mit Stockfisch und im Gegenzug mit Getreide gehandelt wurde. Um die Mitte des 14. Jahrhunderts änderten sich die Strukturen der Hanse. Die Kaufleute gewannen immer mehr Einfluß in den Ratskollegien der Städte und bald waren es die Städte selbst, die als Mitglieder der Hanse galten. Damit war aus der »Kaufmannshanse« die »Städtehanse« geworden.

Die Bürger Bremens hatten sich nach jahrhundertelangen Kämpfen von der Vormundschaft der erzbischöflichen Landesherren befreit. Das Bistum war 788 von Karl dem Großen gegründet worden. Dieser hatte sechs Jahre zuvor den letzten großen Aufstand der Sachsen blutig niedergeschlagen. Viertausend sächsische Geiseln mußten am Tag des »Blutgerichtes« in Verden an der Aller ihr Leben lassen. Diese hohe Zahl wird heute von den Historikern bezweifelt, aber, wie viele Edle aus sächsischem Geschlecht es auch gewesen sein mögen, der Tag von Verden trug dem Kaiser den Ruf des »Sachsenschlächters« ein. Auf der langgestreckten Düne am rechten Weserufer erbaute der erste in Bremen eingesetzte

Bischof, der Angelsachse Willibald einen Dom. Der war wohl zuerst nur ein bescheidenes Holzkirchlein, das 838 durch einen steinernen Bau ersetzt worden war. Hinzu kamen die Stiftsgebäude, in denen der Bischof mit seinen Chorherren lebte, und ein Hospital für die Armen. Der gesamte Komplex auf der Dünenhöhe war mit Wall und Graben befestigt.

Der Markt befand sich westlich davon am Dünenabhang. An einem Nebenarm der Weser, der Balge, lag der Schiffslandeplatz. Die Bedeutung Bremens als Handelsplatz hat in jenen frühen Zeiten sicher auch am Bedarf der Kirche gelegen: an hohen Kirchenfesten kamen viele Menschen am erzbischöflichen Sitz zusammen, und es bot sich die Gelegenheit zu guten Geschäften. Entscheidender für die Entwicklung der Stadt war aber ihre Lage am Schnittpunkt von Handelswegen zu Lande und zu Wasser. Wichtiger als der bodenständige Kramhandel des Handwerks und der bäuerlichen Bevölkerung wurden für den Aufschwung Bremens die unternehmungslustigen wandernden Kaufleute. Sie handelten mit Waren aller Art überall dort, wo sich ein Geschäft machen ließ. Mit Wagen, Saumtieren und zu Schiff tauchten sie auf, wo ihnen die Nachfrage besonders groß schien. Bei Kirchenfesten zum Beispiel, die mit Märkten und Messen verbunden waren. Wurde das Risiko zu groß oder war ein einträglicher Gewinn nicht mehr zu erwarten, verschwanden sie wieder und suchten sich lohnendere Ziele.

In der Geschichte Bremens ist dieses Verhalten ganz deutlich am Jahr 1065 abzulesen. Erzbischof Adalbert saugte sein Erzbistum rücksichtslos aus. Es wird uns berichtet: »Zu der Zeit konnte man ein klägliches Schauspiel in Bremen sehen, wie Bürger, Krieger, Geistliche und Nonnen bedrückt wurden. Die Beutelust ging auch nicht an Kaufleuten vorüber, die aus allen Teilen der Welt mit Waren nach Bremen kamen. Sie alle zwang die fluchwürdige Erpressung der Zollbeamten, oft arm abzuziehen. So sieht man bis auf den heutigen Tag den Ort von Bürgern und den Markt von Waren entblößt.«

Dieser Zustand, ohnmächtig der Willkür des Erzbischofs ausgesetzt zu sein, änderte sich im Laufe der Zeit, und bereits 1230 hatte Bremen so weitgehende Freiheiten erlangt, daß die Rechte des Erzbistums nur noch formaler Natur waren.

Sichtbares Zeichen dieser Freiheit war die Figur des Rolands, der vor dem Rathaus steht und mit ruhigem, ein wenig überlegenem Lächeln auf den Dom schaut. Seit 1404 gibt es den steinernen Roland. Sein Vorgänger aus Holz ist 1366 von Truppen des Erzbischofs verbrannt worden, weil sie der Stadt, wie es heißt »keine Freiheit« gönnten. Der neue Steinroland zeigt das Bildnis eines jungen Mannes, der wie ein Ritter gekleidet ist. Er trägt ein Schwert und das kaiserliche Wappenschild mit der Aufschrift:

Vryheit do ik ju openbar,
de Karl und menich vorst vorwar
desser stede ghegheven hat:
des danket gode is min radt.

(Freiheit verkünde ich Euch,
die Karl und mancher Fürst fürwahr
dieser Stadt gegeben hat:
daß danket Gott, so sei mein Rat.)

Die Beziehungen zur Hanse scheinen von 1350 an kaum noch vorhanden gewesen zu sein. Es waren schwere Jahre für Bremen. Die Pest herrschte in der Stadt und überdies hatten die Bürger Bremens die verlustreichsten Fehden ihrer Geschichte zu bestehen. Die Stadt verarmte, Gras wuchs auf den Straßen und einzelne Kaufleute betätigten sich als Seeräuber oder Blockadebrecher in Flandern, über das die Hanse eine Handelssperre verhängt hatte. 1358 wurden die Bremer zum Hansetag nach Lübeck zitiert. Zwei Ratsherren machten sich auf den Weg, um Bremens Verhalten zu verteidigen. Die Hansestädte sahen in den Argumenten der Gesandten aber nur Ausreden. So wurde die Stadt Bremen sehr zögerlich und unter schweren Auflagen am 3. April dieses Jahres wieder in die Hanse aufgenommen. Trotz immer wiederkehrendem Ausscherens Bremens aus der politischen Linie des Hansebundes, wuchs das zu Beginn der Beziehungen geringe Ansehen der Stadt nach und nach.

Vom bescheidenen ersten Hafen Bremens an der Balge ist nur noch der Name der Balgebrückstraße geblieben. Am Martini-Anleger und an der Schlachte finden wir die Stelle, wo sich sein Nachfolger befand, von dem aus Bremer Kaufleute ihre Handelsschiffe nach England, Finnland, Island, ja sogar bis Grönland hinauf, aussandten. Hier steht auch die Martinikirche, die »Ollermannskarke«, die Kirche der Älterleute der Kaufmannsgilde. Der Mastenwald der Handelsschiffe ist verschwunden und hat sich weserabwärts verlagert. Zunächst 1619, als der Hafen in Vegesack vom Rat der Stadt Bremen angelegt wurde, weil der Fluß anfing, zu versanden. 1827 bis 1830 verlegte man den Hafen an die Wesermündung nach Bremerhaven und begann mit dem Bau des ersten Hafenbeckens. Am alten Martini-Anleger besteigt man heute die Schiffe der Bremer Ausflugsflotte.

Vom Marktplatz hinab zur Weser strebte die Straße der schon seit mindestens 1244 vorhandenen Weserbrücke zu. Die Teerhofinsel, eine Halbinsel, die die kleine Weser vom großen Fluß trennt, erleichterte den Übergang über den Strom. Am westlichen Ende der Brücke wurde der Burgwall aufgeworfen, von dem aus der Zugang kontrolliert werden konnte. Nach Erreichen des linken Weserufers verlief die Straße vor Beginn des 14. Jahrhunderts über Huchting–Varrel–Hasport und Horstedt nach Wildeshausen. Seit dem Jahre 1311 wurde der Hauptverkehr auf die neu eingerichtete Strecke Bremen–Delmenhorst verlagert. In diesem Jahr verpflichtete sich die Stadt Bremen, für die Instandhaltung der Strecke von Bremen nach Huchting zu sorgen, während die Grafen von Oldenburg für das Stück zwischen Huchting und Delmenhorst Sorge tragen sollten. Zur Entwicklung des neuen Straßenzuges trugen sie auch durch den Verkauf eines Stück Landes an Bremen bei, damit es als »strata regia« diene, wie es im Kaufvertrag heißt.

In unseren Tagen verläuft die gut ausgebaute Bundesstraße 75 von Bremen durch Huchting, südlich am Kern der Stadt Delmenhorst vorbei. Am alten Straßenzug, der nördlich der Burg verlief, entwickelte sich entlang der im Bogen verlaufenden Langen Straße die Ackerbürgerstadt. Die Burg hatte sich aus dem Hof »de Horst« entwickelt und war 1235 von Graf Otto I. von Oldenburg erworben worden. Im Osten, wo die Straße die große Delme kreuzt, fuhren die Frachtwagen durch das Bremer Tor in den Ort und verließen ihn wieder im Westen durch das Wildeshausener Tor, wo die kleine

Delme zu überwinden war. Delmenhorst ist, wie auch Wildeshausen, Cloppenburg, Haselünne und Lingen, als Rastort an der »Flämischen Straße« erwähnt. Schaut man sich einmal die Entfernungen zwischen den Ortschaften an, so betragen sie zwischen 20 und 30 Kilometer. Das entspricht genau der Tagesleistung eines Frachtfuhrwerks.

Von Delmenhorst aus zweigt die Bundesstraße 213 über Hengsterholz nach Wildeshausen ab. Der Ort »Up dem Hensteder Holte« war Schauplatz fortwährender Räubereien des Grafen Gerd von Oldenburg, was dem adeligen Wegelagerer eine Fehdeansage der Stadt Bremen eintrug. Der Rat Bremens sah sich durch die andauernden Störungen des Verkehrs von und nach den Niederlanden zu dieser Strafmaßnahme gezwungen, um dem Geleitbrecher und Friedensstörer das Handwerk zu legen. Man hat es ihm gründlich heimgezahlt. Sein Raubnest Delmenhorst mußte er dem Bischof von Münster abtreten und sein festes Haus, die Welsburg, wurde bis auf den Grund zerstört.

Weiter geht es nach Wildeshausen. Von der Delmenhorster Geest hinab, im Tal der Hunte, überschritt die alte Heer- und Handelsstraße den Fluß und erreichte die Stadt am linken Hunteufer. Der Ort Wildeshausen ist mit einem großen Namen verbunden. Das Dorf gehörte dem Sachsenherzog Widukind, der den Widerstand seines Volkes gegen Karl den Großen anführte und dem Kaiser 30 Jahre lang trotzte. Nach der blutigen Niederschlagung der Sachsenaufstände ließ sich der Held der Sachsen im Jahre 785 in der Pfalz zu Attigni taufen und entsagte seinen alten Göttern Donar, Wodan und Saxnot. Der Kaiser selbst war sein Taufpate. Für den Aufschwung des Ortes wurde sein Enkel Waltbert von Bedeutung. Es waren unruhige Zeiten. Die Normannen machten die Küsten unsicher; das Sachsenland wurde durch neue Unruhen erschüttert.

Der edle Waltbert wandte sich besorgt an Kaiser Lothar, an dessen Hof er erzogen worden war, und dieser hielt die Lage für so gefährlich, daß er an Papst Leo IV. schrieb: »Heiliger Vater! Wir möchten Euer Hoheit kundtun, daß wir die Verpflichtung auf uns genommen haben, in den Gauen unseres Reiches den Dienst an der christlichen Religion zu fördern. Deshalb senden wir Euch unseren Gesandten Waltbert mit der Bitte, ihm etliche Reliquien heiliger Märtyrer zu schenken, damit durch deren Wunderkraft die Größe des allmächtigen Gottes den Gläubigen und Ungläubigen offenbar werde. Wir haben nämlich in den Gauen unseres Reiches in der Nähe der Normannen und Abodriten ein von Friesen und Sachsen gemischtes Volk, das die Lehre des Evangelismus schon seit längerer Zeit angenommen hatte. Aber wegen der heidnischen Nachbarschaft steht es nur teilweise fest im Glauben; zum Teil ist es schon fast wieder abgefallen, wenn nicht Gottes Hilfe und der Beistand Eurer Heiligkeit unserer Schwäche die nötige Kraft gibt. Wir flehen also Eure bekannte Güte demütig an, uns ein wirksames Heilmittel zu überlassen, auf daß nicht dieses wilde Volk, in des Irrtums Schlingen verstrickte, von der wahren Religion abfalle und verderbe, sondern durch Wundertaten gefestigt und um so standhafter werde im wahren Gottesdienst.«

Waltbert begab sich auf die Reise und traf im Herbst 850 in Rom mit dem Papst zusammen. Nach längeren Beratungen machte der Papst ihm den vollständigen Leichnam des Märtyrers Alexander zum Geschenk. Sogleich machte sich Waltbert auf die Rückreise und zog mit seiner kostbaren Fracht in feierlichem Zug über die winterlichen Alpen. An seinem Weg in den Norden strömte das Volk zusammen, um durch Meßopfer und Gebete Vergebung der Sünden zu erlangen. Überall offenbarte sich die Wunderkraft der Reliquie – Blinde erlangten ihr Augenlicht wieder, Taube konnten wieder hören und Lahme ihre Glieder regen.

Mit der Ankunft des heiligen Alexander begann in und um Wildeshausen eine neue Epoche. Der christliche Glaube festigte sich in der Bevölkerung und durch den Ruf der Wunderheilungen entwickelte sich der Flecken bald zum Wallfahrtsort. Auf unserer alten Straße kamen die Pilgerscharen von Osten, von Stade, über Bremen gezogen und von Westen aus den Niederlanden, um durch die Kraft des Heiligen von ihren Beschwerden erlöst zu werden. Nun setzte auch ein reges Marktleben ein, das sich aus dem Zusammenströmen der Wallfahrer in der Nachbarschaft des Alexanderstiftes entwickelte. Schon sehr früh tauchten Kaufleute aus der Kaiserstadt Aachen auf. Sie hatten als Marktgebühr ein Pfund Pfeffer zu zahlen. Durch ihre Lage an der »Flämischen Straße«

profitierte die Stadt auch von der Zunahme des Warenaustausches zwischen Flandern und den Ostseehäfen.

Der Markt entwickelte sich bei dem »Großen Stein«, wo seit alters her Gericht gehalten wurde. Als 1270 Erzbischof Hildebold von Bremen den Wildeshausener Bürgern einen Bauplatz für das Rathaus schenkte, errichteten sie hier den Backsteinbau, der mit seiner warmroten Front und dem hochgotischen Treppengiebel noch heute ein trutziges Zeugnis des Bürgerstolzes darstellt. Grundlage des Wirtschaftslebens war von jeher der Durchgangshandel und Durchgangsverkehr. Die Kaufleute Wildeshausens wickelten ihre Geschäfte über »See oder Sand« ab, wie es in den Stadtbüchern heißt. Gehandelt wurde mit Öl, Butter, Heringen, kölnischen Laken und Wolle aus den umliegenden großen Schafzuchtgebieten. Durch die Bedürfnisse des durchziehenden Verkehrs blühte das Gewerbe der Gastwirte und Stellmacher (Rademaker). Der Zoll in Wildeshausen war seit 1271 im Besitz des Erzstiftes Bremen – eine nicht zu verachtende Einahmequelle, über die der Vogt mit Strenge wachte. Wer versuchte, den Zoll zu umgehen, verwirkte Leib, Gut, Pferd und Wagen.

Durch den am rechten Hunteufer gelegenen Stadtteil Zwischenbrücken, über die »Rote Huntebrücke« erreichte die Straße den Markt und verließ über die Westerstraße und durch das Westertor hindurch die Stadt. Am Ortsausgang kehren wir wieder auf die Bundesstraße 213 zurück, die uns, so wie auch die mittelalterliche Straße, über Ahlhorn und das Gut Lethe nach Cloppenburg bringt. Cloppenburg war und ist der bedeutendste Verkehrsknotenpunkt Süd-Oldenburgs. Hier traf unsere Straße von der Ostsee nach Antwerpen und Brügge auf die Handelsstraße von Westfalen nach Friesland, die von Bramsche – Bersenbrück – Quakenbrück über Cloppenburg nach Friesoythe führte. Über Lastrup und Löningen geht es weiter nach Haselünne und von dort nach Lingen. Eine Geestzunge schob sich durch die moorige Umgebung an die Ems und bot einen sicheren Übergang über den Fluß, der auf einer Fähre zu überwinden war. Erst im Jahre 1825 wurde die erste Holzbrücke gebaut.

Neben dem Handelsverkehr, der den Fluß passierte, wurden auch große Mengen Vieh nach Holland zur Weide getrieben. Ursprünglich lag die Stadt direkt am Flußufer. Später verlagerte sich der Lauf der Ems etwa ein bis zwei Kilometer weiter nach Westen. Jetzt begrenzt der Dortmund-Ems-Kanal den Stadtrand, sein Wasserspiegel liegt höher als die städtischen Straßen.

Die weitere Richtung der Flämischen Straße ist durch die Städte Nordhorn, Almelo und Deventer gekennzeichnet. In Deventer fand sie Anschluß an die Strecke nach Antwerpen und Brügge. Im Laufe des 15. Jahrhunderts hatten sich die Bedingungen für die Schiffahrt in Brügge durch Versandung des Hafens erheblich verschlechtert. Außerdem lag die Hanse sich mit den Vertretern der Brügger Behörden fortwährend in den Haaren, also wurde beschlossen, das Brügger Kontor nach Antwerpen zu verlegen. Die große Zeit der Hanse war damals allerdings bereits vorbei, da nützte auch der Bau des prunkvollen Hansehauses in Antwerpen nichts. 1568 wurde er vollendet. Er hatte »ebensoviele Fenster wie das Jahr Tage«. Von den zeitweilig 150 Mitgliedern der Hanse waren im 17. Jahrhundert nur noch drei geblieben und 1862 wurde als letztes Überbleibsel der alten Hanse-Herrlichkeit das Haus in Antwerpen für eine Million belgischer Franken verkauft.

Die Nürnberger
Straße der Hanse

Lüneburg – Gifhorn – Braunschweig –
Erfurt – Bamberg – Nürnberg

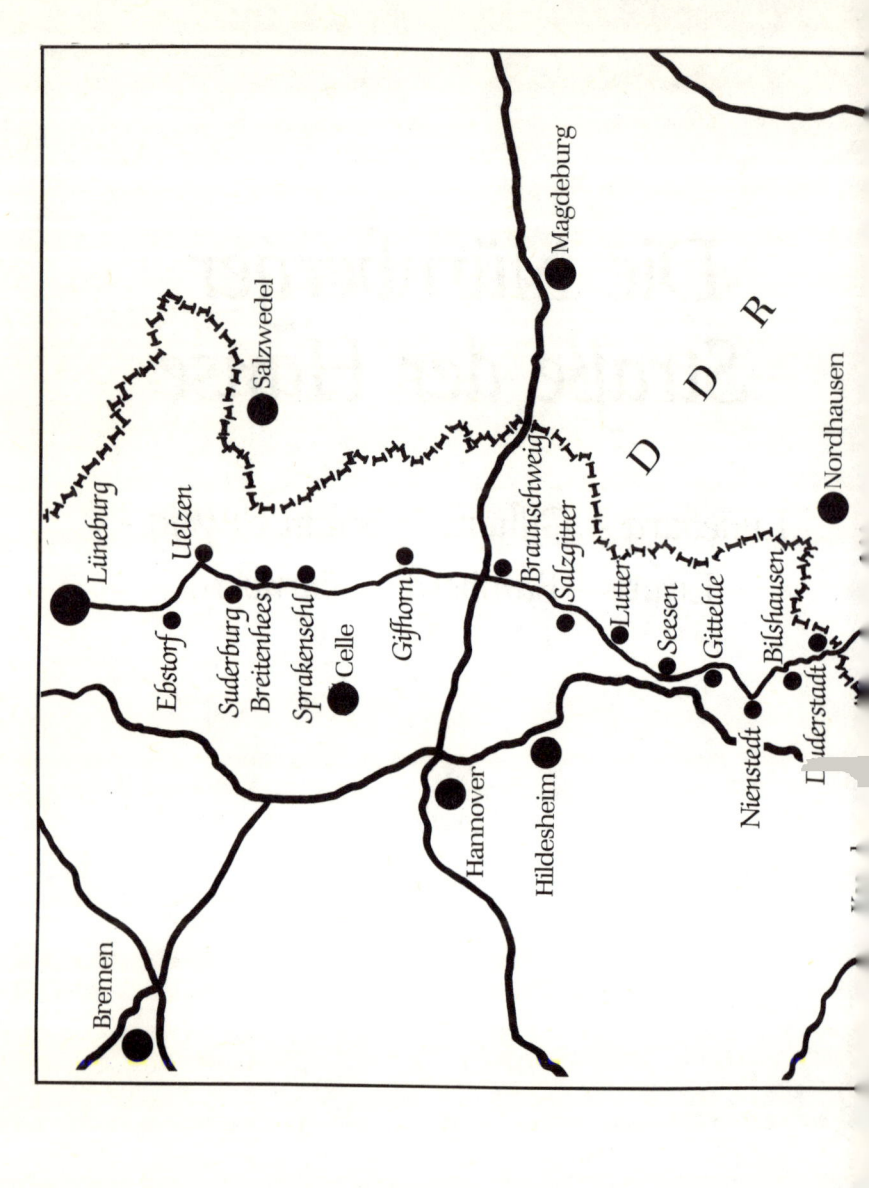

Bremen · Lüneburg · Ebstorf · Salzwedel · Uelzen · Suderburg · Breitenhees · Sprakensehl · Celle · Gifhorn · Magdeburg · Braunschweig · Salzgitter · Lutter · Seesen · Gittelde · Bilshausen · Nordhausen · Nienstedt · Duderstadt · Hannover · Hildesheim

D D R

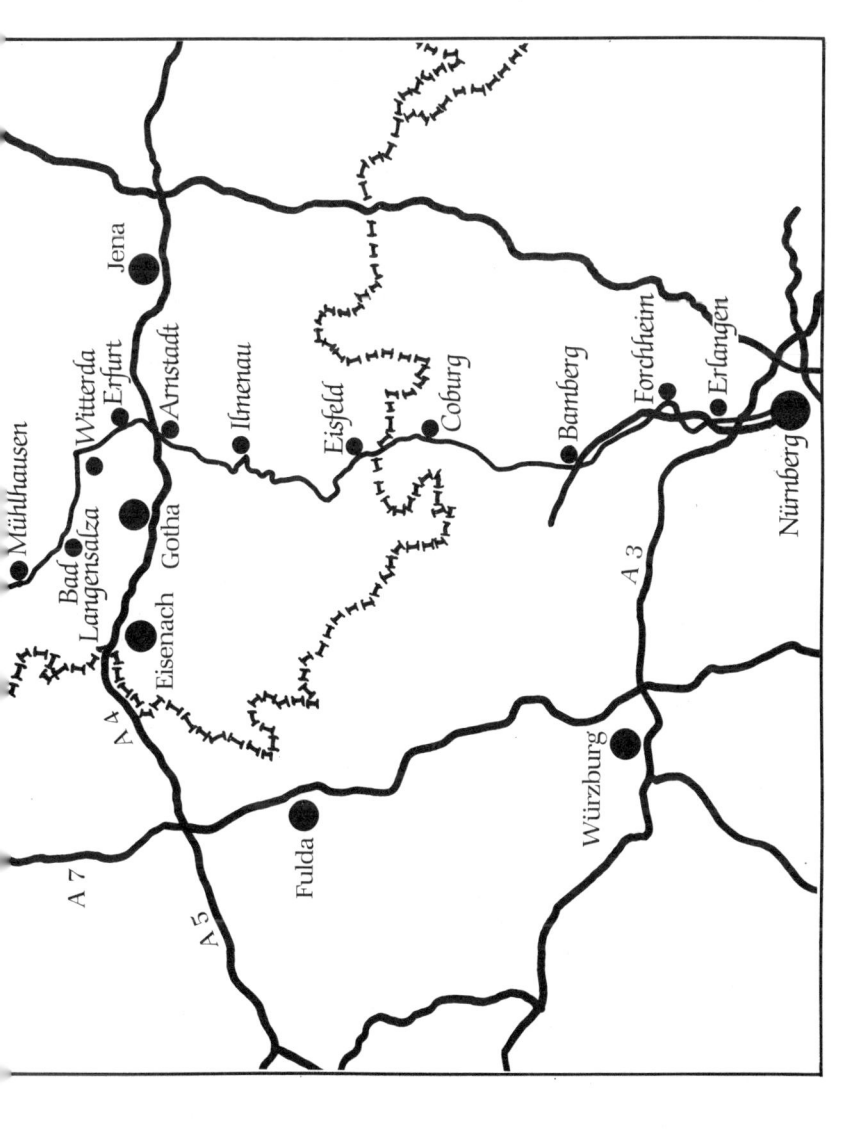

Vom Sand zu Lüneburg, über die Rote Straße durch das Rote Tor oder direkt von der Saline durch das Sülztor verließ der Verkehr nach Süden die Stadt. Der Sand war und ist auch heute noch Drehscheibe für den Handel und Wandel der Stadt. Er war Markt und Ausspannplatz und ist einer der letzten fast unverändert auf uns gekommenen Plätze der großen Städte des Mittelalters. Der mächtige Turm von St. Johannis blickt auf den Kranz von Backsteinbauten, die den Platz säumen. Da reihen sich gotische Treppengiebel an Renaissancefassaden und sanft geschwungene Barockdächer. Lüneburgs Stolz sind die roten Backsteinhäuser, die heute liebevoll restauriert werden. Um Häuser, die von der Stadt eigentlich zum Abbruch gekauft wurden, drängeln sich heute Interessenten, die die Mühen der Restaurierung auf sich nehmen, um in der Atmosphäre eines verwinkelten Altstadthauses leben zu können.

Die Häuser der tausendjährigen Stadt sind auf Salz gebaut, auf Salz beruhte der Reichtum der Lüneburger Bürger. Das Haus des Sülfmeisters Dietrich Brömse, das 1409 in der Straße Am Berge erbaut wurde, gilt als das älteste der Stadt.

Die Straße Am Berge begrenzt den Sand an der östlichen Seite. Dieses weite Geviert ist der älteste Marktplatz der Stadt. Hier war das Zentrum des städtischen Handels. Hier konnten Händler, Käufer und Schaulustige die angebotenen Waren und ihre Preise vergleichen. Hier wurden Bänke und Stände in Reihen aufgestellt, auf denen die Handelsgüter ausgebreitet waren. Korbwaren und Keramik stapelte man auf dem Boden. Das Marktrecht zu verleihen, war königliches Recht, zu dem auch der Schutz der Straßen gehörte. Aber auch Grafen und Herzöge haben das Recht zur Marktgründung erworben, wie zum Beispiel Heinrich der Löwe.

Der Rat der Stadt erließ die Marktordnung und sorgte für einen geregelten Ablauf des Handels. Auch wachte er ständig über die geeichten Maße und Gewichte. Die Aufsicht über das Marktgeschehen war Aufgabe des Marktgerichtes, das bei Verstößen Geld- und auch Körperstrafen verhängen konnte.

Der Sand in Lüneburg war Verkaufsort der über Land transportierten Waren. Von hier aus zogen auch Nürnberger Kaufleute, die ihre Interessen in Lübeck wahrgenommen hatten, weiter in direkter südlicher Richtung nach Hause. Bis in die Mitte des 15. Jahrhunderts war der Weg über Braunschweig, Erfurt und Bamberg die wichtigste Verbindung zwischen Lübeck und Nürnberg. Seit der ersten Hälfte des 14. Jahrhunderts hatte sich der Nürnberger Fernhandel auch dem Norden zugewendet. Bis nach Skandinavien hinauf brachten die Kaufleute ihre Rüstungen, Bleche und kostbaren Steine.

Zu den schließlich 90 Städten, mit denen Nürnberg wechselseitig Zollfreiheit unterhielt, war, wenn auch widerstrebend, im Jahre 1373 Lübeck hinzugekommen. Die Lübecker wehrten sich gegen die lästige Konkurrenz und verboten den Verkauf von Waren aus Nürnberg. Außerdem untersagte der Rat seinen Bürgern, gemeinsam mit den Nürnberger Kaufleuten Handelsgesellschaften zu betreiben. Doch es gab Auswege: Entweder fand man einen einheimischen Strohmann, der die Geschäfte wahrnahm, oder man ließ sich in Lübeck nieder und erwarb das Bürgerrecht, blieb aber mit der Verwandtschaft in Nürnberg in Geschäftsverbindung.

Dann trat eine wesentliche Veränderung dieses Handelsweges ein. Durch die wachsende Bedeutung der Frankfurter Messen wurde die Stadt am Main der wichtigste Übergangsort im Handel zwischen Lübeck und Nürnberg. Dort traf man sich, die Lübecker boten die Güter des Nordens feil, und die Kaufleute aus Nürnberg, Augsburg und Italien brachten ihre Waren nach Frankfurt, um sie an die hansischen Händler zu verkaufen. Trotz des Niederganges der Hanse begann bald eine neue Glanzperiode für die Nürnberger Straße. Infolge der Unruhen in Flandern verlegten die Nürnberger Kaufleute ihre Faktoreien von Antwerpen nach Hamburg. Anstelle von Lübeck und Antwerpen wurde die Stadt an der Elbe mehr und mehr zum Einfallstor für fremde Waren und Exporthafen für deutsche Produkte. Alle englischen Waren nach Nürnberg schlugen jetzt diese Route ein.

Vor den Frankfurter Messen aber hatte der Nord-Süd-Verkehr über Erfurt eine hohe Bedeutung. Die Stadt war der Hauptsitz des sächsischen Geleitwesens. Im Erfurter Geleitsrecht heißt es:»Alle die Fuhrleute, welche von Nürnberg auf Embten, Münden, Brehmen, Lüneburg, Lübeck, Hamburg, Braunschweig und Magdeburg wollen, müssen ihren Weg im

Hin- und Herwege auf Erfurt zu nehmen, und sind nach spezifizierten Straßen zu fahren schuldig.«

Von Lüneburg nach Braunschweig gab es zwei Wege, einen der heute durch den Verlauf der Bundesstraße 4 über Uelzen nach Gifhorn nachvollzogen werden kann. Der am meisten befahrene Weg nach Süden aber war der »Hessenkarrenweg«, der bei Melbeck von der Bundesstraße abzweigt und über Velgen und Oetzfelde nach Ebstorf verlief.

Hatten die Kaufmannswagen das »Rote Tor« passiert, ging der Weg zur Hasenburg auf den Hasenburger Bach zu, der einen Teil der westlichen Landwehrsicherung Lüneburgs bildete. Nach dem Durchqueren der Furt trennte sich am südwestlichen Ufer des Baches der »Hessenkarrenweg« von den Straßen nach Soltau und Celle. Südlich von Melbeck sind rechts und links der Landstraße alte Wagenspuren entdeckt worden. Sie zeigen deutlich, daß ein alter Weg oft ein ganzes Fahrwegbündel gewesen ist. Besonders dort, wo der Boden flach und trocken war, konnten sich die Karren die günstigste Fahrmöglichkeit auswählen, und so entstand ein breites Band von Wagenspuren, das wieder zusammenlief, wenn eine Wegesperre vorhanden war.

Die Landstraße führt am Galgenberg vorbei nach Ebstorf hinein und zum Kloster, das eine Berühmtheit in seinen Mauern barg. Das Kloster Ebstorf gehörte zu den außerhalb der Städte gelegenen Heideklöstern. Es war 1150 als Augustinerchorherrenstift gegründet worden. Aber schon 1197 zogen hier nach einem Brand Benediktinerinnen aus Walsrode ein. Besonders im 12. und 13. Jahrhundert war der Andrang zu den Frauenklöstern groß, boten sie doch eine angesehene Alternative zu Ehe und Familie, denn adeligen Fräuleins und Patriziertöchtern war es verwehrt, einen Beruf zu ergreifen. Diese Tradition hat sich nach der Reformation in den Heideklöstern fortgesetzt. Wie auch die Klöster Lüne und Wienhausen wurde Ebstorf in ein evangelisches Damenstift umgewandelt.

Im Jahre 1830 gab es im stillen Ebstorf eine Sensation. Man entdeckte in den alten Mauern eine auf 30 Pergamentbögen aus Ziegenhaut gemalte Weltkarte. Sie zeigte auf knapp 13 Quadratmetern die im 13. Jahrhundert bekannte Welt. Der bedeutendste Propst des Klosters ist Gervasius von

Tilbury (um 1160-um 1234) gewesen, der ein weitgereister Gelehrter war. Man ist sich heute sicher, daß er die Karte in Auftrag gegeben und den Grundentwurf überwacht hat. Die größte und bedeutendste Erddarstellung des Mittelalters war hier bei den frommen Frauen gefunden worden.

Die Karte wurde nach Hannover ins Staatsarchiv gebracht, wo sie in einer der schrecklichen Bombennächte des Jahres 1943 verbrannt ist. Zum Glück aber waren vorher vier Kopien angefertigt worden, von denen eine im Remter des Klosters zu besichtigen ist.

Hat man Ebstorf hinter sich gelassen, geht es weiter nach Süden und über Melzingen und Bohlsen nach Suderburg. Bei Breitenhees vereinigt sich die Straße mit der aus Uelzen kommenden und zieht auf Gifhorn zu. Jetzt sind wir wieder auf der Bundesstraße 4, die die Richtung der alten Straße aufnimmt.

Fährt man heute auf der perfekt ausgebauten Asphaltpiste in Richtung Gifhorn, kann man sich kaum noch vorstellen, wie einsam die Gegend in diesem schwachbesiedelten Gebiet gewesen ist. Das begünstigte jene dunklen Elemente, die sich hier als Straßenräuber und Geiselnehmer betätigten.

Einmal, im Jahre 1496, erwischte es sogar zwei Braunschweiger Bürgermeister, die auf ihrem Heimweg von Lüneburg südlich von Suderburg gefangengenommen wurden. Sprakensehl liegt am Wege, das ein Ausspannort war, und über Gamsen führte der Verkehr nach Gifhorn hinein.

Hier lag, von einer Burg geschützt, der Übergang über die Aller. Aus einer kleinen Furtsiedlung entwickelte sich bald ein Brückenort, der 1275 das Marktrecht erhielt. Das Aufblühen des Ortes ist aber nicht nur aus seiner Lage am Allerübergang zu erklären. Es kommt noch hinzu, daß sich hier zwei mittelalterliche Handelswege kreuzten. Unsere nach Braunschweig und Nürnberg ziehende »Salzstraße« traf sich mit der von Magdeburg nach Celle führenden »Kornstraße«. Außerdem lag Gifhorn 30 Kilometer, also eine Tagesreise, von Braunschweig entfernt. Händler, Kaufleute und Fuhrknechte mußten hier rasten. Neben den Ackerbürgern hatten die Krüger und Handwerker durch den Handel mit den umliegenden Dörfern sowie die rastenden Kaufleute und Frachtfahrer des Fernhandels eine solide wirtschaftliche

Grundlage. Die Berufe, die vom Verkehr lebten, die Stellmacher, Hufschmiede, Wagenschmiede, Nagelschmiede, und Sattler fanden ein gutes Auskommen an diesem Rastort. Der alte Straßenzug führte westlich der Bundesstraße 4 über Ribbesbüttel nach Meine. Beim Wendenturm passierte er die braunschweigische Landwehr und zog durch das Wendentor in die Stadt Heinrichs des Löwen, Braunschweig ein.

Das Geschlecht der Welfen war sehr alt – einige Historiker meinen, es bis auf den Caesarenmörder Cassius zurückverfolgen zu können –, das mächtigste im Reich, verwandt und verschwägert mit den Fürstengeschlechtern des Reiches und Italiens. Bei Heinrichs Geburt beherrschten sie Bayern und Sachsen, ihr Besitz reichte von Meer zu Meer, von der Adria bis an die Nordsee. Für Heinrich gab es nur ein Ziel: noch reicher, noch mächtiger zu werden. Der »Mann des Nordens«, wie man ihn genannt hat, war kein blonder Recke, sondern klein, stämmig und schwarzhaarig. Auch Bayern gehörte ihm, er hielt sich dort aber während seiner ganzen Regierungszeit nur etwa ein halbes Jahr auf. Er, der große Städtegründer, hat in seinen südlichen Besitzungen nur einer einzigen Stadt, München, das Stadtrecht verliehen. Die Basis seiner Macht lag im Norden, im Herzogtum Sachsen und in den von den Wenden befreiten Gebieten Holstein, Ratzeburg und Mecklenburg. Er brauchte Geld, und die aufblühende Wirtschaft ließ ihn auf die Städte setzen. Seine Verbündeten waren die Bürger, die Kaufleute. Es ging ihnen gut unter seiner Obhut. Er sicherte ihre Straßen und Märkte, gab ihnen Privilegien. Hierüber wurde er zum größten Wirtschaftspolitiker seiner Zeit. Wie kaum ein Fürst des 12. Jahrhunderts wußte er, wie man rechnet und nach welchen Regeln Wirtschaft floriert. Er wollte klares Recht und gesicherten Besitz. Er schätzte Ordnung und Übersicht, und die von ihm gegründeten Städte konnten sich ungestört entwickeln. Im Osten Schwerin und Haldesleben. Lübeck vor allem, Lüneburg, Stade, Hannover und Braunschweig, die Löwenstadt. In seiner Residenz, der Burg Dankwarderode, entstand einer der glänzendsten Fürstenhöfe seiner Zeit.

Heinrich war sehr reich. Er verstand nicht nur Reichtum zu erwerben, sondern auch damit umzugehen. Er, der eigentlich Ungebildete, der nicht einmal Latein gelernt hatte, ver-

116

half Sachsen zu einer Zeit kultureller Blüte. Große Dome entstehen. Unter seiner Herrschaft Ratzeburg, Lübeck und Braunschweig. Sonst eher als geizig bekannt, kann er, wenn es um Kunst geht, sehr großzügig sein. Auf dem Höhepunkt seiner Macht, er ist in zweiter Ehe mit der englischen Königstochter Mathilde verheiratet, werden auf seiner Burg Dankwarderode rauschende Feste gefeiert, Künstler stellen sich ein, und Heinrich zeigt, daß er nicht nur rechnen, kämpfen und arbeiten, sondern auch feiern und repräsentieren kann.

Heinrich hat große Pläne, seine Macht wächst und wächst. Als sein Gegenspieler, Friedrich I., sich nach der gescheiterten Eroberung Norditaliens wieder Deutschland zuwendet, wird das Reich zu klein für die beiden Vettern. Ihre Freundschaft zerbricht, die Interessen kehren sich gegeneinander, und es fehlt nur noch der Anlaß zum Sturz Heinrichs. In Chiavenna schlägt seine Schicksalsstunde.

1174 versucht Friedrich I. zum fünften Mal, die widerspenstigen Italiener in die Knie zu zwingen. Der Feldzug ist schlecht vorbereitet, und in seiner Bedrängnis ruft der Kaiser den Welfen zu sich nach Chiavenna. Er bittet ihn um Unterstützung. Heinrich lehnt ab, und es kommt zu jener immer wieder dargestellten Szene: Der Kaiser soll seinen Vetter kniefällig angefleht haben, seine Krone löst sich und rollt zu Boden. Die Freunde von einst trennen sich im Zorn, Heinrich reitet heim, der Kaiser wird bei Legnano vernichtend geschlagen.

Am 13. April 1180 wird auf der Kaiserpfalz zu Gelnhausen das Urteil gegen Heinrich gesprochen. Sein Staat wird zerteilt, gierig verleiben sich die Fürsten ihren Anteil ein. Als Heinrich sich zur Wehr setzt, halten nur die Städte, die ihm soviel verdanken, die Treue. Vor Lüneburg und Lübeck muß sich Barbarossa auf eine lange Belagerung einrichten, und Braunschweig ergibt sich nicht. Die Macht des »Löwen«, aber ist zerbrochen, und Heinrich geht nach England in die Verbannung.

Das alte Braunschweig ist in den verheerenden Bombennächten des Zweiten Weltkrieges untergegangen, aber einiges hat überlebt. In der modernen, geschäftigen Stadt gibt es einen Ort, an dem man noch etwas von der Größe des Welfenfürsten erspüren kann. Abgeschlossen vom Verkehr bildet der Domplatz eine Insel der Ruhe. Die Burg Dankwarderode blickt auf Heinrichs Dom. Er hat ihn als Grabmal für sich und sein Geschlecht bestimmt. Hier ruht er neben seiner Frau Mathilde, und draußen auf dem Platz reckt der Löwe, das Sinnbild seiner Macht, sein brüllendes Haupt gen Osten.

Aus fünf selbständigen Stadtteilen ist Braunschweig zusammengewachsen. Bis hierher war die Oker schiffbar und über Aller und Weser mit der Nordsee verbunden. Am Wikhafen, am Damm, wurden die Frachten von der Achse aufs Schiff umgeladen. Am Anfang des 12. Jahrhunderts wird der Altstädter Markt neu angelegt. Die Martinikirche, das Gewandhaus und das mittelalterliche Rathaus mit seiner noblen Laubenanlage begrenzen den Platz. Mit dem Aufblühen der Hanse erlebte auch Braunschweig eine Handelsblüte, die bis ins 16. Jahrhundert, bis zum Zerfall der Hanse, andauerte.

Fünfzehn Kilometer südlich der Stadt überquerte die alte Heerstraße von Köln nach Magdeburg die Oker. Sie war die wichtigste Verkehrsverbindung des frühen Mittelalters im nördlichen Harzvorland. Bald aber drängt die neu entstehende Nord-Süd-Straße die alte Ost-West-Achse in die zweite Linie. Die Nürnberger Heerstraße gehörte bis Ende des 18. Jahrhunderts zu den wichtigsten Nord-Süd-Straßen. Auf ihr beruhte der Wohlstand Braunschweigs und auch der Duderstadts und Mühlhausens. Der lebhafte Handel auf ihr beginnt mit der Entdeckung der Kupfer- und Silberminen Goslars und dem Glanz der dortigen Kaiserpfalz unter den Ottonen, den »Harzer Kaisern« und den Saliern.

Zurück auf die Straße. Der Weg nach Salzgitter verließ Braunschweig durch das Michaelistor. Gemeinsam mit der Goslarer Straße verlief sie über Rüningen bis zur Zollstelle Thiede. Dort schwenkte sie nach Südwesten ab und zog über Immendorf und Barum nach Salzgitter.

Für den Zustand der Straße war der Landesherr verantwortlich, der die Instandsetzungsarbeiten an den Straßen den anliegenden Gemeinden auferlegte. Die Dorfschaften hatten Wegefron zu leisten. Von den Arbeiten waren auch Frauen nicht ausgeschlossen. Manchmal wurden aber auch Privatpersonen mit der Pflege eines bestimmten Stücks des Weges betraut. In zahlreichen Fällen hatte der Müller für die Mühlwege, Brücken und Furten zu sorgen. Schließlich benutzten er und seine Kunden diese Wege in der Hauptsache. Die Instandhaltung war ein gewisser Ausgleich für das Monopol des Mahlrechts. Auf unserer Straße hatte ein Klausner, ein frommer Mann, die Sorge für den Damm bei Immendorf übernommen, wofür er vom Braunschweiger Rat eine milde Gabe bekam. Die Fürsorge für Wege und Brücken galt im Mittelalter als frommes Werk. Es gibt unzählige Vermächtnisse, die ein Legat zum Ausbau einer Brücke oder zur Verbesserung einer Wegstrecke bestimmen. Ein großer Anteil des Ausbaues des Wegenetzes ist den Klöstern zuzumessen. Bekannt sind auch viele Ablässe, die der Papst oder die Kirchenfürsten zum Bau einer Brücke ausschrieben. Sogar das Seelenheil der Fuhrleute wurde als Grund für die Instandsetzung einer Straße angegeben: Die schlechten Wege seien Anlaß für ihr ständiges Fluchen, wodurch ihre Seele der Verdammnis ausgesetzt würde, »etwan die missfal und böse des weges an pferden und lyb schaden nammen dodurch viel böse Schwür gethan, dodurch sich menches seel und lyb verdampt.« Noch im ausgehenden Mittelalter gebietet Kaiser Sigismund, daß die Kuppler-, Huren- und Frevelbußen zur Ausbesserung der Wege verwendet werden sollten, damit das Sündengeld »zu Gute gebracht« würde.

Die Bundesstraße 248 zieht sich heute durch Salzgitter, das 1942 durch Zusammenlegung von 28 Gemeinden gegründet wurde. Daraus entstand die flächenmäßig gesehen größte Stadt Deutschlands. Die Nationalsozialisten wollten hier ein Gegenstück zum Ruhrgebiet aufbauen. Grundlage dafür bildeten die großen Brauneisenvorkommen. Durch die starke Zersiedelung des Gebietes ist es schwierig, den alten Straßenverlauf nachzuvollziehen. Bei Gitter am Berge verläßt die alte Streckenführung die Bundesstraße. Sie richtete sich auf Ringelheim, wo sie die Innerste überschritt. Dann ging es am Hang des tief eingeschnittenen Neiletales weiter nach Neuwallmoden. Die Eisenbahnlinie folgt dieser alten Strecke. Bei Lutter am Barenberge erreicht man wieder die B 248, die bei Hahausen auf den Paß von Neuekrug zuläuft, damals wie heute die einzige Möglichkeit, zwischen dem Harz und seinen Vorgebirgen hindurchzukommen. Bei Hahausen traf die am nördlichen Harzrand verlaufende Straße von Goslar auf den Weg zum Neuekrug.

Nach Überwinden des Passes senkte sich der Weg nach Seesen hinab. Seesen war Treffpunkt dreier großer Straßen: der Harzvorlandstraße, die von Nordhausen aus Leipzig kam, der großen Frankfurter Heerstraße und unserer Erfurter Straße. Der Ort hatte sich um eine uralte kaiserliche Burg, die Sehusaburg, entwickelt. Um das Jahr 1000 ist die Marktgründung erfolgt. In der Oberstadt, wo sich der Straßenknotenpunkt befand, entwickelte sich eine bescheidene Kaufmannssiedlung. Sie wird als ein »ödes Stättlein, das von der Durchfuhr lebt« beschrieben.

Durch Herrhausen und Münchehof vorbei an der Burgruine Stauffenburg zog der Kaufmann in den alten Hüttenort Gittelde ein, der seine erste große Blütezeit im 10. Jahrhundert erlebte. Der Bergbau, bei dem Silber-, Kupfer- und Eisenerz gefördert wurde, war so ertragreich wie der im Rammelsberg in Goslar. In der Langen Straße erkennt man noch den alten Markt, der mit einem Marktprivileg ausgestattet war. Südlich von Gittelde trennte sich die Nürnberger Heerstraße von der Harzrandstraße.

Von jetzt an fahren wir wieder auf dem alten Straßenzug nach Duderstadt, denn die Landstraße über Förste, Dorste, Wulften, Lindau, Gieboldehausen benutzt bis auf einige Abweichungen die alte Trasse. Es war schwieriges Gelände.

Bei Dorste, wo die Straße die Söse überwinden mußte, gab die breite versumpfte Talsohle Anlaß zu bitteren Klagen. Die Wagen blieben im Morast stecken, Pferde und sogar Menschen ertranken im Fluß, der häufig zum reißenden Strom wurde.

Lag dieses elende Wegstück hinter ihnen, knallten die Fuhrknechte mit den Peitschen. Gespanne und Reitpferde wurden den Berg hinauf auf trockenen Boden getrieben. Aber bald ging es schon wieder hinunter – bei Wulften war die Oder zu überqueren. Jetzt konnte man im Tale bleiben. Um den Fuß des Rotenbergs herum zogen Wagen und Reiter nach Gieboldehausen, wo die Rhume überwunden werden mußte. Auf der Bundesstraße 247 fährt man heute im Tal der Hahle nach Duderstadt hinein. Der alte Weg aber ging von Mingerode direkt über den Sulberg in die Stadt. Auf der Bergkuppe stand der Galgen. An dieser unheimlichen Stätte des Hochgerichts vorbei senkte sich die Straße den Berg hinunter durch das Westertor in die Stadt. Außerhalb der Städte wurden an offener Heerstraße die Galgen aufgerichtet. Sie mahnten den Reisenden, das in der Stadt geltende Recht zu wahren und halfen, die Schande der Übeltäter zu verbreiten. Gerichtsverhandlungen wurden gern auf den freien Reichsstraßen abgehalten. Die gegnerischen Parteien befanden sich hier auf kaiserlichem Grund, also geschütztem Boden. Die Gerichtsstätten des Niedergerichtes dagegen befanden sich im Mittelpunkt der Städte, auf dem Markt. Vor dem Rathaus wurden die Klagen verhandelt und auch die Strafen vollzogen, denn hier, inmitten geschäftigen Treibens, stand der Pranger.

Vor den Mauern Duderstadts lag das Martinihospital. 1443 gegründet, ist es heute ein Teil des städtischen Krankenhauses. Dann ragt das Westertor aus der Stadtmauer auf. Die beachtliche, fünfgeschossige Toranlage führt in die Innenstadt auf die breit angelegte Marktstraße, die noch heute die Hauptverkehrsader Duderstadts ist. Die tausend Jahre alte Stadt ist der Mittelpunkt des Untereichsfeldes. Das Eichsfeld, eine leicht wellige, fruchtbare Ebene, zieht sich über die Grenze zur DDR bis nach Mühlhausen hinüber.

Mühlhausen und Erfurt waren die überragenden Verkehrsmittelpunkte nicht nur Thüringens, sondern ganz Mitteldeutschlands, wo die großen Straßen aus allen Richtungen zusammenliefen.

Fünf Kilometer südlich von Duderstadt endet die Bundesstraße 247 an der Grenze. Jäh brechen die uralten Verkehrsverbindungen ab, hier ist nur noch der kleine Grenzverkehr möglich. Quer durch Deutschland verlegt die innerdeutsche Grenze mit ihren Wachttürmen, Zäunen, Hundelaufstrecken und Flutlichtanlagen den alten Verbindungen den Weg. Während die Grenzen zu unseren westlichen, nördlichen und südlichen Nachbarn für den hin- und herflutenden Verkehr offen sind und alles getan wird, ihn so reibungslos wie möglich ablaufen zu lassen, ist hier bis auf wenige Passierstellen kein Durchkommen. Entlang des Grenzverlaufs, der Deutschland teilt, endet so mancher alte Weg im Nichts. Bei Tettenborn zum Beispiel ist die bedeutende Harzrandstraße nach Nordhausen, kurz vor der Grenze, zu einem verwahrlosten Stück landwirtschaftlich genutzten Weges verkommen.

Geblieben ist jenseits der Grenze die Numerierung der Straße. Über Worbis und Dingelstädt führt die Kreisstraße 247 nach Mühlhausen. Auch hier ist, wie in Duderstadt, das alte Stadtbild erhalten. Aus einem Königshof der sächsischen Kaiser hatte sich Mühlhausen im 12. Jahrhundert zur Stadt entwickelt, die schon 1180 als kaiserliche und Reichsstadt genannt wird. Der Mauerring ist fast in vollem Umfang erhalten. Nach 1227 ließ sich der Deutschritterorden mit zwei Kommenden in der Stadt nieder, und 1418 wurde sie Mitglied der Hanse.

In Langensalza verläßt die alte Strecke die Straße 247. Über Gräfentonna und Witterda geht es nach Erfurt. Bonifatius hatte im Jahre 742 »an dem Erphesfurt genannten Ort, der schon seit langem eine Siedlung heidnischer Ackerbauern war«, das Bistum Erfurt gegründet. Die Franken errichteten hier an der Furt durch die Gera eine Pfalz. 805 erhielt der Ort von Karl dem Großen das Recht, mit den Slawen Handel zu treiben, es entstand der einzige Grenzmarkt in ganz Thüringen. Um das Jahr 1107 umschloß ein Mauerring die Marktsiedlung auf dem rechten Ufer der Gera und die am Fuße des Domberges gelegene, linksufrige Marktsiedlung. Auf dem Anger, dem Markt am rechten Flußufer, wurde mit Waid gehandelt, wofür Erfurt das Monopol besaß. Das blaufärbende Waid, auf weiten Feldern angebaut, war bis zur Entdeckung des Indigo für die Tuchmacher in Flandern ein unentbehrlicher Farbstoff.

An der Furtstelle wurde schon zu Beginn des 12. Jahrhunderts die Krämerbrücke über den Fluß geschlagen, eine Holzbrücke, auf der sich Krambuden befanden. Nach einem Brand wurde sie vom Rat der Stadt durch eine Steinbrücke ersetzt. Auch auf ihr ließen sich die Krämer nieder. Sie bauten auf beiden Seiten der schmalen Fahrbahn mehrstöckige Geschäftshäuser. Die Brücke ist eines der reizvollsten Baudenkmäler der Stadt. Alte Hauptverkehrswege liefen hier zusammen. Die »Via Regia« von Frankfurt nach Leipzig und Breslau, die Leubenstraße, die Böhmische Straße, die Nordhäuser Straße, die Magdeburger Straße und eben auch unsere Nürnberger Geleitstraße. Erst mit der Erteilung des Messeprivilegs an Leipzig geht der Großfernhandel in Erfurt zurück.

Die Macht und den außerordentlichen geistigen Einfluß der mittelalterlichen Stadt veranschaulichen viele Bauwerke, die damals entstanden. Erfurt besaß 25 Kirchen. Die Krone der Stadt ist der Domberg mit dem Dom und der Severikirche. Eine breite Freitreppe steigt zwischen beiden Kirchen den Hügel hinauf, vorbei an den 14 Meter hohen Gewölben, auf denen der gotische Chor des Domes ruht. Die Bedeutung der Stadt als geistiges Zentrum wuchs, und nach der ersten deutschen Universität in Prag 1348, nach Wien, Heidelberg und Köln erhält Erfurt 1392 seine Alma Mater.

Südlich von Erfurt zog der Heerweg über Arnstadt und Plaue die Hänge des Thüringer Waldes nach Ilmenau hinauf. Recht laut ist es hier im Mittelalter zugegangen. Peitschen knallten, Räder knarrten, die Fuhrleute fluchten über morastige Löcher in den ausgefahrenen Wegen. Zweirädrige Karren, von zwei oder drei hintereinander gespannten Pferden gezogen, quälten sich den Berg hinauf. Die großen Deichselwagen, die bis zu 120 Zentner Last trugen, hatten acht oder gar zehn Rösser vorgespannt. Über den Paß beim Hof Allzunah steigt die Straße weiter nach Frauenwald. Vom frühen Mittelalter bis zum Dreißigjährigen Krieg war sie die belebteste Sattelpaßstraße des Thüringer Waldes, die kürzeste Verbindung zwischen dem nördlichen und dem südlichen Gebirgssaum. Bei Frauenwald kreuzte die Straße den Rennsteig. Dieser Rennsteig ist die uralte bekannte Höhenstraße, die sich auf dem gesamten langen Rücken des Thüringer Waldes hinzieht und die Grenze zwischen Thüringen und Franken bildete.

An der Paßstraße lagen die Herbergen, die Rast- und Geleitshäuser, die Ausspannorte. Die erschöpften Reisenden konnten in Allzunah, in Frauenwald und bei Neustadt ihre ermüdeten Lebensgeister wieder aufrichten. Eine bunte Fülle von Waren zog über die Hänge des Thüringer Waldes. Von Süden kamen orientalische Teppiche, Gewürze, Seiden und Brokate. Lederwaren aus Florenz mit goldenen Ornamenten verziert, Zitronen, Nüsse, Feigen und Käse aus Oberitalien, kostbare venezianische Gläser, Wein aus Bamberg und Würzburg. Nach Süden rollten Salz, Heringe, Stockfische und Tran. Aus dem Gebirge selbst kamen Pech, Asche und Kienruß, Schieferplatten, Schleif- und Mühlsteine. Pferde, Schafe und Rinder wurden durch Frauenwald getrieben. Hier oben lag auch die Zollstelle. Mit dem Einzug des Zolles waren die Schankwirte beauftragt. Reiter, Fuhrleute, Handelsherren und Geleitpersonal kehrten nach dem strapaziösen Aufstieg in den Gasthäusern ein, was lag da näher als Wirte zu Zöllnern zu machen.

Die Straße senkte sich über Waldau und Brünn nach Eisfeld hinab. Im Mittelalter hielten die Bauern der Dörfer an der alten Handelsstraße Zugochsen bereit, die anstelle der erschöpften Gespanne die schwerbepackten Wagen die Höhe hinaufzogen. Bei Rottenbach verläßt die Straße die DDR und führt im Zuge der Bundesstraße 4 nach Coburg, das eine wichtige Raststation nach dem Abstieg aus dem Thüringer Wald war. Über die Itzbrücke und durch das Spitaltor erreichte der von Norden kommende Verkehr die Stadt.

Wir bleiben auf der Bundesstraße 4, deren Verlauf sich teilweise mit dem der alten Strecke deckt. Die moderne Straße meidet heute die Ortskerne, während der alte Weg am östlichen Talhang der Itz mitten durch Creidlitz, Rossach, Gleußen, Kaltenbrunn, Lahm und Rattelsdorf auf den Mainübergang bei Breitengüßbach zulief. Hallstadt liegt am Main. Der Ort wird von drei Bächen durchflossen, schon im Mittelalter besaß die Stadt fünf Mühlen.

Im Diedenhofener Kapitular Karls des Großen (805) wird der Ort als Stapelplatz für den Osthandel bestimmt, so wie auch Erfurt für den Thüringer Raum. Aus einem Königshof, den Heinrich II. im Jahre 1007 dem Hochstift Bamberg schenkte, entwickelte sich ein geschäftiger Flecken, der seinen Rang als Rastort an der Erfurter Straße allerdings bald an Bamberg abtreten mußte. Der Königshof lag an der Stelle des heutigen Marktplatzes.

Von Hallstadt aus ist Bamberg nicht mehr weit. Die Stadt liegt auf weitem, fast ebenem Talgrund an beiden Hauptarmen der Regnitz. Die Ausläufer des Steigerwaldes bilden die legendären »Sieben Hügel«, die neben der geistlichen Machtfülle der Stadt den Namen »Rom des Nordens« einbrachten. 1451 schreibt Albrecht von Eyb in seiner *Lobrede auf Bamberg*: »Die Stadt steigt gemächlich hügelan und blickt über die Ebene zu ihren Füßen.« Der Main war bis Bamberg schiffbar. Das kam dem Transport von Massengütern zugute: Metalle, Glas, Gerberlohe, Wachs, Wein, Bier und Getreide wurden am alten Hafen auf Kähne umgeschlagen und flußabwärts nach Frankfurt verschifft. Flußaufwärts gegen den Strom wurden die Kähne vom Ufer aus mit Pferdegespannen getreidelt.

Die Babenberger Grafen hatten auf dem heutigen Domberg eine Burg erbaut, die in den Besitz Heinrichs II. gelangte. 997 schenkte er sie seiner Frau Kunigunde als Morgengabe. Der Ort war ihm besonders lieb, und er hegte schon lange den Wunsch, dort ein Bistum zu gründen. Gegen die Privilegien des Erzbischofs von Würzburg setzte er sein Anliegen durch. Auf dem Domberg entsteht so eine Pfalz, und der Bau einer Kirche wird begonnen. Der Dom unserer Zeit ist nach zwei verheerenden Bränden 1237 vollendet worden und gilt neben den Kaiserdomen von Worms, Speyer und Mainz als einer der bedeutendsten Dombauten Deutschlands. Der Kaiser liegt im Dom begraben, neben ihm seine Gemahlin Kunigunde. An seiner Seite war sie in Paderborn als Königin und in Rom als Kaiserin gekrönt worden. Auf ihr Andenken trifft man überall in der Stadt, und zahlreiche Legenden berichten über Ereignisse aus dem Leben des Kaiserpaares. Der Bistumsgründer wird 1146 heiliggesprochen und seine Gemahlin am 1. August 1200. Im Dom liegt auch Clemens II. begraben, der einzige Papst, der nördlich der Alpen beigesetzt wurde.

Im Kapitelhaus am Domkreuzgang werden die Gewänder des Kaiserpaares verwahrt. Den Saum des purpurnen »Sternenmantels« des Kaisers ziert der Spruch: »Zierde Europas, Kaiser Heinrich, Glück sei mit Dir. Der Herrscher, der in Ewigkeit regiert, möge Dein Reich mehren«. Bambergs Stellung als Kulturmittelpunkt beschreibt H. Keller: »Was Lübeck für Norddeutschland und Salzburg für den deutschen Süden bedeuteten, das stellt Bamberg für die gesegneten Breiten des Mains dar.« Die Stadt war kaiserlicher Markt. Oben am Dom an der Gnadenpforte finden wir etwas, das uns wieder zu unseren Kaufleuten zurückführt – zwischen kleinen eisernen Löwenköpfen sind die damaligen amtlichen Maße von Elle und Fuß festgelegt.

Auf dem Weg weiter nach Süden mußte der rechte Regnitzarm auf einer Brücke überschritten werden. Am östlichen Talhang der Regnitz ging der Weg über Forchheim und Erlangen nach Nürnberg.

Das Flußtal ist heute vollgepackt mit Industrie und Verkehr. Die Autobahn, die B 4, die Eisenbahn und neuerdings der Rhein-Main-Donau-Kanal machen sich in der flachen Landschaft breit. Dazwischen wird nach Kies gegraben, und neben den Straßen hat sich Klein- und Mittelindustrie angesiedelt. Forchheim liegt an der Mündung der Wiesent in die Regnitz. Es ist Königspfalz und Stapelplatz am Fluß gewesen. Durch gewaltige Festungsanlagen kommt man auf der Kunigundenstraße am Pfalzkomplex vorbei in die Stadt. Die Wasserburg beherbergt heute die Polizei und das Pfalzmuseum. Ab 27. 10. jeden Jahres ist es geschlossen, »wegen der großen Kälte und der geringen Besucherzahl«. Die Universitätsstadt Erlangen gehört zum Industriegebiet Nürnbergs. Über Tennenlohe und Buch führte die alte Straße durch das Tiergärtnertor in die Freie Reichsstadt.

Über die Zeit, die ein Warenzug von Lübeck nach Nürnberg brauchte, wissen wir nichts. Die Tagesleistung eines Fuhrwerks betrug etwa drei bis vier Meilen. Die Kaufleute hatten nicht nur unter dem schlechten Zustand der Straße zu leiden, unter Belästigungen und Überfällen, sie mußten auch an jeder Zollstätte und jedem Stapelplatz anhalten. Der Straßenzwang gebot ihnen häufig weite Umwege. Dadurch entstanden erhebliche Unkosten. Zusätzlich zu den Zöllen wurde noch das Geleitsgeld erhoben. Eine Abgabe, die die Händler dem Landesherrn bezahlten, damit sie, während sie sein Gebiet durchzogen, Schutz und Sicherheit genossen. Zu den Kosten der Kaufleute gehörten auch die Fuhrlöhne, die »Freßgelder«, das sind die Kostgelder für die Geleitreiter, Trägerlöhne und Fährgelder. Das alles hatte eine Verteuerung der Waren zur Folge.

Ein wenig mehr wissen wir über den Botendienst. Die Kaufleute hatten ein Eilnachrichtensystem aufgebaut. Man nimmt an, daß die Schreiben von Privatpersonen, die den Handelsherren als Läufer zur Verfügung standen, befördert worden sind. Von Nürnberg nach Lübeck brauchte ein Bote neun bis zwanzig Tage.

Die Straße von Nürnberg nach Regensburg

Nürnberg – Neumarkt – Hemau – Regensburg

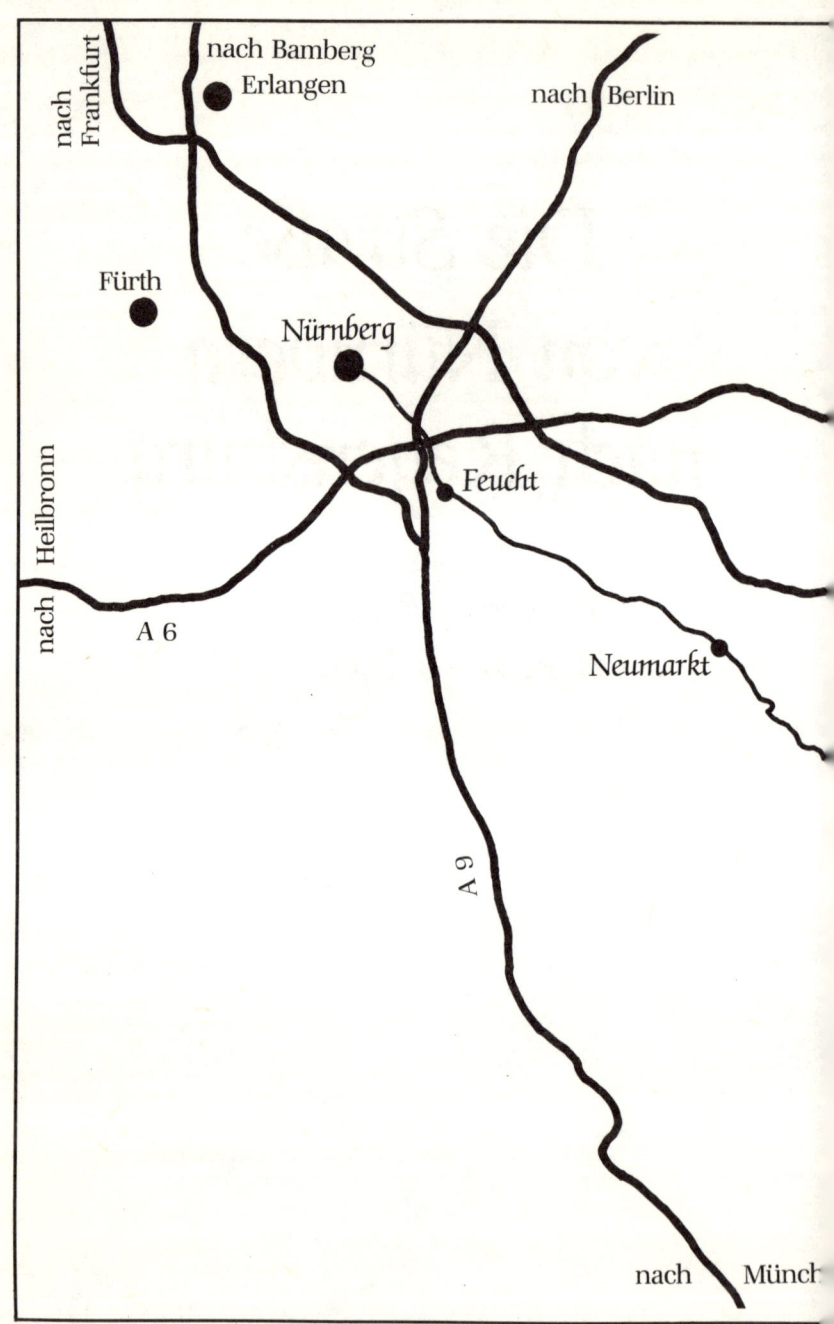

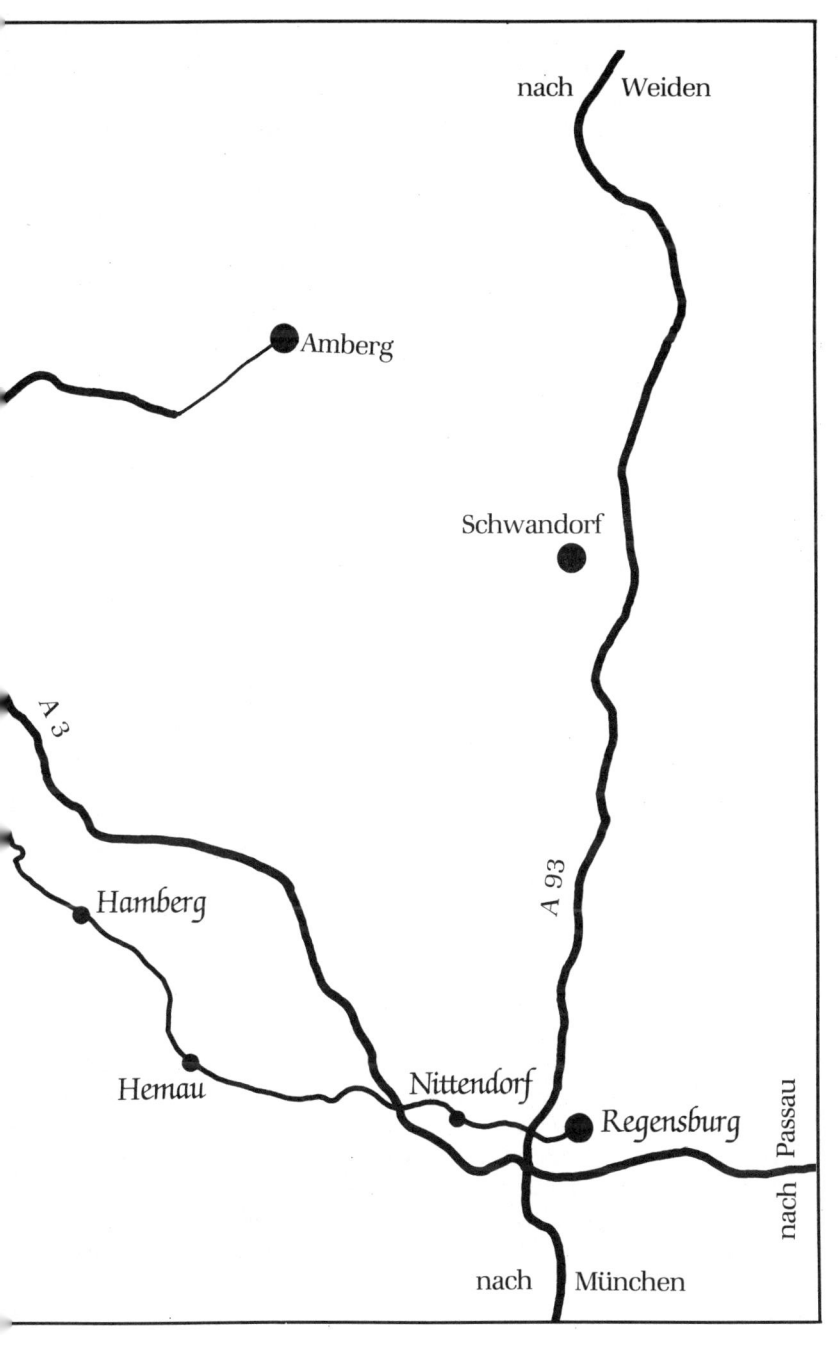

»Nürnberg, diese mächtige und reiche Stadt liegt ganz und gar auf sandigem und trockenem Boden, aber hat desto sinnreichere Werkmeister und Kaufherren. Denn da sie mit dem Erdreich nichts anzufangen wissen, werfen sie ihren spitzfinden Geist desto fleißiger auf subtile Werke und Künste.« So beginnt die Beschreibung Nürnbergs bei Georg Braun und Franz Hogenberg in ihrem Werk mit alten Städtebildern, das Ende des 16. Jahrhunderts in Köln erschienen ist. Und sie fahren fort: »Zu Nürnberg erhebt sich aus dem Sand von Natur ein Felsen, auf dem vorzeiten die Noriker eine Burg erbauten, als sie nämlich von den Hunnen genötigt wurden, dahin ihre Zuflucht zu nehmen und darin ihr Handwerk des Eisenschmelzens und -schmiedens trieben. Später fügten sie zu der Burg einen Flecken, wohin allerlei Handswerksleute kamen und mancherlei Menschen, die beieinander ohne Obrigkeit und Gesetz lebten und sich größtenteils nur von Raub und Mord ernährten. Da sie also dem deutschen Lande großen Schaden antaten, wurden sie von Kaiser Konrad 911 und später von Kaiser Heinrich I. bezwungen und unter das römische Reich gebracht.«

Nürnberg hat sich am Fuße der Burg aus zwei Stadtkernen entwickelt, der älteren Stadt rechts der Pegnitz mit der Pfarrkirche St. Sebald und der jüngeren Stadt am gegenüberliegenden Ufer. Schon 1062 erfahren wir, daß dieser Markt Kaufleute aus Regensburg, Würzburg und Bamberg anlockte. Die Versorgung der Burg und der Pilger, die zum Grab des Wundertäters Sebaldus strömten sowie die häufigen Hoftage deutscher Könige in Nürnberg wirkten anziehend auf Kaufleute, die auch von fernher kamen. Bald war der Markt eine feste Station auf dem Wege vom Rhein zur Donau.

Die Brauneisenerzlager des Jura, die bis in die Nähe der Stadt reichten, die Wasserkraft der Pegnitz und die Holzkohle aus den umliegenden Wäldern ergaben die Grundlage für Nürnbergs bedeutendstes Exportgewerbe, die Verhüttung, Verarbeitung und Veredelung von Eisen. Um 1363 gehörten 400 Handwerksmeister dem Metallhandwerk an. Das berühmteste war das Plattnerhandwerk. Harnische, Beinschienen, Schulterstücke und Armstücke kamen aus den Werkstätten. Daneben gab es Schwerdtfeger, Klingenschmiede, Büchsenmacher und Geschützgießer. Aber nicht nur die für das

Kriegshandwerk nötigen Waffen wurden in Nürnberg hergestellt, andere Produkte des metallverarbeitenden Gewerbes
kamen dazu, Nähnadeln zum Beispiel. Als Nürnberger Erfin-
dung des 14. Jahrhunderts gilt die Drahtfabrikation. Der Un-
ternehmer Rudolf aus Nürnbergs Vorstadt Wöhrd hatte um
1396 die erste Drahtziehmühle entwickelt. Kupfer-, Messing-
und Eisendraht gehörten zu den bedeutendsten Exportarti-
keln. Um dem Mangel an Holz und Holzkohle der Nürnberger Metallgewerbe abzuhelfen, wurde 1368 das von Peter
Stromer entdeckte Verfahren der Nadelwaldsaat zum ersten
Male angewendet.

Im Lorenzer- und Sebalderwald entstand die früheste
planmäßige Forstverwaltung Europas. Es blühten die Gewerbe der Köhler, Pechsieder und Zeidler auf. Das typische
Waldgewerbe der Bienenzucht hat Nürnberg das Monopol
für die seit dem 14. Jahrhundert betriebene Lebkuchenbäcke-
rei beschert. Noch heute prägen Nürnbergs Umgebung die
weitgestreckten Nadelwälder, deren Entstehung im Hochmittelalter zu sehen ist.

Die berühmte Straßenspinne, die hier sieben große Fernhandelsstraße zusammenlaufen ließ, stand nicht am Beginn
des wirtschaftlichen Erfolges, sondern entwickelte sich erst
mit der wachsenden Bedeutung der Stadt. Die Verkehrslage
der Städte Bamberg und Regensburg an den schiffbaren Ge-
wässern Main und Donau war wesentlich günstiger. In einer
Zeit, in der der Massengutverkehr per Schiff vorgenommen
wurde, wuchsen sie im Laufe der Zeit in die Rolle von Häfen
der Reichsstadt Nürnberg hinein, was die Bedeutung der beiden Verkehrswege auf der Straße nach Bamberg und Regensburg unterstreicht. Außerdem hatte sich nach dem Bau der
»Steinernen Brücke« über die Donau im Jahre 1146 der Weg
nach Regensburg und weiter über Wien und Budapest nach
Konstantinopel zur großen West-Ost-Achse entwickelt. Auf
ihr kamen nicht nur die Seiden und Spezereien des Morgen-
landes nach Nürnberg, sondern aus Ungarn auch Schlacht-
vieh und das für das Gewerbe der Stadt so wichtige Kupfer.
Bis sich der Handel mit dem Vorderen Orient nach Augsburg
und Venedig verlagerte, erlebte diese Verkehrsverbindung
zwischen Nürnberg und Regensburg bis zum Ausgang des
Mittelalters ihre Hochblüte.

Die Tradition dieser wichtigen Verbindung vom Rhein an die Donau hat in unseren Tagen, wenn auch nicht fortlaufend auf der alten Trasse, die Bundesstraße 8 übernommen. Von Köln über Hennef und Limburg nach Frankfurt, von dort über Aschaffenburg, Würzburg, Neustadt a. d. Aisch nach Fürth und Nürnberg, über Regensburg, Straubing nach Passau weiter donauabwärts zieht sie sich wie eh und jeh durch Deutschland.

Begeben wir uns einmal auf das Teilstück dieser Bundesstraße, das den alten Weg Nürnberg – Regensburg nachzeichnet. Die Straße verließ Nürnberg durch das Frauentor und zog über Feucht, Ochenbruck, Oberferrieden und Postbauer nach Neumarkt. Bei Feucht lag der Übergang über die Schwarzach. In der kleinen Stadt steht das Pfinzingschloß. Seine alten Mauern bergen ein Stück Gegenwart, das die Tradition des alten Nürnberger Erfindungsgeistes lebendig fortsetzt. Hier im Hermann-Oberth-Museum stehen wir an der Wiege des Raketenzeitalters und der Weltraumfahrt. Der alte Herr Professor hat in »seinem« Museum alles zusammengetragen, was aus seiner Grundlagenforschung entstanden ist. Von den ersten »Hirngespinsten« über die frühesten Raketenmodelle bis hin zum Briefwechsel mit den Pionieren der Raumfahrt, unter anderem auch mit Wernher von Braun, der sein Schüler gewesen ist.

Durch ein sanft hügeliges Waldgebiet unterhalb der Ruine Heinzburg, durch Pölling hindurch geht es hinab in den weiten Talkessel, in dem Neumarkt liegt. 1160 wird der Ort zum ersten Male urkundlich erwähnt und war bis 1331 Freie Reichsstadt. Das Rathaus mit dem spitzen Türmchen und dem hohen Treppengiebel teilt den langgestreckten Straßenmarkt in die Obere und Untere Marktstraße. Noch in den letzten Kriegstagen ist die Stadt mehr als zur Hälfte zerstört worden. Nur die Kirchen haben die Katastrophe fast unversehrt überstanden. Rechtzeitig zur 800-Jahrfeier im Jahr 1960 war das mittelalterliche Stadtbild mit Rathaus und Teilen der alten Befestigungsanlagen wiederaufgebaut. Hoch über der Stadt thront die Ruine der Burg Wolfstein, ihr 40 Meter hoher Bergfried, der Torturm und Reste des Wohnhauses sind vor dem endgültigen Verfall gerettet worden. Bis 1466 war die Burg Stammsitz des einst mächtigen Rittergeschlechtes gleichen Namens. Nicht die Herren von Wolfstein, aber so mancher andere Ritter hat den Nürnberger Handelsherren das Leben auf den Straßen schwergemacht. Allen voran Ritter Eppele von Gailingen. Der war den Nürnbergern bei einem seiner Raubzüge in die Hände geraten und zum Tode durch den Strang verurteilt worden. Der Sage nach setzte er mit einem gewaltigen Sprung von der Freyung über den Stadtgraben und verhalf damit den Nürnbergern zu dem spöttischen Spruch: »Die Nürnberger hangen keinen, sie hätten ihn denn.« Nachdem er in seinen Jugendjahren durch seinen kühnen Satz vom Richtplatz entkommen war, ist der 1311 geborene Eppele von Gailingen aber dennoch im Alter von 70 Jahren von den Nürnbergern gehenkt worden. Auf der Straße von Nürnberg nach Regensburg ist er ihnen in die Falle gegangen.

Durch das moderne, halb Wohn-, halb Industriegebiet vorbei an einem großen Kieswerk verläßt man die Stadt. Aus dem Tal heraus klettert die Straße halb am Berghang entlang zum Jura hinauf. Kurz vor Deining geht es wieder hinab ins Tal der Weißen Laaber, die heute auf einer Brücke zu überqueren ist. Links der Straße liegt eine alte Mühle. Gleich nach dem Flecken Reining geht es wieder hinauf auf die Hochebene, die festen Boden für die Straße bot. Von Deining bis Regensburg liegt rechts und links der Straße reiches, landwirtschaftlich genutztes Gebiet. Dann erreicht man das Städtchen Hemau, in dessen Mitte sich die Straße, wie auch in Neumarkt, zum typischen bayerischen Straßenmarkt erweitert. Auf einem Hügelchen gelegen, über den rosa Putz des Rathausbaues hinweg, lugt die Kirche St. Johann Baptist über den Markt. Vor der Mitte des 12. Jahrhunderts war der Weg von Nürnberg nach Regensburg über Parsberg–See–Beratzhausen gelaufen.

Der neue Reiseweg über Hemau wurde möglich, als das große Waldgebiet Tangrintel durch Rodung, hauptsächlich durch das Kloster Prüfening in Regensburg, der Siedlung und dem Verkehr erschlossen wurde.

Weiter über die Hochebene mit Maisanbau und einigen lichtdurchfluteten Mischwäldern, senkt sich die Straße hinab und überquert die Schwarze Laaber bei dem alten, schon 1130 urkundlich genannten Ort Deuerling. Über die Autobahn hinweg geht es nach Etterzhausen, wo sich die romanische Wolfgangskapelle auf einem Felsvorsprung über dem Ufer der Naab duckt. Hier trennt sich der Strang der alten Straße von der B 8, die am linken Naab- und Donauufer nach Regensburg verläuft. Die Trasse des alten Weges zog sich auf trockenem Boden am südlichen Naabufer entlang und überwand in der Nähe der Wallfahrtskirche Mariaort, knapp oberhalb der Naabmündung, die Donau durch eine Furt und später vermitttels einer Fähre, die ungefähr an der Stelle lag, wo heute die Eisenbahnbrücke den Fluß überquert. Über Prüfening zog der alte Weg nach Regensburg hinein.

Gegenüber der Naabmündung liegt in einem Park die Klosterkirche Prüfening. Bischof Otto von Bamberg gründete 1109 das Kloster. Die Kirche konnte bereits 1119 geweiht werden. In der Kirche wurde, allerdings erst Jahrzehnte nach seinem Tod, der erste Abt des Klosters bestattet. Auf seiner Grabplatte ist Abt Erminold im vollen Ornat zu sehen. Er war aus dem Reformkloster Hirsau nach Prüfening gekommen, um mit dem Schlendrian unter den Brüdern aufzuräumen. Sein strenges Regiment mißfiel den Mönchen so sehr, daß sie ihn kurzerhand erschlugen. Nach seiner Seligsprechung im Jahre 1283 wurden seine Gebeine reumütig zurückgeholt und in der Kirche beigesetzt.

In der Nähe des Klosters Prüfening, auf der anderen Seite der Bahngleise, finden wir eine Straße mit dem Namen Rennweg, die, aus Richtung der Donaufurt kommend, in die Prüfeninger Straße mündet, welche weiter durch das Jacobstor in die Stadt zog. Der Name Rennweg deutet auf einen sehr alten Straßenzug hin. Rennwege oder Rennsteige verliefen auf den Höhen der Mittelgebirge, entlang der Wasserscheiden durch Deutschland. Diese Urpfade sind die ältesten Wege durch Deutschland. Sie entwickelten sich aus den Jagdpfaden, auf denen unsere Vorfahren den Wildherden folgten. Als die Römer die Alpen überschritten und ihr viel bewundertes Straßennetz ausbauten, haben sie manche dieser uralten Routen benutzt. Unter den Karolingern kamen die ersten neuen Straßen hinzu, und auch sie lehnten sich mit ihrer Wegführung an die alten Rennwege an. Wir können, belegt durch die Furt und den alten Namen »Rennweg« hier die Route der Handelsstraße von Nürnberg in die Stadt Regensburg annehmen.

Vor dem alten Jacobstor lag, im heutigen Geländedreieck von Prüfeninger und Dechbettener Straße, eine Gerichsstätte, die »Köpfstatt«. Dabei handelte es sich nicht um den Galgen – der war an der Galgenberg Straße, die heute zur Universität führt, aufgerichtet. Die sogenannten »Rabensteine« erbaute man seit dem ausgehenden Mittelalter in der Nähe der Städte. Es waren dies runde oder rechteckige Steinterrassen, auf deren grasbewachsener Plattform die Enthauptungen stattfanden. Die Todesstrafe durch das Schwert galt als ehrenvollere Strafe als das Hängen. Die Leichen der Gehängten verscharrte der Henkersknecht unter dem Galgen, der Leichnam eines Enthaupteten fand dagegen Ruhe in geweihter Erde auf dem Friedhof. Der Räuber sühnte seine Untaten durch Abschlagen des Kopfes. Er kniete mit aufgerichtetem Oberkörper vor dem Henker, der das Richtschwert mit beiden Händen hielt. Bis zum Jahre 1806 lag diese schaurige Stätte am Wege in die Stadt. Aber noch lange Zeit danach hieß die Feldflur zwischen Dechbettener und Prüfeniner Straße die »Köpfstatt«.

Heute kann man am bequemsten auf der B 8 von Stadtamhof, am linken Donauufer gelegen, in die 2000 Jahre alte Stadt gelangen. Von hier geht der Blick über die »Steinerne Brücke« hinweg auf die Silhouette Regensburgs. Nach elfjähriger Bauzeit war die Brücke im Jahre 1146 vollendet worden. Sie galt als achtes Weltwunder und war für 800 Jahre der einzige Verkehrsweg der Stadt über die Donau. Sechzehn Brückenbogen überspannen den Fluß, der sich hier in drei Arme teilt. Sie stützt sich auf die Flußinsel Obere Wöhrd, wo sie ihren höchsten Punkt erreicht. Die Brücke »hat einen Buckel«, wie die Regensburger sagen. An dieser Stelle soll der Teufel versucht haben, sie auseinanderzureißen, weil der Brückenbaumeister ihn um drei versprochene Seelen geprellt hatte. Nur mit Hilfe des Teufels schien es den abergläubischen Menschen des Mittelalters möglich zu sein, die Schwierigkeiten beim Bau einer Brücke so gewaltigen Ausmaßes zu überwinden. Noch aus vorchristlichen Zeiten her wußten die Menschen, daß jeder Fluß seine Gottheit hatte. Wird durch eine Furt oder eine Brücke das Gebiet des Gottes

135

durchquert, so muß die Flußgottheit durch Opfer besänftigt werden. Dadurch wird die Brücke unter ihren Schutz gestellt. Der Nachfahre der alten Schutzgötter wurde der heilige Nepomuk, dessen Abbild auf so mancher Brücke steht. Brücken galten auch als gefürchtete Geisterorte. Meistens waren es Wassergeister, die auf ihnen ihr Unwesen trieben. Die Reisenden erzählten sich von Geisterbrücken, auf denen man nachts nicht weiterkommt, irregeführt oder mißhandelt wird. Zum Schutz vor allen diesen Unholden sollte, wer über eine Brücke ging, ein Vaterunser sprechen.

Auf der »Steinernen Brücke« deckten drei wehrhafte Türme den Weg in die Stadt. Beim Mittelturm der Brücke befand sich das Probstgericht, das für alle weltlichen Untertanen des Bischofs und der Klöster zuständig war. Von der Brücke aus wurde die Strafe des Ertränkens vollzogen, die im Mittelalter Frauen und Männer traf, die des Ehebruchs beschuldigt wurden. Den Delinquenten band man Hände und Füße, bevor sie ins Wasser gestoßen wurden. Oder man steckte sie in einen Sack und tauchte sie mittels einer Stange unter Wasser. Auch bei Religionsdelikten kam diese Hinrichtungsart zur Anwendung. Von den drei Türmen ist der Südturm erhalten geblieben, der später zu einem Brückentor umgebaut wurde. Rechts und links dieses Tores liegt je ein großer Salzstadel. Das im Salzburger Land gewonnene Salz, das in Passau auf Schiffe geladen worden war, kam den Fluß herauf und wurde in den Speichern gelagert, bevor es mit Pferdefuhrwerken nach Norden weiterwanderte. Auf alten Holzschnitten sieht man, wie sich donauaufwärts die Weinlände und die Holzlände anschließen: Schiffe mit dickbauchigen Fässern an Bord legen an, und auf der Holzlände lagern die Stämme in hohen Stapeln.

Der Autofahrer, der über die Bundesstraße 8 von Nürnberg nach Regensburg fährt, kann auch heute noch beispielhaft erfahren, wie sich eine alte Straße durch die Landschaft hingezogen hat; wie sie sich die günstigsten Flußübergänge suchte, nach diesen für den Verkehr schwierigen Stellen schnell wieder die trockenen Böden der Hochebene gewann und ihren gewachsenen Verlauf durch Jahrhunderte nicht verändert hat.

Die „Goldene Straße"

Nürnberg – Lauf – Hersbruck – Sulzbach – Hirschau – Pilsen – Prag

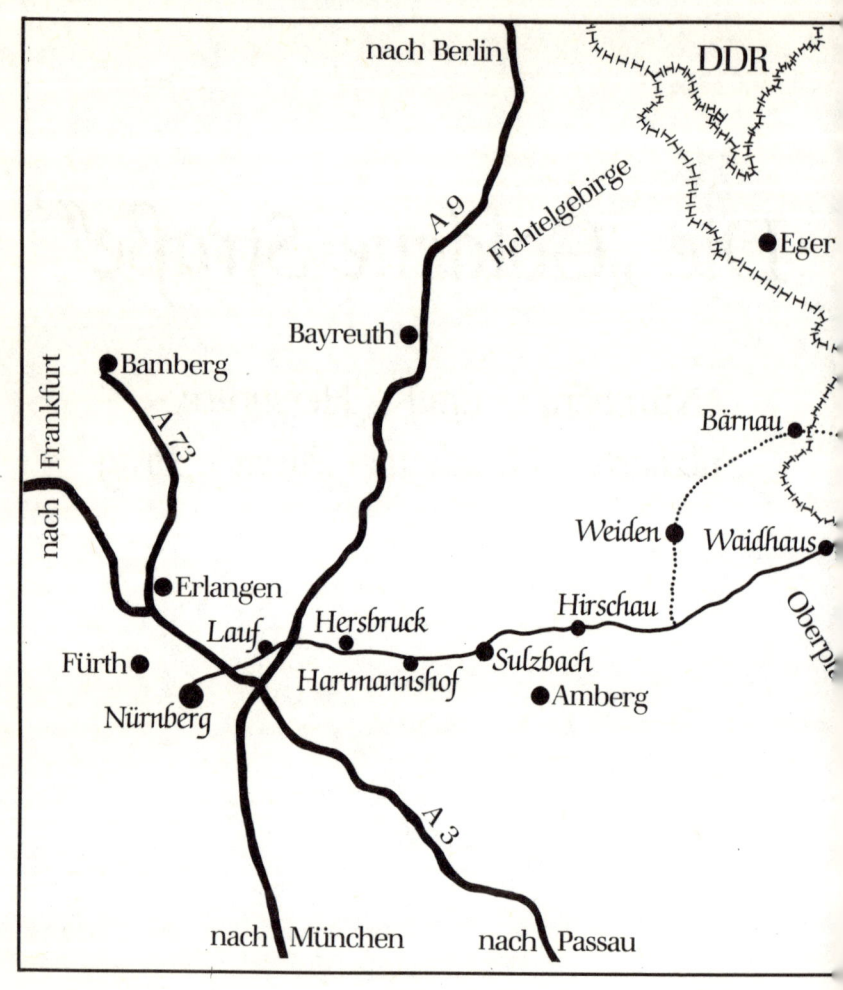

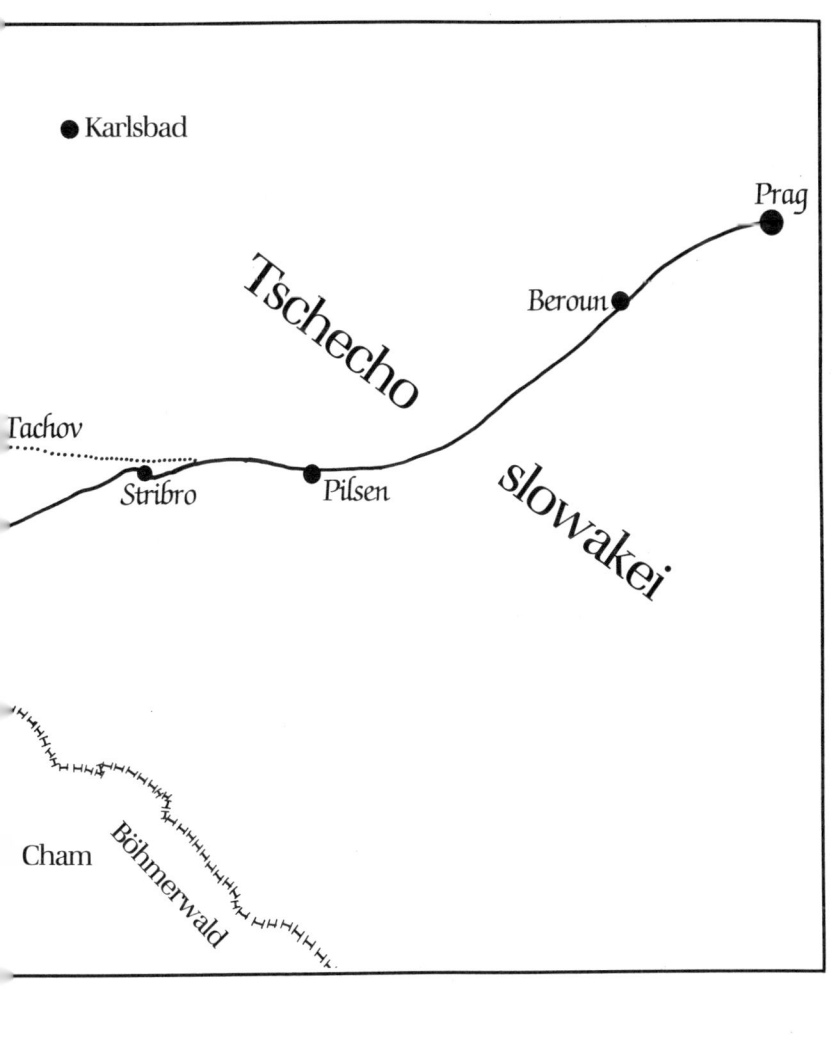

Kein Kaiser und kein König
kann ohne Fuhrmann sein.

War der Verkehr nach Böhmen und Ungarn bis zum Beginn des 14. Jahrhunderts von Nürnberg hauptsächlich über Regensburg, Passau und Wien gelaufen, so kam Mitte des Jahrhunderts eine neue Route dazu: die von Nürnberg über Sulzbach und Pilsen nach Prag. Den Nürnberger Kaufleuten eröffnete sich auf diesem Weg durch Böhmen die Möglichkeit, ungestört vom strikten Stapelzwang in Wien, ihren Handel mit Ungarn zu betreiben. Sie hatten sich die für das Metallgewerbe der Stadt so wichtigen Monopolrechte für Kupfer aus dem böhmischen Kuttenberg gesichert und kontrollierten den Handel mit böhmischem wie auch ungarischem Quecksilber. Seit dem Jahre 1326 genoß die Reichsstadt in Böhmen Handelsfreiheiten. Nürnberger Bergbauspezialisten halfen, die Bergwerke Nordböhmens zu erschließen, und Nürnberger waren oberste Münzmeister der Könige von Böhmen.

Kaiser Karl IV. aus dem Hause Luxemburg, der eigentlich Wenzel hieß, war am Hofe des Königs von Frankreich erzogen worden. Es heißt von ihm, daß er die italienische, deutsche, lateinische und französische Sprache in Wort und Schrift beherrschte. Sein Vater Johann hatte Eliska, die Erbin des im Mannesstamm erloschenen böhmischen Herrscherhauses der Přemysliden geheiratet, die den Thron Böhmens mit in die Ehe brachte. Der Vater war ein Haudegen, wo immer Krieg geführt wurde, war er dabei, kein Turnier ließ er aus, und er war ein grenzenloser Verschwender. Karl, der Sohn, dagegen war ein nüchterner Mann mit einem wachen Verstand. Schon früh übertrug ihm sein Vater die Statthalterschaft in Böhmen. Im Mittelpunkt seines Interesses stand die Stärkung seiner Erblande, die während seiner Regierungszeit eine nie wieder erreichte Periode von Wohlstand, Frieden und Gerechtigkeit erlebten. Unter seiner Herrschaft wurde Prag zum geistigen und ökonomischen Mittelpunkt Böhmens. Er gründete die erste deutsche Universität, die erste Hochschule nördlich der Alpen und östlich des Rheins. Und er ließ bauen: den Palast auf dem Hradschin, die Karlsbrücke, den St. Veiths-Dom, das Carolineum, Kirchen und Klöster.

Als Karl begann, Böhmen zu ordnen, war jede Stadt und jede Burg verpfändet. Als er starb, hinterließ der »Vater Böhmens« einen straff organisierten Staat. Der Kaiser war viermal verheiratet. Seine Ehen brachten ihm die Rheinpfalz, Schlesien und Pommern ein. Durch Kauf hatte er die Mark Brandenburg und die Oberpfalz von den Wittelsbachern erworben. Aus dieser Erwerbung entstand zwischen Eger und Nürnberg das »Neuböhmen« Kaiser Karls mit Sulzbach als Hauptstadt.

Lange Bestand hatte jene Neugründung allerdings nicht, denn bald nach dem Tod des Kaisers fiel dieses Gebiet an die Wittelsbacher zurück. Durch die Bevorzugung Nürnbergs, das Karl neben seiner Hauptstadt Prag unter allen Reichsstädten als wichtigste erschien, und da der Handel in Böhmen in den Händen deutscher Kaufmannsfamilien lag, erlangte die Straße ihre große Bedeutung, die nur in der Zeit der Hussitenkriege vorübergehend geschmälert wurde.

Die Fernstraße nach Prag verließ Nürnberg zusammen mit der Straße nach Dresden, die ihre Route durch den Sebalder Wald auf Bayreuth zu nahm, durch das Laufertor. Sie führte, wie heute die Bundesstraße 14, entlang der nördlichen Talterrassen der Pegnitz über Erlenstegen nach Lauf. Siebzehn Kilometer von Nürnberg entfernt liegt die Stadt an beiden Ufern des Flusses. Hier entstand, beschützt von einer Burg auf der Pegnitzinsel, ein Markt, eine Mühle war auch schon vorhanden.

Zwei Tore, das Untere (Nürnberger) Tor und das Obere (Hersbrucker) Tor, erinnern an die einstige Stadtwehr. Durch sie hindurch rollte der Verkehr über den langen Straßenmarkt, in dessen Mitte das Rathaus steht.

An dieser Stelle sei einmal ein Beispiel für den Umfang des Metallwarenhandels und die Leistungsfähigkeit des Nürnberger Plattnerhandwerks angeführt: Aus der Mitte des 14. Jahrhunderts wissen wir von einer Lieferung von Harnischen, Schulterstücken und Beinschienen an Karl IV., die ein Gesamtgewicht von 355 Zentnern ausmachte. Die Rüstungen waren, wie man im Mittelalter mit Metallen und Metallwaren üblicherweise verfuhr, in großen Fässern verpackt, die von starken Holzreifen zusammengehalten wurden, jedes dieser Fässer brachte sieben bis zehn Zentner auf die Waage.

Bleiben wir bei der Metallverarbeitung. Außerhalb des Laufer-Mauerringes lagen die Mühlen und die Hammerwerke, die die Wasserkraft der Pegnitz für ihren Betrieb nutzten. Sie produzierten Eisen und Bronze, Draht und Nadeln.

Im Vorort Hämmern lag das Wohnviertel der »Rußigen«, jener Hammerwerksgesellen, die die heiße, schmutzige Arbeit an den Essen und Schmelzöfen taten. Es müssen rauhe, gestandene Mannsbilder gewesen sein, denn aus ihren Reihen war eine Art Freikorps gebildet worden, das die Hammerwerke und die Burg in Krisenzeiten zu schützen hatte.

Innerhalb der Mauern sorgten wehrhafte Bürger für die Sicherheit der Stadt, die unter Karl IV. zu einem bedeutenden Umschlagplatz für alle Güter, die von West nach Ost und umgekehrt auf der Goldenen Straße transportiert wurden, aufstieg.

Als Rastplatz auf seinen Reisen und zum Schutze der Straße hatte der Kaiser im Jahre 1360 über den Grundmauern der Burgruine auf der Pegnitzinsel eine neue Burg errichten lassen. Über eine kleine Holzbrücke erreicht man heute den starken, hochaufragenden Bau mit dem engen Innenhof. Aus der Zeit des Erbauers stammt der große von Kreuzgewölben überspannte gotische Wappensaal. Er ist mit einer Doppelreihe von Wappenschilden geschmückt, deren Inhaber alle der Zeit des Kaisers angehörten. Das sogenannte Wenzelsschloß erinnert an den Geburtsnamen Karls IV., der so viel für den Aufschwung des kleinen Städtchens an der Pegnitz getan hat.

Die Bundesstraße 14 zieht sich weiter am Talhang des Flusses nach Reichenschwand. Hier weitet sich das Tal und gibt Raum für fruchtbares Bauernland. Bei Altensittenbach umgeht die B 14 in weitem, südlichen Bogen Hersbruck und läßt die Stadt links liegen. Die alte Straße führte geradeaus weiter, immer die trockenen Böden des Talhanges nutzend, während die heutige Trasse sich unbekümmert, auch Flußübergänge nicht scheuend, durch die Niederungen der Pegnitz zieht. Hier haben wir ein anschauliches Beispiel dafür, wie sich Altstraßen, auch Umwege in Kauf nehmend, den günstigsten Bodengegebenheiten anpaßten, neue Strecken jedoch, dank der modernen Technik des Straßenbaues, ungehindert auch schwieriges Gelände überwinden.

Durch das Nürnberger Tor kommt man auch heute noch auf den Markt der Stadt Hersbruck. Der südliche Stadtteil zwischen dem Wassertorturm und dem Unteren Markt ist der älteste Siedlungsteil des Ortes gewesen. Erst in der zweiten Hälfte des 14. Jahrhunderts wuchs der nördliche Stadtteil an der Prager Straße mit der älteren Marktsiedlung zusammen. In den Notzeiten der Hussitenkriege umgab sich die Stadt mit einem Mauerring, der in Teilstücken noch erhalten ist. Vor allem im Nordosten, mit Wehrgang und Graben am Hohenstadter Tor, durch welches hindurch die Straße am Nordhang der Pegnitz weiterlief.

Bei Hohenstadt, wo der Fluß nach Norden abschwenkt, lag der Übergang über das Gewässer. An dieser Stelle kehrt die B 14 nach ihrer Umgehung Hersbrucks wieder auf die alte Trasse zurück, und am Högenbach entlang geht es weiter nach Pommelsbrunn. Das Tal wird enger, und die Straße schwingt sich auf den Hang oberhalb des Flüßchens. Bei Hartmannshof steigen links des Weges schroffe Kalksteinformationen auf, an deren Fuß sich ein Zementwerk in den Felsen gefressen hat. Grauer Staub überzieht das sanfte Grün des Tales, durch das man bisher gefahren ist. Von Nürnberg bis Weigendorf, das als nächste Station an der Straße liegt, hat die Eisenbahn den Weg des alten Straßenzuges begleitet. Auch sie nutzt, wie die Trasse des spätmittelalterlichen Verkehrsweges, die günstigen Bodenverhältnisse oberhalb der Flußtäler von Pegnitz und Högenbach.

Das Tal wird jetzt immer enger, und der Weg steigt durch einen Fichtenwald in die Höhe, bis er bei den Höfen Ober- und Unterlangenbach das Hochplateau der Fränkischen Alb erklommen hat. Hier oben begleiten die Fahrt Felder, Weiden und Wälder. Von Hersbruck an ist die Gegend immer einsamer geworden. Die Straße verläuft an der Südgrenze des Naturparks »Fränkische Schweiz« und senkt sich nach dem kleinen Paß bei Kauerhof nach Sulzbach hinab.

Der Schloßberg überragt die Stadt, die ihren Aufschwung, ebenso wie auch die Orte Lauf und Hersbruck, unter der Obhut Karls IV. genommen hat. Mitte des 11. Jahrhunderts soll Graf Gebhard I. auf dieser Erhebung des Jura den Stammsitz des Geschlechtes der Sulzbacher errichtet haben. Ostwärts davon entwickelte sich die Ortschaft, deren Hauptstraße auf dem Markt unterhalb des Schloßberges haltmacht. Nachdem der Kaiser den Ort zur Hauptstadt »Neuböhmens« erhoben hatte, wurde das prächtige Rathaus erbaut. Sein Schaugiebel mit einer Reihe von Ziertürmchen an den Dachkanten und einer prunkvollen Uhr beherrscht die Ostseite des Marktplatzes. Hinter dieser repräsentativen Fassade liegt der große Rathaussaal. Im Untergeschoß waren einst Brotbank, Fleischbank, Salzladen und Stadtwaage untergebracht. Das weitläufige Schloß war die Residenz der Wittelsbacher Herzöge. Neben Amberg war Sulzbach die bedeutendste Bergbau- und Hüttenstadt der Oberpfalz. Welche Bedeutung man dem Montangewerbe zumaß, ist aus einer Papstbulle von 1460 zu ersehen, die es den Bergleuten erlaubte, die Arbeiten zur geregelten Wasserhaltung auch an Sonn- und Feiertagen zu verrichten.

Das karge und dünnbesiedelte Land der Oberpfalz wurde interessant, als man im Hochmittelalter gelernt hatte, seine reichen Eisenerzvorkommen auszubeuten. Die ausgedehnten Wälder lieferten das Brennmaterial zum Verhütten des Erzes, und die Wasserkraft trieb die über zweihundert Hammerwerke an, die an den Flüssen lagen. Dort wurden mit Hilfe des Wassers die großen Blasebälge betrieben, die die Essen anheizten und mit ihrer größeren Leistungsfähigkeit die Mühsal an den alten Tretblasebälgen ablösten. Auch die schweren Hämmer zur Weiterverarbeitung des rohen Eisens wurden mittels Wasserkraft in Gang gesetzt. Im Jahre 1475 wurden 52 500 Tonnen Eisen gewonnen, wofür man 375 000 Festmeter Holz schlagen mußte. Man grub nach Gold, Silber, Kupfer und Blei. Roheisen, Zinnbleche, Werkzeuge und Waffen wurden produziert. Im Jahre 1387 wird in der »Hammereinung«, einem Vertrag zwischen 68 Hammerherren und den Städten Amberg und Sulzbach, dem die Regelung der Produktion und des Absatzes zugrundelag, die Basis zum Aufblühen der oberpfälzischen Eisenerzeugung gelegt. Das »Ruhrgebiet des Mittelalters« wurde zu einem der reichsten Gebiete Deutschlands.

Der Dreißigjährige Krieg setzte dem Wohlstand ein Ende, bewirkte den totalen Untergang der Region. Da die Eisenindustrie zusammengebrochen war, konnte der karge Boden die verarmte Bevölkerung nicht mehr ernähren. Damals wanderten viele Menschen ab, und selbst heute ist das einst blühende Land noch recht schwach besiedelt, obwohl nach dem Ende des Zweiten Weltkrieges Millionen von Heimatvertriebenen nach Bayern strömten. In der Oberpfalz fanden Schlesier, besonders aber viele Sudetendeutsche von jenseits des Böhmerwaldes, eine neue Heimat. 1853 nahm in Sulzbach die Maximilianshütte die Nachfolge der mittelalterlichen Eisenproduktion auf, aber auch deren Zeit scheint zu Ende zu gehen. Aus der Presse hört man immer wieder einmal von einer möglichen Schließung und den Sorgen, die der Freistaat Bayern mit seinem einstigen Paradestück hat. 1934 ist die Doppelstadt Sulzbach-Rosenberg entstanden, deren Stadtbild durch das blau-weiße Unescozeichen als besonders schützenswertes Kulturdenkmal ausgewiesen ist.

Die weitere Strecke nach Prag nimmt nach Verlassen der Stadt wieder die Bundesstraße 14 auf. Sie gewinnt an Höhe und führt, wie sich das für eine alte Straße gehört, über ein Hochplateau an Hahnbach vorbei nach Hirschau. Bei Hahnbach war die Vils zu überwinden. Das Flüßchen, das durch Amberg nach Kallmünz fließt und dort in die Naab mündet, war der wichtigste Transportträger für das Eisen der Oberpfalz nach Regensburg. Die Amberger Schiffahrt ist 1034 erstmals erwähnt und wurde 800 Jahre lang betrieben. Der Wasserweg von Amberg nach Regensburg war 64 Kilometer lang. Die Schiffe fuhren einmal wöchentlich im Konvoi von vier bis sechs Schiffen. Flußabwärts begann die Fahrt am Sonntag, die Schiffer erreichten Regensburg noch am selben Tage. Flußaufwärts wurden die Schiffe ursprünglich von Männern gezogen, später übernahmen Pferde die schwere Arbeit. Nachdem die Schiffe mit Salz und anderen Handelsgütern beladen worden waren, begann am Montag die Bergfahrt, und bis zum Donnerstag hatten die Schiffer Amberg wieder erreicht.

Der ehemals befestigte Marktflecken Hahnbach, der vom hohen, steilen Dach der Pfarrkirche St. Jacob beherrscht wird, bleibt am Wege liegen, und durch Wald und hügeliges fruchtbares Gelände geht es weiter über Gebenbach nach Hirschau. Bei Gebenbach kreuzte die Goldene Straße eine uralte Trasse, einen Zweig der Bernsteinstraße, die aus Jütland kommend, die Elbe herauf nach Magdeburg, saaleaufwärts nach Halle lief – zwischen Fichtelgebirge und Erzgebirge hindurchging – dann am Rand des Böhmerwaldes entlang nach Passau, über den Brenner das Mittelmeer erreichte.

Es handelte sich hier um den mittleren Bernsteinweg. Der Samländische Bernstein kam entlang der Flußläufe von Weichsel und Oder durch die Mährische Pforte nach Carnutum bei Wien in das Römische Reich. In der Zeit des frühen Kaisertums war es in Rom große Mode, sich mit Ringen, Perlen und auch Amuletten aus dem geheimnisvollen Stein zu schmücken, sagte man ihm doch nach, viele Krankheiten heilen zu können. Es müssen ungeheure Mengen vom Gold des Nordens nach Rom gekommen sein. Unter Kaiser Nero war der Circus Maximus bernsteingeschmückt. Sogar in die Netze der Gladiatoren waren Bernsteinkugeln geknotet.

Tacitus hat in seinem Werk *Germania* über die Herkunft des warmen, goldenen Steins berichtet: ».. . an seiner Ostküste bespült das Suebische Meer die Stämme der Ästier ... Doch auch das Meer durchsuchen sie, und als einzige unter allen Germanen sammeln sie an seichten Stellen und schon am Strande den Bernstein, der bei ihnen Glesum heißt. Was er ist oder wie er entsteht, haben sie nach Barbarenart nicht untersucht oder in Erfahrung gebracht; ja er lag sogar lange Zeit unbeachtet unter den übrigen Auswürfen des Meeres, bis ihm unsere Putzsucht Wert verlieh. Sie selbst verwenden ihn gar nicht: roh wird er gesammelt, unbearbeitet überbracht, und staunend nehmen sie den Preis entgegen. Daß es sich jedoch um den Saft von Bäumen handelt, ist unverkennbar; oft schimmern allerlei kriechende und auch geflügelte Tierchen durch, die sich in der Flüssigkeit verfingen und dann von der erstarrenden Masse eingeschlossen wurden ... Bringt man Bernstein ans Feuer, um seine Eigenschaften zu prüfen, so brennt er wie ein Kienspan und gibt eine ölige und stark riechende Flamme; hernach wird er zäh wie Pech oder Harz.«

Im Gegenhandel kamen römische Erzeugnisse zu den Germanen: Eimer, Kasserollen, Siebe und Kessel aus Bronze, Gewandfibeln, metallbeschlagene Ledergürtel und vor allem Tausende von römischen Münzen und Glasperlen, die die germanischen Frauen so liebten. Die Bernsteinstraßen sind Landschaftswege und Urpfade gewesen, die nur an einigen schwierigen Bodenstellen befestigt waren. Inwieweit die in den Sumpfgebieten Nord- und Ostdeutschlands gefundenen Knüppeldämme und Bohlenwege, die bis in die jüngere Steinzeit zurückreichen, damit in Zusammenhang zu bringen sind, weiß man noch nicht genau. Ganz sicher aber werden die Siedlungen, an denen die uralten Handelswege vorüberzogen, daran interessiert gewesen sein, sie in Ordnung zu halten. Umgestürzte Bäume wurden vom Weg geräumt, Schlaglöcher aufgefüllt, und es wurde auf gut gangbare Furten geachtet. Römische Händler und ebenso die Legionen des Augustus und Domitian sind jenen germanischen Handelswegen gefolgt. Ganz sicher haben sie sich ihren Weg nicht durch Urwald und Unterholz, durch Sumpf und Moor gebahnt, als sie zur Elbe vorstießen.

Die Straße nach Böhmen erreicht jetzt Hirschau. Auf der rechten Seite der Straße erblickt man riesige Abraumhalden. Sie bestehen aus Quarzsand, der bei der Gewinnung von Kaolin und Feldspat in großen Mengen anfällt. Am Südhang der höchsten Quarzsandhalde haben die Amberger Kaolinwerke den »Monte Kaolino« angelegt, eine Sommerskipiste mit Freibad, Restaurant und Campingplatz. Bis Schnaittenbach erstrecken sich die Tagebaubetriebe des Kaolinabbaues, der einen der Grundstoffe der Porzellanherstellung liefert.

Tschechische Laster rollen auf der Straße dem Grenzübergang von Waidhaus zu. Ihr Weg führt sie, wie der der alten Handelszüge, vorbei am Gut Holzhamner, dessen Schloßkirche erbaut wurde, als der Verkehr nach Böhmen auf unserer Straße seinen Aufschwung nahm. Jetzt geht es durch ausgedehnte Kiefernwaldungen nach Wernburg. Das Wahrzeichen der Stadt ist die über dem Naabtal thronende Burg. Sie war im 12. Jahrhundert von den Landgrafen von Leuchtenberg gegründet worden und kontrollierte den Verkehr auf der »Goldenen Straße«. Als Kaiser Karl IV. mit den Leuchtenberger Grafen in Fehde lag, verbot er den Weg über Wernburg–Waidhaus–Pilsen–Prag und leitete den Handelsverkehr über Weiden–Bärnau–Tachau nach Pilsen um, wodurch Weiden zum ersten Mal Bedeutung als Fernhandelsplatz gewann und der Leuchtenberger um seine Zolleinnahmen gebracht wurde. Die Bundesstraße 14 läßt Vohenstrauß linker Hand liegen und führt auf den Grenzort Waidhaus zu. Der Name der Marktgemeinde wird von einem Waidmannshaus abgeleitet, das Kaiser Heinrich I. an diesem Ort gegründet haben soll.

Über die Grenze zur Tschechoslowakei und den Böhmerwald erreicht die Straße dann die Hauptstadt des westböhmischen Gebietes, Pilsen. Bereits im 10. Jahrhundert war die Stadt ein wichtiger Handelsplatz, der dann von König Wenzel II. 1295 als befestigte Stadt angelegt wurde. Zur Zeit der Hochblüte der Straße nach Prag wurde in Pilsen mit Wein, Hering, Öl, Wolle, Federn, Schmalz, Glas, Eibenholz und Vieh gehandelt, natürlich auch mit Salz und allen Produkten des Metallgewerbes. Von der mittelalterlichen königstreuen Stadt ist fast nichts erhalten, es sei denn, man fährt zum Großen Marktplatz aus dem 13. Jahrhundert, auf dem sich die Stadtpfarrkirche St. Bartholomäus erhebt. Heute sind die Skoda-Werke in der Stadt angesiedelt und produzieren ihre Automobile, und das berühmte Pilsener Bier nimmt seinen Weg von hier aus in alle Welt.

Und dann Prag, das goldene, hunderttürmige Prag. Eine der schönsten Städte Europas verdankt ihren Glanz der Zeit Karls IV. Wie ein Schiffsbug lagert der Hradschin über dem Moldauknie, in das sich die Stadt schmiegt. Unterhalb der Burg die Karlsbrücke, die die Kleinseite mit der Altstadt verbindet. Mehr als 500 Jahre ist sie alt. Sie war bis in die Mitte des 19. Jahrhunderts der einzige Flußübergang über die Moldau. Es ist nicht die älteste Brücke, hatte sie doch eine Vorgängerin, die im 12. Jahrhundert wohl nach dem Vorbild der Steinernen Brücke in Regensburg gebaute Judithbrücke. Die versank 1342 in den eisigen Hochwasserfluten der Moldau. Karl IV. beauftragte 1357 den damals siebenundzwanzigjährigen Baumeister Peter Parler mit der Leitung des neuen Brückenbaues. Als er mit fast 70 Jahren starb, dauerte es noch 50 Jahre, bis die Brücke fertig war. Vom Brückentorturm Peter Parlers auf der Altstädter Seite bis zum Doppelturm der Kleinseite mißt sie 516 Meter. Dreißig barocke Heiligenstatuen schmücken die Brückenpfeiler und mahnten Hussiten, Ketzer und Ungläubige an den rechten Glauben. Den Auftakt gibt die Statue des heiligen Nepomuk, den des Kaisers Sohn, Wenzel II., von der Brücke in die Moldau werfen ließ. Auf dem ersten Brückenpfeiler, der auf der Moldauinsel Kampa steht, erhebt sich der steinerne Roland, der an das einstige Stapelrecht der deutschen Kaufleute erinnert. Er markierte die Grenze zwischen dem älteren Magdeburger Recht der Altstadt und dem neueren Nürnberger Recht der Kleinseite.

Im Gebiet der heutigen Altstadt an der Moldaufurt entwikkelte sich schon in frühgeschichtlicher Zeit eine Kaufmannssiedlung. Sie lag am Schnittpunkt einer von West nach Ost verlaufenden Bernsteinstraße mit der von Süden kommenden Salzstraße. Im Jahre 965 reist eine Gesandtschaft aus Spanien über Prag an den Hof Ottos I. nach Magdeburg. Unter ihnen ist auch der spanisch-arabische Jude Ibrahim Ibn Jacub aus Kalifat. Er berichtet: »Am Ende des Waldes liegt aus Stein und Kalk gebaut die Stadt Braga, der größte Handelsplatz in den Slawenländern. Von weither kommen Russen und andere Slawen dorthin, Muselmänner, Juden und Türken. Die kaufen Weizen, Gerste und Geflügel, Sättel, Zaumzeug und Schilde. Sie kaufen Zinn und Sklaven. Oder sie tauschen diese Waren gegen Biberfelle und anderes Pelzwerk ein. Einer, der da kommt nach Braga, kann mühelos Mann und Saumtier ernähren. Er kann auch hierbleiben.«

Und viele blieben. Juden zuerst, aber bald erhielt die Marktsiedlung Zuzug aus Osten und Westen. Verstärkt aus dem Westen, dem Deutschen Reich, kommen Händler in Böhmens Hauptstadt, so daß der Chronist des 10. und 11. Jahrhunderts die Lage wie folgt beschreibt: »Eine Burgstadt mit zwei Palästen, fünf Heiligtümern, zwei Klöstern und vielen Nutz- und Wohnbauten ... Kleine Händlersiedlungen an drei von der Moldaufurt ausgehenden Wegen, darunter jüdische und deutsche. Die Juden leben für sich. Die Deutschen in ihrer Siedlung außerhalb der Stadtmauer haben Stadtrechte. Sie zahlen auf Befehl der Landesfürsten keine Steuern und sind von allen Dienstleistungen befreit. So gelangen sie rasch zu Wohlstand und Geltung. Ihr Einfluß auf die Stadt ist sehr groß.«

Der Einfluß der Deutschen verstärkte sich noch, als im 13. Jahrhundert die böhmischen Könige vermehrt dazu übergingen, deutsche Siedler ins Land zu holen. Es kommen Bergleute, Handwerker und Händler, die bald in den Städten eine deutschsprachige, bürgerliche Oberschicht bilden. Unter

Karl IV. ändert sich die Lage. Der Kaiser sorgt dafür, daß die Tschechen mehr und mehr in das Wirtschaftsleben einbezogen werden.

Das Herz der Handelssiedlung schlug damals am Altstädter Ring. Den weiten Platz überragen die Türme der Teynkirche. Düster liegt sie zwischen den Häusern, die sie zu umzingeln scheinen. Der erste Bau war romanisch und hieß: »Kirche der Heiligen Jungfrau Maria vor dem Teyn«. Im Hof an der Kirche schliefen die Händler neben ihren Saumtieren. Um 1230 erhielt der uralte Markt am Teyn Stadtrechte. Die Kleinseite unterhalb des Hradschin wurde ebenfalls zur Stadt erhoben. Unter Karl IV. wurde die Neustadt angelegt, und die Hauptstadt des Heiligen Römischen Reiches stieg neben Konstantinopel und Rom zur drittgrößten Stadt in Europa auf.

Eine Fußnote noch: in einem Reiseprospekt, herausgegeben vom Regierungsausschuß für Reiseverkehr der ČSSR, findet der Leser folgenden Satz: »Alle Straßen der Tschechoslowakei haben eine staubfreie Oberfläche!« Durch Schlaglöcher rumpelt der Reisende aber auch heute noch auf seinem Weg über den Böhmerwald nach Prag. Genauso, wie die staubbedeckten Frachtwagen, die unter Zaumzeugknarren, Hufgeklapper und Peitschenknallen in die Hauptstadt Böhmens getrieben wurden.

Die Straße durch die Further Senke nach Böhmen

Regensburg – Nittenau – Roding – Cham – Furth im Wald

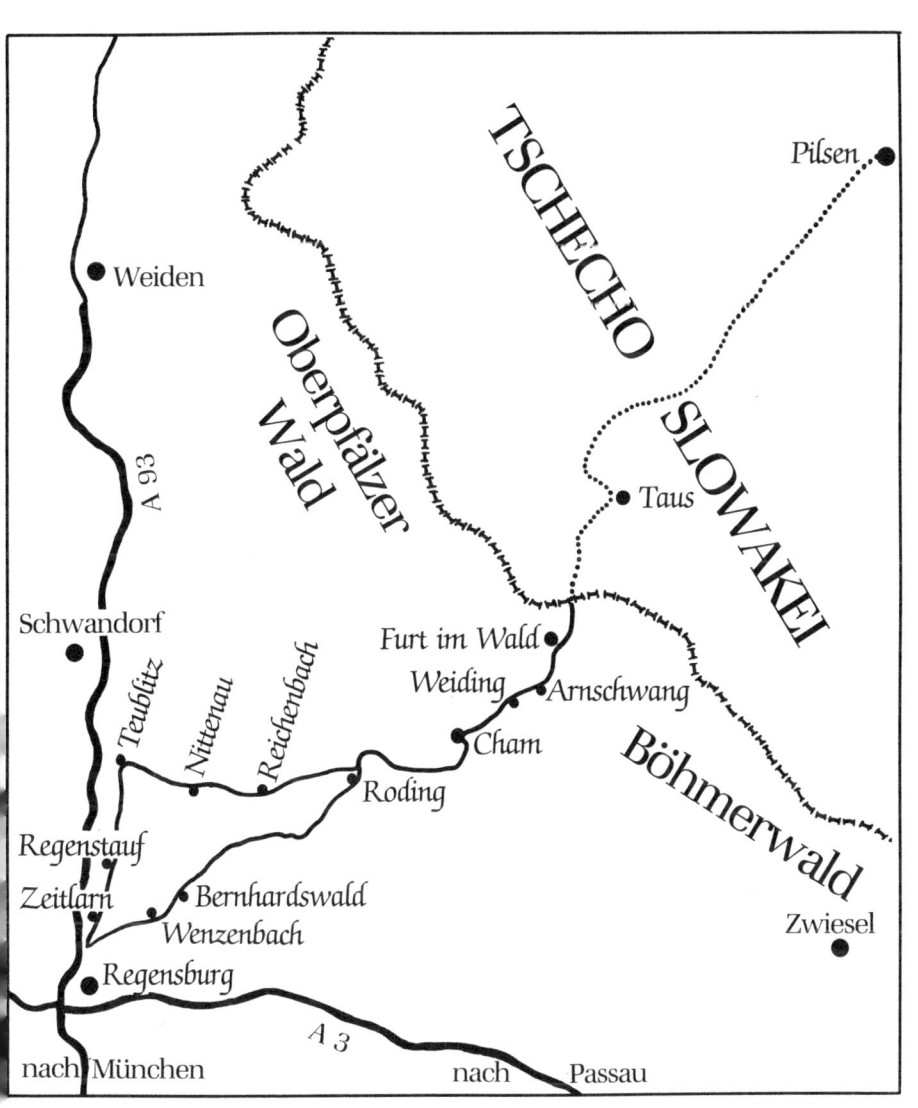

De koopmann reisende mit Sorgen
De huismann (Bauer) de lied nod.

»Die Kleidung, die er trug, war die seiner Väter, das heißt die fränkische. Auf dem Leib trug er ein leinenes Hemd und leinene Unterhosen; darüber ein Wams, das mit seidenen Streifen verbrämt war, und Hosen. Sodann bedeckte er die Beine mit Binden und die Füße mit Schuhen und schützte mit einem aus Fischotter- oder Zobelpelz verfertigten Rock im Winter Schultern und Brust. Dazu trug er einen blauen Mantel und stets ein Schwert. Bei festlichen Gelegenheiten schritt er in einem mit Gold durchwirkten Kleide und mit Edelsteinen besetzten Schuhen, den Mantel durch eine goldene Spange zusammengehalten, auf dem Kopf ein aus Gold und Edelsteinen verfertigtes Diadem, einher. An anderen Tagen unterschied sich seine Kleidung wenig von der gemeinen Tracht des Volkes.«

Der Mann, von dem hier die Rede ist, war für seine Zeit ein Hüne. An die zwei Meter groß, von kräftiger Natur, machten ihn sein aufrechter Gang und seine stolze Haltung zu einer majestätischen Erscheinung.

»Seine Gesundheit war bis ins hohe Alter ausgezeichnet, und er hielt viel vom Reiten, Schwimmen und Jagen. Er war mäßig im Trinken, weil Trunkenheit ihm verächtlich erschien, aß aber gern und kräftig – am liebsten Braten. Obwohl er ein frommer Mann war, gelang es ihm nicht immer, die Fastenzeiten einzuhalten. Er besaß große lebhafte Augen, und unter einer kräftigen Nase zierte ein Schnauzbart sein heiteres Gesicht.«

So eindringlich schildert der Gelehrte und Biograph Einhard seinen Kaiser – Karl den Großen. Unter ihm und seinen Nachfolgern errang die Stadt Regensburg ihre hervorragende Bedeutung als Regierungs- und Handelsmetropole des ostfränkischen Reiches. Bis zum 11. und 12. Jahrhundert entwickelte die Stadt – an jener Stelle gelegen, wo die Donau ihren aus Westen kommenden Lauf nach Südosten wendet – einen sich über ganz Europa erstreckenden Handel.

Das Karolingerreich hatte seine vorgeschobenen Grenzen durch ein System militärischer Grenzmarken geschützt, das entlang seiner Ostflanke die Auseinandersetzungen mit den

Slawen in Grenzen zu halten vermochte. Im schon erwähnten Diedenhofener Kapitular aus dem Jahre 805 sind frühe Handelsbeziehungen zu den Slawen feststellbar. Für den Osthandel des Reiches waren den Kaufleuten bestimmte Ausfuhrstellen zugewiesen, die sich von Bardowick im Norden bis zur Donau erstreckten. Von Forchheim über Premberg bis Regensburg zog sich die Linie der Orte im bayerischen Norden, die Kontrollübergänge waren. Von hier sollte der böhmische Grenzsaum überwacht werden, damit nicht Slawen und Awaren ihn ohne besondere Genehmigung überschritten.

Die Waffenausfuhr war grundsätzlich verboten. Dieses Verbot erstreckte sich auch auf Eisenprodukte, die zu militärischen Zwecken, wie dem Bau von Kriegswagen zum Beispiel, verwendet werden konnten.

Wichtige Wirtschaftszweige für die bayerische Provinz des Frankenreiches waren von jeher Salzgewinnung und Salzhandel. Von den Salzpfannen in Hall ging das weiße Handelsgut über Passau und Regensburg nach Böhmen. Auf umgekehrtem Weg gelangten Wachs, Pferde und Sklaven über Regensburg ins Fränkische Reich, wobei die Donaumetropole einen der größten Sklavenmärkte, die Lagunenstadt Venedig, belieferte.

Die Karolinger konnten, was die Verkehrslage der Stadt betraf, in Richtung Süden und Südwesten auf das alte Netz der Römerstraßen zurückgreifen. Die Donau und das Donautal wurden von altersher als Verkehrsweg genutzt. Die Donausüdstraße kam vom Bodensee und führte über Burghöfe, Manching und Bad Abbach nach Regensburg. Bei Burghöfe hatte sie Anschluß an die Via Claudia Augusta, die von Augsburg über den Fernpaß nach Italien führte. Die Brennerstraße lief am Inn entlang über Pfaffenhofen, an Landshut vorbei nach Regensburg.

Neben diesen alten Verbindungen gewannen andere Straßen sehr rasch an Bedeutung. Vor allem die Verbindung zur Mainstraße, die über Burglengenfeld nach Lauterhofen, Altdorf und Fürth, Forchheim und Bamberg am Main verlief. Weiter gab es noch eine direkte Verbindung von Frankfurt über Würzburg nach Kitzingen, Neustadt an der Aisch und Fürth nach Regensburg.

155

Von welcher überragenden Bedeutung aber die Verbindung zur Mainstraße war, läßt der Plan Karls des Großen erkennen, den Main und die Donau zwischen Rednitz und Altmühl durch einen Kanal zu verbinden, hätte man doch auf diese Weise schnell und angenehm vom Rhein über den Main nach Regensburg gelangen können. Das Reisen zu Schiff galt im Mittelalter als wesentlich bequemer als das Reisen auf den Straßen, konnten doch zu Wasser bis zu 50 Kilometer am Tag zurückgelegt werden.

Zur Inspektion des Kanalbauprojektes fuhr der Kaiser per Schiff über Donau und Altmühl bis zur Baustelle, mußte dort aber mit ansehen, wie sein kühnes Vorhaben an unüberwindlichen technischen Schwierigkeiten scheiterte.

Mit der oberrheinischen Tiefebene, mit Worms und Speyer, verband Regensburg die Nibelungenstraße. Dieser alte Völkerwanderungsweg erreichte, von Paris und Metz kommend, den Rhein bei Worms und führte weiter über Burstadt, Ladenburg, Sinsheim, Wimpfen, Öhringen, Ellwangen, Treuchtlingen und Dollnstein an die Donau bei Pförring.

Regensburg lag also am östlichen End- und Schnittpunkt zahlreicher Verkehrswege aus dem Westen des Reiches und konnte bis ins hohe Mittelalter seine Funktion als Brückenkopf nach Osten in die Slawenländer hinein erfüllen. Aber nicht nur als Handelsort war die Stadt eine Brücke nach Böhmen und Ungarn, sie diente auch als Ausgangspunkt für die Mission und die Besiedelung der Ostmark und Böhmens. Außerdem war sie häufig Aufmarschort für kriegerische Operationen nach Osten.

Das begann mit den Kriegszügen gegen die Awaren unter Karl dem Großen. Die Awaren, ein türkisch-mongolisches Nomadenvolk auf kleinen, pfeilschnellen Pferden, hatten sich in Ungarn angesiedelt und bedrohten ständig die Ostgrenzen des Reiches. In der Pußtaebene besaßen sie ein großes befestigtes Lager, das von neun kreisförmigen Ringen umgeben war. Dort wurde der ungeheure Schatz gehütet, den sie in jahrhundertelangen Beutezügen zusammengeschleppt hatten.

Im August 791 sammelte der Kaiser in Regensburg ein großes Heer. Er brach die Grenzfestungen der Awaren und eroberte das Gebiet bis zur Raab, konnte aber nicht bis ins Lager hinter den neun Ringen vordringen. Bei seinem nächsten Kriegszug ließ Karl bei Regensburg eine Brücke aus Schiffen über die Donau schlagen, um die Versorgung seines Heeres zu erleichtern. Diesmal rückten die Franken bis in die Pußta vor und bezwangen die Wälle des Awarenlagers, einen nach dem anderen.

Der Triumph der Franken war unglaublich. In langen Wagenkolonnen führten sie den Schatz nach Aachen, wo der Kaiser die Schmuckstücke – Goldmünzen, Silberbecher und schimmernde Seidengewänder – in Empfang nahm.

Von Regensburg aus zogen auch die Kreuzritterheere Konrads III. und Friedrich Barbarossas über den Balkan nach Konstantinopel und von dort weiter ins Heilige Land. Beide Züge waren vom Unglück verfolgt. König Konrad III., der sich nur auf Drängen Bernhards von Clairvaux zum Kreuzzug entschließen konnte, war 1147 mit 80 000 Mann von Regensburg losgezogen. In Kleinasien begann das Unglück das Heer zu verfolgen. Hitze und Seuchen setzten den Rittern zu, und die Türken rieben bei Überfällen aus dem Hinterhalt das Heer fast völlig auf. Nur 7 000 Kreuzfahrer erreichten schließlich Nicäa.

Am 11. Mai 1189 brach Friedrich I. von Regensburg ins Morgenland auf. Über 20 000 Ritter begleiteten den bereits sechsundsechzigjährigen Kaiser auf seinem großen Zug zur Befreiung der heiligen Stätten.

Es fing alles so hoffnungsvoll an: Siegreich durchquerte das Heer Kleinasien. Dann, am 10. Juni 1190, geschah das große Unglück – der Kaiser ertrank in den Fluten des Flusses Saleph. Begeisterung und Widerstandswillen des Heeres schwanden dahin, und nur ein kleiner Teil der Truppe erreichte Akkon.

Ebenso wie für die Heere der Kreuzfahrer war Regensburg auch Sammelplatz und Aufmarschort für die Kriegszüge von Bayern nach Böhmen, und damit sind wir auf der hier zu beschreibenden Straße – dem wichtigsten Einfallstor von und nach Böhmen, dem Weg durch die Further Senke.

Das Regental hinauf, vorbei an den Krongütern Ramspau, Nittenau, Roding und Cham führte die Straße durch Furth im Wald in die böhmischen Länder. In friedlichen Zeiten florierte hier der Handel Regensburgs mit Böhmen – besonders mit Prag, zu dem es uralte Beziehungen gab. Oft genug aber brachen Schrecken und Verderbnis durch dieses Völkertor über die Bewohner diesseits und jenseits des Böhmerwaldes herein.

Der Weg flußaufwärts am Regen entlang war nur eine der Verbindungen für den Handel mit Taus, Pilsen und Prag. Eine andere, kürzere Verbindung verließ Regensburg über Rheinhausen und Sallern und verlief über Wutzlhofen, Gonnersdorf, Thanhausen, Kürn, Ödenhof und Mauth nach Nittenau, wo sie auf die Regenstraße traf, die vorbei an den Klöstern Reichenbach und Waldersbach nach Roding weiterführte.

Eine dritte Möglichkeit, in das Chamer Becken zu gelangen, stellte zumindest ab Roßbach die Strecke der heutigen Bundesstraße 16 dar, die über Unterzell und Trasching am Perlbach entlang bei Regenpeilstein auf den Regen trifft und von dort weiter auf Roding zuführt.

Die schon 1270 erwähnte Feste Regenpeilstein erhebt sich auf steilem Felshang am Südufer des Flusses. Über eine Zugbrücke durch zwei Torbauten hindurch erreichte man den Berghof mit dem 28 Meter hohen Bergfried, dessen Zugang nicht zu ebener Erde, sondern im ersten Stockwerk lag. Das Erdgeschoß, dessen Bodenfläche von nur vier Quadratmetern von gewaltigen, zwei Meter dicken Mauern umschlossen war, diente als Verlies.

Die Burg Regenpeilstein mag hier als typisches Beispiel einer Dienstmannenburg herangezogen werden. Unter Kaiser Heinrich III. entstanden sie im 11. Jahrhundert als feste Stützpunkte zum Grenzschutz. Freien, wehrhaften Mannen wurde Grund und Boden verliehen, und man gestattete ihnen, »feste Häuser« darauf zu bauen. Als Gegenleistung hatten sie sich zur Heerfolge zu verpflichten und Verteidigungsaufgaben zu übernehmen.

Auf der B 16 geht es weiter nach Roding, dem alten Königsgut am Ufer des Regen. 1364 erhielt der aufstrebende Ort das Marktrecht und damit auch die Erlaubnis, seine Bürger durch Mauern, Gräben, Türme und Tore zu schützen. An der Angermühle vorbei, beim Mühltor erreichte die Straße die Marktbefestigung, innerhalb derer sie mit drei anderen zusammentraf: der von Süden aus Straubing und Michelsneukirchen, der von Osten aus Cham und jener über die Brücke von Norden kommenden aus Bruck in der Oberpfalz. Die Brücke in Roding wurde wahrscheinlich Ende des 13. Jahrhunderts erbaut, denn 1301 wird der Markt plötzlich als »Roting an der Pruck« benannt. Eine Holzbrücke überspannte den Regenfluß, der sie durch seine Hochfluten immer wieder in Mitleidenschaft zog. Erst 1895/96 wurde sie durch eine eiserne Brücke ersetzt.

Wir verlassen Roding und fahren weiter auf der Bundesstraße nach Wetterfeld, wo sich das weite Chamer Becken öffnet. Hier erlaubte der Regen die Anlage einer durch tiefe Gräben geschützten Wasserburg, die schon im 12. Jahrhundert errichtet wurde. Diese Burg hielt auch Wacht über die Brücke, die nach Pösing hinüberführte und die wohl ebenfalls gegen Ende des 13. Jahrhunderts erbaut wurde. Sowohl in Pösing als auch in Roding lag die Sorge für den Unterhalt der Brücke in der Obhut der jeweiligen Kirchen. Erinnern wir uns – Bau und Unterhalt von Brücken galten als gottgefällige Werke.

Der Weg nach Böhmen war, wie alle anderen Straßen auch, nur ein Erdweg, der durch die Gleisspuren der Handelswagen und die Huftritte der Pferde entstanden war. Sie wurden besonders im Frühjahr nach den Zerstörungen durch Frost und Tauwetter notdürftig in Ordnung gehalten. Mit Knüppeln und Reisigbündeln hatten die Bauern der anliegenden Dörfer die schlimmsten Schäden auszubessern. Wen wundert es da, wenn immer wieder Klagen laut wurden, die Wege seien kaum von gepflügten Äckern zu unterscheiden. So ist im Gegenteil nur zu verständlich, daß dem Regen als Wasserstraße besondere Bedeutung zukam. Die Flößerei auf dem Regenfluß spielte dabei die wichtigste Rolle. Schon das Holz für die Transportflotte, die in Regensburg für den Kreuzzug Friedrichs I. gebaut worden war, kam aus den großen Wäldern der Gegend den Fluß hinab. Auf Schiffen, aber auch auf den Flößen wurden Waren flußabwärts nach Regensburg mitgenommen.

Bei Roding hatten die Flößer eine Pfeffermaut und bei Wiesing eine Safranmaut zu entrichten. Diese damals hochgeschätzten Gewürze konnten die Schiffer in Regensburg kaufen, wo der Handel mit dem Orient und Italien in hoher

Blüte stand. Im Mittelalter war es allgemein üblich, einen bestimmten Teil der Waren als Zoll einzubehalten. So hatte der Herr auf Regenpeilstein unter anderem das Recht, aus jeder Fischkiste, die den Fluß herunterkam, einen Fisch für sich zu entnehmen.

Was die Sicherheit der Reisenden auf der Straße anbetraf, so lagen auch hier die Dinge im argen. Einsame Waldgebiete, wie die böhmischen Wälder, boten Strauchrittern und Diebesbanden gute Bedingungen, über die Wagenzüge herzufallen, sie auszuplündern und die Kaufherren, die »Pfeffersäkke«, fortzuschleppen, um hohes Lösegeld für ihre Freisetzung zu verlangen.

Unter den Reisenden noch am sichersten waren die wandernden Kaufleute der Frühzeit, die sich zu Karawanen zusammenschlossen, um unter einem erfahrenen Führer – in Regensburg »Hansgraf« genannt – die Fährnisse der Reise zu bestehen. In späteren Zeiten waren es die Frachtfuhrleute, die in größeren Gespannschaften unter der Leitung eines Schirrmeisters fuhren. Man fuhr des Abends die Fahrzeuge zu Wagenburgen zusammen und biwakierte im Freien, wenn kein Gasthaus mehr zu erreichen war.

Seit dem 13. Jahrhundert hatten die Landesherren das Geleitwesen eingeführt, womit der gänzlichen Verwilderung der Sitten im Verkehr entgegengesteuert werden sollte. Auf unserer Straße endet das Geleit gegen Cham bei Wulfing, wo heute noch der Grenzstein steht. Die Straße umgeht in südlichem Bogen die Regenschleifen und den Rötelseeweiher, berührt Altenmarkt und zieht an der Neumühle vorbei in die Stadt Cham ein.

Auf einem steilen Hang oberhalb der Stelle, wo sich der Fluß Cham mit dem Regen vereinigt, baute Kaiser Otto I. (936 – 973) zur Sicherung des Weges von und nach Böhmen eine Burg. Der Unterhalt einer solchen Festung erforderte Mannschaften, die sie verteidigten und für deren Versorgung die Bevölkerung zu arbeiten hatte. So entstanden im ganzen Chamtal Orte, deren Bewohner Abgaben entrichteten und Dienste für die Burg leisteten. Im Schutz dieser Reichsburg entstand auch der Ort Cham an der alten Handelsstraße, der »Böhmstraß«. 1135 wurde der Ort Markt, 1293 wurde er zur Stadt erhoben.

Im 13. Jahrhundert war die Stadt schon stark befestigt, später, im 15. Jahrhundert, kam ein weiterer Mauerring hinzu. Vier mächtige Doppeltore führten in die Stadt. Von ihnen hat sich nur das sogenannte Biertor erhalten. Von hier aus zog der Verkehr unter Hufgetrappel und Wagengeroll über die Kloster- und Rosenstraße auf den Markt vor das gotische Rathaus. Ganz in der Nähe schaut der Treppengiebel des spätgotischen Gasthauses »Zur Krone« über den Platz. Um die Stadt im Regental hat sich heute Klein- und Mittelindustrie angesiedelt.

Über Köthmaisling, Weiding und Arnschwang zog der Böhmerweg nach Furth im Wald. Heute fließt der Verkehr zur tschechischen Grenze über die Bundesstraße 20, eine moderne Umgehungstraße, die sich unbekümmert durch die Niederungen des Regen- und Chamtales in weiten Schwüngen zum Tor im Böhmerwald hinzieht.

Die Stadt Furth erscheint zum ersten Mal 1086 in den Urkunden. »Vurte« war ein Weiler, der an jener Stelle lag, wo der Weg durch das sumpfige Gelände des Cham hindurchführte. Auf dem Hügel über der Furth, der von drei Seiten durch die Sumpfniederungen der Pastritz und des Cham geschützt war, wurde eine Befestigung angelegt, die den Weg nach Böhmen schützen und verteidigen sollte. Bis in die Mitte des 13. Jahrhunderts sah das Land am Rand des Böhmerwaldes friedliche und glückliche Zeiten. Bis zur Grenze hin entstanden allenthalben neue Weiler und Dörfer. Furth entwickelte sich zu einem ansehnlichen Ort, der beträchtliche Steuern zahlte.

Dann, im Jahre 1250, die Bayernherzöge lagen in ständiger Fehde miteinander, ritt der Tod über die Straße durch die Senke. Der Böhmenkönig Ottokar II. nutzte die Lage und fiel mit einem starken Heer ins Land ein. Geplünderte, verbrannte Dörfer, verheertes Land und viele Tote blieben hinter den wüsten Truppen des Königs zurück. Cham wurde geplündert und die Einwohnerschaft vertrieben. Im darauffolgenden Jahr, 1251, wiederholte sich das grausige Schauspiel. Im Jahre 1266 war Ottokar wieder da und zog sogar bis vor Regensburg. Diesmal hielt Cham stand, das Land aber war so verwüstet, daß der König auf seinem Rückzug den Weg über Eger nehmen mußte. Die Verheerungen des Krieges hinterließen einen menschenleeren Raum. Es war niemand mehr da, der den Boden bebaute, die Saat in die Erde und die Ernte in die Scheuern brachte. Zahlreiche Dörfer sind infolge des Krieges verlorengegangen und nie wieder aufgebaut worden.

1331 forderte Herzog Heinrich von Bayern die Einwohner der Weiler Furth und Seuchau, die gerade darangingen, ihre in Schutt und Asche gelegten Dörfer wieder aufzuräumen, dazu auf, ihre neuen Häuser auf dem Hügel bei der wiederbefestigten Burg zu bauen. Der Herzog brauchte an dieser empfindlichsten Stelle der Grenze einen besonders wehrhaften Platz, dessen Bürger in der Lage waren, den Handelsweg zu schützen und im Falle eines feindlichen Einfalles den Weg nach Bayern zu versperren.

Die neuen Bürger der Stadt erhielten verschiedene Privilegien: Sie brauchten vier Jahre lang keine Steuern zu zahlen, an jedem Montag durfte in der Stadt ein Wochenmarkt und zweimal im Jahr ein Jahrmarkt abgehalten werden. Am entscheidendsten aber war der Erlaß, den alten Straßenverlauf im Tal zu sperren, so daß alle Fuhrwerke über den Hügel durch die Stadt fahren mußten. An der Straße zwischen Cham und Furth durften keine Herbergen errichtet werden – die Fuhrleute rasteten also in der Stadt, bevor sie weiter nach Taus und Pilsen zogen.

Für einige Jahrzehnte herrschten jetzt Ruhe und Frieden. Langsam erholten sich die Dörfer und die Stadt, als die schrecklichste Zeit über das Grenzland hereinbrach. 1415 war der tschechische Reformator Jan Hus auf dem Konzil zu Konstanz als Ketzer verurteilt und verbrannt worden. Überall in Böhmen erhoben sich seine Anhänger, rotteten sich zu wüsten Haufen zusammen und fielen in Bayern ein. Mit Äxten, Dreschflegeln und Morgensternen bewaffnet, fahrend auf klapprigen Bauernwagen, zogen sie in den Kampf. Unter Absingen von Chorälen, deren letzte Zeile etwa lautete: »Schlagt zu, schlagt zu, schlagt zu, laßt keinen mehr am Leben!«, näherten sie sich dem Feind. »Überall wüteten sie mit Feuer und Schwert, mit Raub und Mord. Sie töteten die Männer ohne Schonung und schleppten die Weiber fort. Mit dem Hammer schlugen sie den Mönchen die Tonsuren ein. Die Nonnen übergossen sie mit Wasser und ließen sie gefrieren. Überall herrschte Furcht und Schrecken vor diesen marodierenden Scharen, die eher wilden Bestien denn Menschen glichen. Das ganze Gebiet der Further Senke war ein Trümmerhaufen und Totenfeld«, so wird berichtet. Von 1420 bis 1435, Jahr für Jahr, fielen die plündernden, mordenden Haufen über den Winkel an der Grenze her.

Kaiser Sigismund zog mit einem 100 000 Mann starken Heer gegen die Hussiten, wurde aber bei Prag geschlagen. Das stolze Ritterheer erlitt gegen diese grimmigen Haufen eine Niederlage nach der anderen. Bei Taus sollen die edlen Herren sogar davongelaufen sein, als sie nur das Rollen der Wagen und den grausigen Kampfgesang der Anhänger des Jan Hus hörten.

Der Spuk ging zu Ende, als sich die Hussiten zerstritten und in zwei Lager aufspalteten – ein gemäßigtes und ein radikales. Es dauerte viele Jahrzehnte, bis sich das Land erholte. Nittenau war in Flammen aufgegangen, das Kloster Walderbach gebrandschatzt, die Wasserburg Wetterfeld vernichtet, Roding hatte schwer gelitten.

Über 500 Jahre sind seitdem vergangen, in der Erinnerung des Volkes aber ist der Schrecken jener Zeit tief eingegraben. »Hussan« erklingt der Hetzruf für die Hunde, und die Drohung »Paß auf, sonst kommt der Huss« verfehlt auf Kinder selten ihre Wirkung.

In Furth wird die Erinnerung an die Notzeiten der Hussitenkriege in einem der ältesten deutschen Volksschauspiele, dem »Drachenstich«, wachgehalten. Die Menschen empfanden die Schrecknisse der Zeit wie einen lauernden, feuerspeienden Drachen. Sie erflehten sich Hilfe von St. Georg, der den Drachen besiegen sollte. An jedem zweiten Sonntag im August, nach einem großen Festumzug mit 1000 Mitwirkenden, 200 Pferden und bunten Festwagen, sprengt ein kühner Ritter hoch zu Roß auf das feuerspeiende Untier los und tötet es durch einen Lanzenstich. Der Jubel der Zuschauer ist ungeheuer, weil wieder einmal das Böse besiegt wurde.

Über 500 Jahre ist dieses Spiel alt, das an das Schicksal des Grenzlandes erinnert, durch das unsere Straße – die alte Böhmerstraße und heutige B 20 – von Furth weiter über Schafberg zum Zollhaus an der tschechischen Grenze zieht.

Die Donausüdstraße von Regensburg nach Donauwörth

Regensburg – Ingolstadt – Neuburg a. d. Donau – Donauwörth

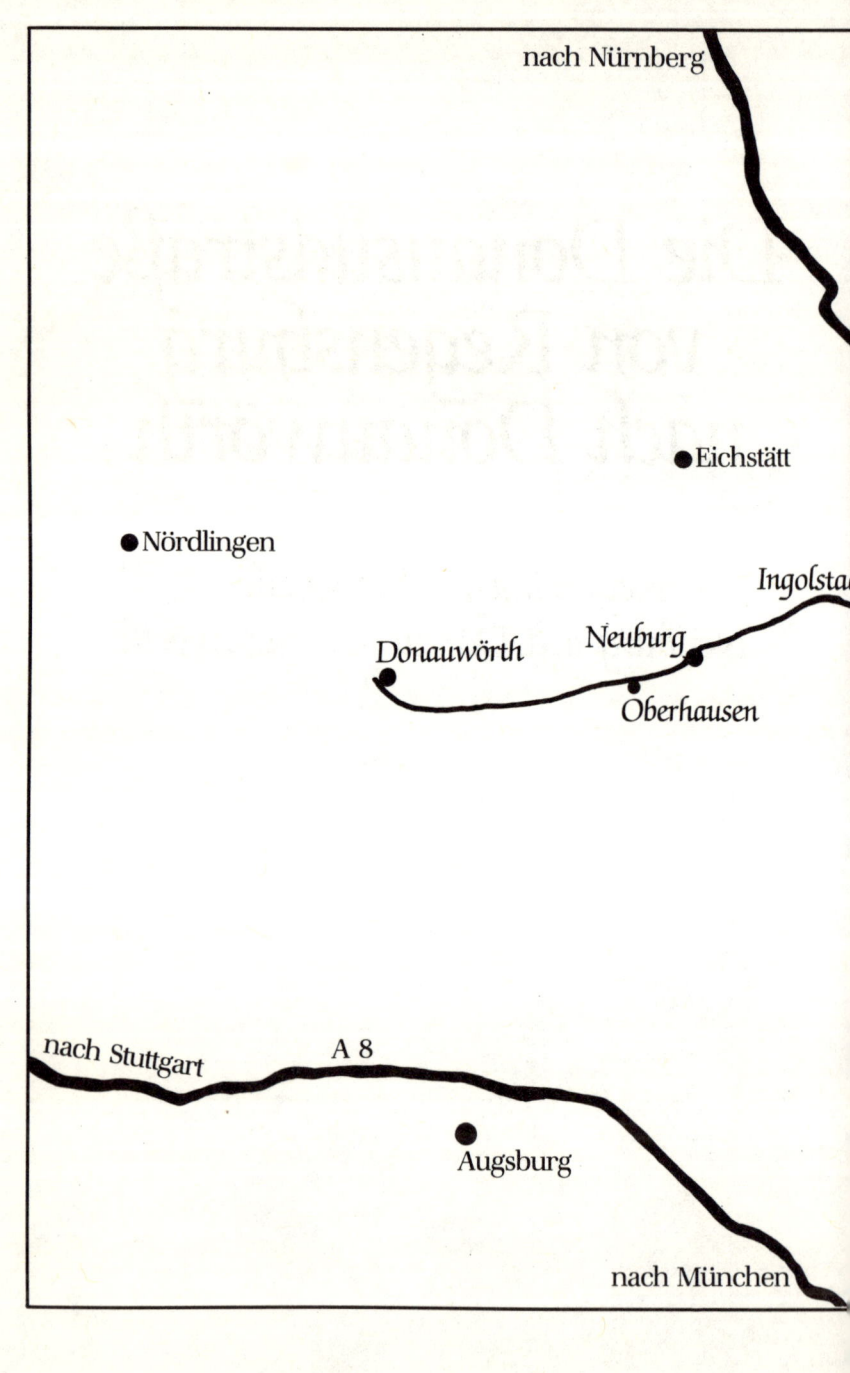

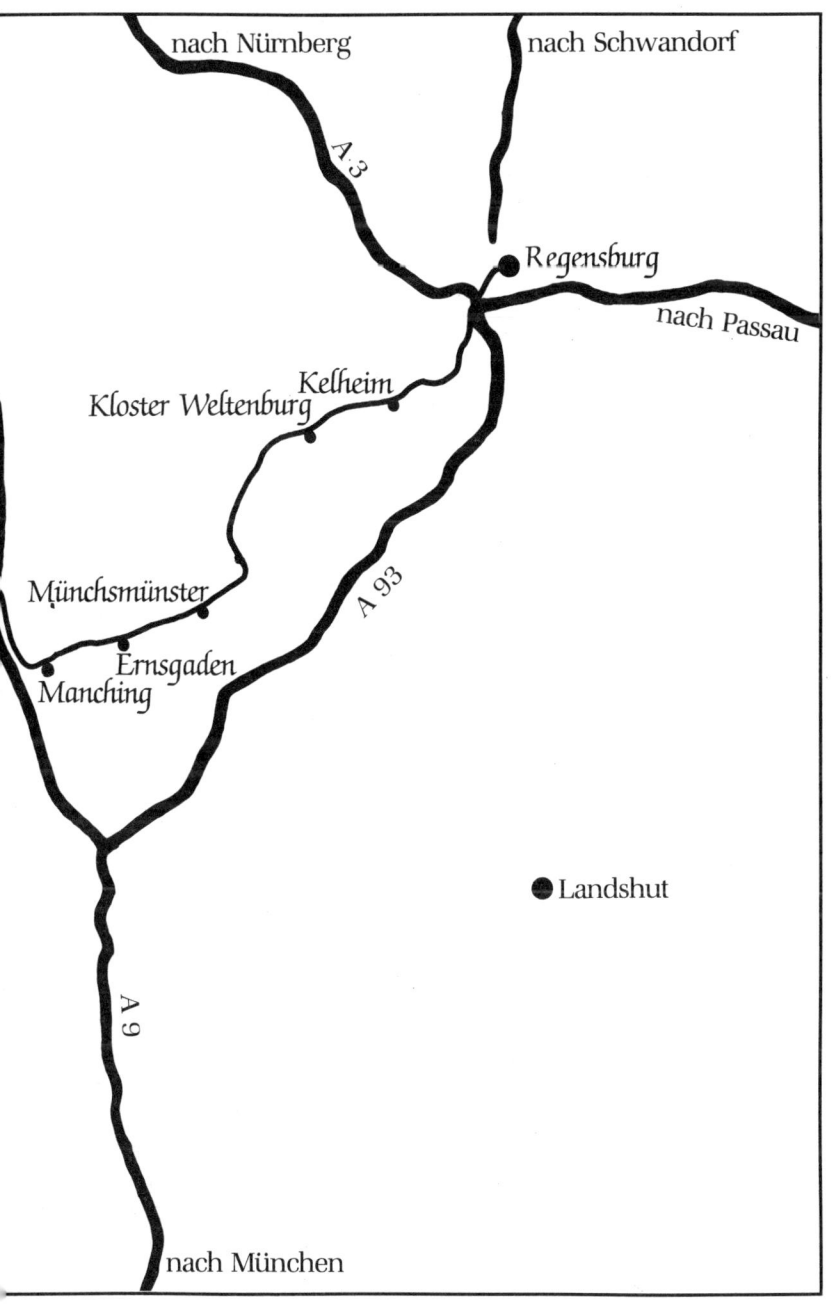

Vom Arnulfsplatz über den Stadtteil Kumpfmühl verläßt die Bundesstraße 16 heute in Richtung Südwest die Stadt Regensburg. Wenn wir ihrer Strecke folgen, können wir den ungefähren Verlauf der alten Donausüdstraße nachvollziehen, die Regensburg seit den Zeiten der Römer mit der Via Claudia Augusta von Augsburg über Landsberg am Lech, Füssen und den Fernpaß mit Italien verband und südlich von Donauwörth auf die Hauptverkehrsverbindung Nürnbergs nach Italien, die über den Brenner lief, traf.

Bei Bad Abbach verläßt die Straße die Ebene und nähert sich der Donau. Sie trennt sich von der B 16 und zieht von hier auf halber Hanghöhe oberhalb des Stroms bis nach Eining. Eine der schönsten Stellen des Laufes der Donau ins Schwarze Meer liegt am Weg: Der Donaudurchbruch an Deutschlands wildester Stromstrecke. Durch bizarre Felsenformationen mit so ungewöhnlichen Namen wie »Unartiger Mann«, »Drei feindliche Brüder«, »Versteinerte Jungfrau« frißt sich der Strom.

Nur wenig stromaufwärts schaut das Kloster Weltenburg über den Fluß. Eines der ältesten Benediktinerklöster Bayerns erhebt sich hier seit mehr als 1000 Jahren am Eingang zum Donaudurchbruch. Heute ist es Wallfahrtsort für die Verehrer der Brüder Cosmas Damian und Egid Quirin Asam, Architekten und Maler des ausgehenden Barockzeitalters, die mit dem 1716 begonnenen Neubau des Klosters ihr frühestes Meisterwerk schufen. Cosmas Damian war 30 Jahre und Egid Quirin gerade 24 Jahre alt. Bei Eining, dem ehemaligen Römerkastell Abusina, verläßt die Straße das Donauufer und zieht nach Neustadt. Die Stadt, in der Mitte des 13. Jahrhunderts gegründet, bildet ein fast gleichmäßiges Viereck, in dessen Mitte der langgestreckte Marktplatz liegt, der von unserer Straße durchquert wird. Hier reckt sich die prächtige hochgiebelige Fassade des Rathauses über den Platz, und das spätgotische Gasthaus »Zur Krone« bietet den Reisenden wie eh und je Rast und Verköstigung.

Weiter geht es nach Münchsmünster, wo unser Straßenzug wieder auf die Bundesstraße 16 trifft. Bis hierher haben die weiten Hopfenfelder der Hallertau die Straße begleitet, jetzt wird das Land karger. Auf sandigen mit Kiefern bestandenen Böden sieht man entlang der Straße riesige Erdölraffinerie-

Anlagen, die durch Pipelines mit den Häfen Genua, Triest und Marseille verbunden sind.

Die Bundesstraße 16 zieht sich an Ingolstadt vorbei über Manching und Oberstimm nach Neuburg an der Donau. Nur wenig südlich ihres Verlaufs lag die fast schnurgerade Trasse der Römerstraße, der »Via Iuxta Amnem Danubium« (Straße neben dem Donaustrom). Die mittelalterliche Straße führte nach Ingolstadt, dem alten karolingischen Hofgut »Ingoldestat«. In den Ungarnstürmen des 10. Jahrhunderts ging die Siedlung zugrunde, und erst Ende des 11. Jahrhunderts entstand die rechteckige Ortsanlage entlang der alten Donaustraße. Als 1228 der Ort in wittelsbachischen Besitz gelangte, erhielt er die Stadtrechte. An einem Donauübergang gelegen, besaß Ingolstadt durch Wein- und Salzhandel als Handelsort überregionale Bedeutung. Die Donaustraße wurde hier von einer Nord-Süd-Verbindung gekreuzt, die, über die Brücke kommend, auf den Marktplatz mündete.

Ein starker kreisförmiger Mauergürtel umschloß im 14. Jahrhundert die Stadt, durch dessen im Osten gelegenes Feldkirchener Tor unsere Straße in die Stadt zog, um sie im Westen durch das Kreuztor wieder zu verlassen.

Als nächstes liegt Neuburg a. d. Donau am Weg. Zweiundzwanzig Kilometer von Ingolstadt entfernt überschauen vom Stadtberg die wuchtigen runden Ecktürme der Residenz der Neuburger Fürsten den Strom. Die Erhebung über der Donau wurde schon in vorgeschichtlicher Zeit besiedelt. Im 4. Jahrhundert folgte dann die Errichtung eines römischen Kastells auf diesem strategisch wichtigen Platz. Von hier wurde der durch eine Insel erleichterte Donauübergang geschützt. Später, vom Jahre 540 bis 1197, hören wir vom Herzogshof und Königshof »Nivenburcg« (neue Burg). Im Bereich der Königspfalz entstand schon vom Jahre 1000 an ein Markt. Unterhalb des befestigten Stadtberges, um den Wirtschaftshof der Pfalz, entwickelte sich eine Vorstadt, die von Bauern und Fischern bewohnt wurde. Sie unterstanden mit ihren Höfen und Fischrechten dem Königshof. Unter Kaiser Ludwig dem Bayern erhielt Neuburg 1332 das Stadtrecht.

Von der mittelalterlichen Stadt ist nichts geblieben. Im Jahr 1505 wurde das Fürstentum Pfalz-Neuburg gegründet, und die baufreudigen Neuburger Fürsten, beginnend mit

Pfalzgraf Ottheinrich, haben das Stadtbild vollständig verändert, so daß uns heute vom Stadtberg herab eine Stadt der Renaissance und des Barock anschaut.

Über Burgheim führt die B 16 nördlich von Rain über den Lech und mündet bei Nordheim in die Bundesstraße 2, die das Lechtal hinab nach Augsburg zieht und die Verbindung nach Italien über den Brenner oder den Reschen- und Fernpaß bildet. Auf dem Weg über die moderne Bundesstraße 16 haben wir Donauwörth südlich umgangen. Die Stadt entwikkelte sich zuerst auf dem »Wörth«, zwischen den beiden Armen der Wörnitz, die hier in die Donau münden. Bald schon griff sie auf das linke Flußufer über, denn hier lief die große Straße nach Süden.

Auf dem Schellenberg schützte eine Burg den Donauübergang. Die Brücke über den Fluß war schon immer wichtiger Teil der Handelsstraßen, die hier zusammentrafen und in die Lechstraße einmündeten: der Reichsstraße, die von Frankfurt in Richtung Nördlingen führte und der Nürnberger Straße, die von Weißenburg heranführte.

Der zweite Weltkrieg suchte die Stadt aufs schwerste heim. Siebzig Prozent der Gebäude gingen verloren. Der Stolz Donauwörths, die Reichsstraße, versank in Trümmern, und fast sah es so aus, als sei der historische Kern der Stadt für immer verloren. Aber bald schon wurde mit dem Wiederaufbau begonnen, die Reichsstraße ist neu erstanden. Zwischen Rathaus und Stadtpfarrkirche säumen sie liebevoll wiederaufgebaute Bürgerhäuser und der Bau des Stadtzollhauses, der an die Zeit erinnert als Donauwörth Zoll-, Markt- und Münzrecht besaß. Unter Kaiser Otto III. wurden der Stadt diese Rechte verliehen. Von 1301 bis 1607 war sie mit Unterbrechungen freie Reichsstadt. Gleich neben dem Zollhaus lag die Meistersingerschule, und unter den Arkaden des Tanzhauses verkauften Bäcker und Metzger ihre Waren, der große Saal im ersten Stock sah rauschende Feste und Feiern. In dieses Tanzhaus kam im Jahr 1500 Kaiser Maximilian I. mit prächtigem Gefolge, um die Geburt seines Enkels zu feiern. Er gab der Stadt das Versprechen seiner immerwährenden Fürsorge. Sein Enkel, Kaiser Karl V., bestätigte später diese Zusage und gewährte der Stadt an der alten Handelsstraße auch seinen Schutz.

Die Straße von Nürnberg nach Italien

Donauwörth – Augsburg – Landsberg – Schongau – Füssen – Brenner

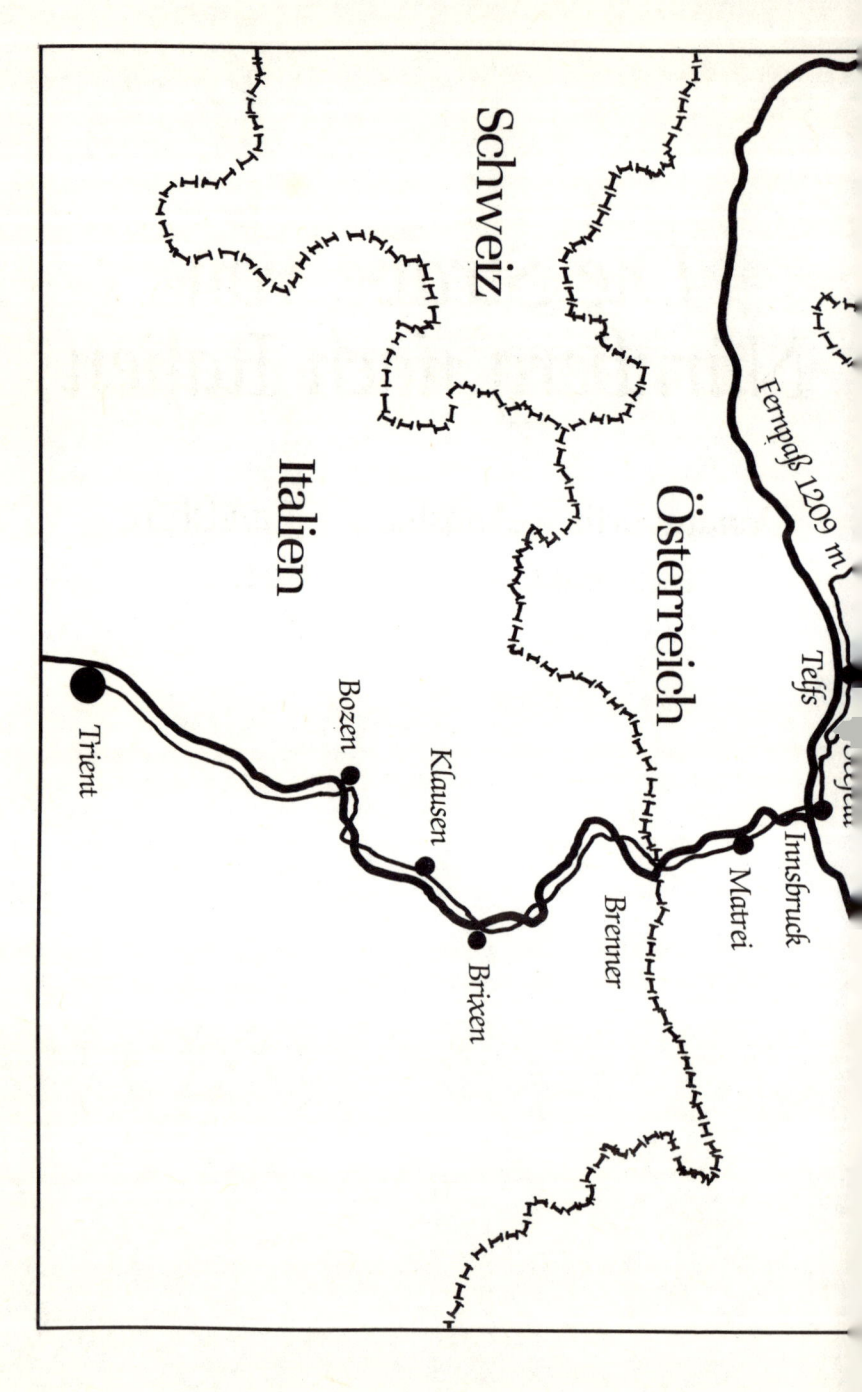

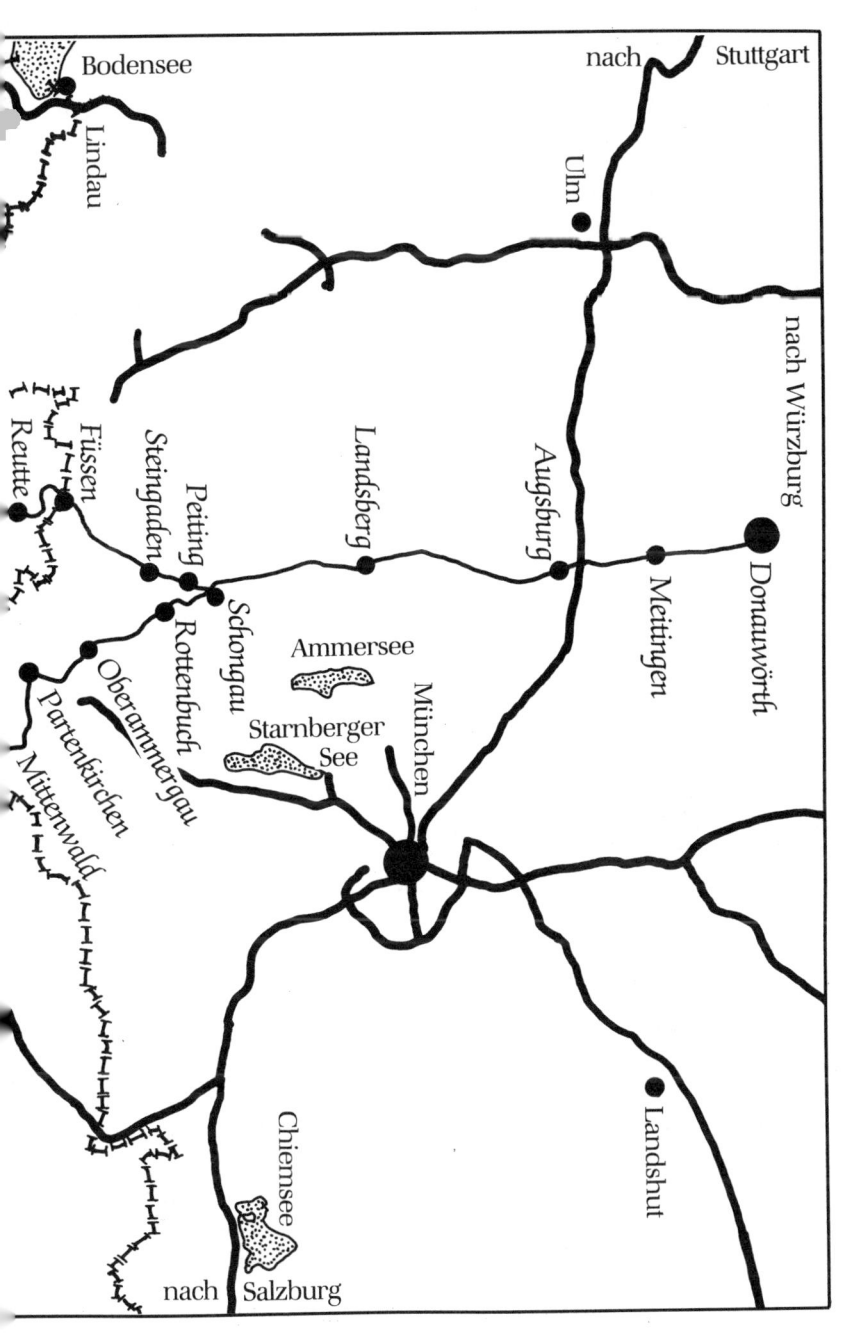

Die Bundesstraße 2 trägt ab Donauwörth auf ihrem Weg nach Süden weiter die Bezeichnung »Romantische Straße«. Kurz vor Augsburg nähert sie sich dem Lech und zieht neben ihm in die Stadt mit der zweitausendjährigen Geschichte ein.

Die Römer errichteten hier 15 v. Chr. ein Legionslager, dessen sich rasch entwickelnde Zivilsiedlung den Namen des Kaisers Augustus – Augusta Vindelicorum – erhielt. Vierhundert Jahre lang war sie römische Provinz- und Handelsstadt, bis sie in den Alemannenstürmen des 5. Jahrhunderts unterging.

Seit dem 8. Jahrhundert ist Augsburg Bischofsstadt – die frühmittelalterliche Kirche erhebt sich auf dem Forum der römischen Stadt Augusta. Um diese Kirche herum entwickelte sich die Stadt, der sich im Süden, entlang der großen Verkehrsachse, eine Marktsiedlung anschloß. In die erste Hälfte des 10. Jahrhunderts fiel die Verleihung des Münzrechtes, und von der Existenz eines Marktes wissen wir aus einer Urkunde Konrads II., der allen strenge Sanktionen androhte, die den Augsburger Wochen- und Jahrmarkt störten.

Bis zum Ende des 12. Jahrhunderts diente der Handel fast ausschließlich der Deckung des Bedarfes der Stadt. Aus Brückenzolltarifen sind die nach Augsburg eingeführten Waren ersichtlich: Vieh, Lebensmittel, Garne, Kupfer, Zinn, Blei, Eisen, Häute, Felle, Flachs und Wolle. Alles Waren, die zum größten Teil in der Stadt verarbeitet wurden. Es gab gute Beziehungen zum Umland, wo die Augsburger Krämer ihre Geschäfte betrieben. Die Händler vom Lande kamen in die Stadt, um sich bei den Handwerkern mit deren Produkten einzudecken.

Die bayerischen Herzöge bezogen Wein, Medizin, Tuche, Gewürze und Wachs in Augsburg. Dafür erhielten die Augsburger das lebenswichtige Salz aus Bayern. Aus Tirol kam hauptsächlich Wein, den die Weinberge lieferten, die im Besitz Augsburger Klöster und Kirchen waren. Neben Leder, Kramwaren und Tuchen gelangten im Gegenzug auch Pelze und Heringe nach Tirol. Noch war die Zeit der überragenden Rolle Augsburgs für den Handel nicht gekommen. Nürnberg beherrschte den oberdeutschen Handel, Regensburgs Bedeutung im Transithandel nach Osten war im Abnehmen begriffen. Für den Aufschwung Augsburgs wurden die veränderten

Verkehrsströme von Bedeutung. Gegen Ende des Mittelalters verringerte sich der frühmittelalterliche Ost-West-Handel, und der Nord-Süd-Handel gewann mehr und mehr an Bedeutung. Die Via Claudia Augusta nahm ihre alte Rolle als schnellste Verbindung nach Italien wieder auf, Augsburg wurde zum zentralen Ausgangspunkt für den oberdeutschen Handel.

Zudem trafen sich in der Stadt die Straßen aus dem Bodenseeraum über Memmingen und die alte Salzstraße nach München und Salzburg. Auch der Lech spielte eine nicht unerhebliche Rolle beim Aufschwung Augsburgs. Von Füssen aus kamen die Flöße den Fluß herunter; sie brachten nicht nur Holz und Kalk aus dem Allgäu, sondern auch Wein und andere Waren, von denen ein Teil weiter über die Donau bis Regensburg geflößt wurde.

Neben dem Handel hatte das Gewerbe tätigen Anteil am Aufstieg der Stadt, allen voran die Tuchmacher. Es gab schon eine frühe Wollweberei, aber die Leinwandherstellung übernahm bald den ersten Platz.

Augsburg lag am Rande des oberschwäbischen Flachsgebietes. Mit der Entwicklung des Barchentgewebes setzte ein lukratives Exportgewerbe ein. Für die Herstellung dieses Mischgewebes wurde Baumwolle aus dem östlichen Mittelmeerraum über Venedig importiert und mit dem heimischen Leinengarn verwoben.

Schon 1385 wurden knapp 12 000 Stück Barchent hergestellt. 1410 waren es 87 000 Stück, die von Augsburger Kaufleuten auf den Frankfurter Messen, in Köln, Prag, Breslau und Krakau vertrieben wurden. Aus dem Weberhandwerk hat sich die berühmteste der großen Kaufmannsfamilien, die der Fugger, emporgearbeitet. Sie, die Welser und die Hochstetter, begründeten am Ende des Mittelalters einen schon kapitalistischen Geldhandel und machten Augsburg neben Antwerpen und Lissabon zum bedeutendsten Geldmarkt Europas. Damals, die Fugger besaßen fünfmal soviel Kapital wie die berühmten Medici in Florenz, hatte die Familie auch starken Einfluß auf die Politik.

Von Augsburg zieht die Bundesstraße 17 durch das Lechfeld auf Landsberg zu. In der weiten Schotterebene des Lechfeldes liegen entlang der Straße die Anlagen des Garnisonslagers Lechfeld nur wenig nördlich der Wallfahrtskirche »Maria Hilf« bei Klosterlechfeld. Angeblich von der Augsburger Bürgermeisterswitwe Regina Imhoff gestiftet, erinnert sie an die Schlacht auf dem Lechfeld. Die Ungarn waren wieder einmal ins Land eingefallen und belagerten Augsburg. Am 10. August 955 zog Otto I. mit einem Heer, in dem Sachsen, Schwaben, Bayern und Böhmen kämpften, über das Lechfeld heran. In der zwei Tage dauernden Schlacht konnten die Ungarn zunächst den Heerzug erfolgreich angreifen, aber das Schlachtenglück wendete sich zugunsten des deutschen Heeres. Die Ungarn wurden eingekreist und vernichtend geschlagen.

Kurz hinter Klosterlechfeld nähert sich die Straße wieder dem Lech, dessen Lauf hier durch die Staustufen Nr. 18 und 19 unterbrochen wird. Landsberg taucht auf. Von weitem sieht die Stadt wie eine gut befestigte Burg aus. Im Gegensatz zu Donauwörth und Augsburg verschonte der Krieg sie. Mit hohen, turmbewehrten Mauern, mit prächtigen Stadttoren – allen voran das Bayertor – zeigt sie uns besonders auf dem weiten Markt das heitere Gesicht einer alten bayerischen Landstadt.

Ursache für die Entstehung der Stadt ist ihre Lage an der Salzstraße, die von Reichenhall nach Oberschwaben und in die Schweiz führt. Die große Fernhandelsstraße am westlichen Lechufer ließ Landsberg zum beliebten Rastort für die Kaufleute auf ihrem langen Weg nach Oberitalien werden. Außerdem war die Stadt ein Grenzübergang, der Lech trennte hier Bayern von Schwaben.

Erneut steht am Beginn des wirtschaftlichen Aufschwungs der Stadt Heinrich der Löwe. Wohl zur selben Zeit, als er 1158 unrechtmäßig den Übergang der Salzstraße über die Isar von Unterföhring nach seiner Stadt München verlegte, zog er den Lechübergang von Kaufering nach Landsberg.

Die Brücke und der Brückenzoll in Unterföhring gehörten dem Bischof von Freising, aber das scherte den Welfenherzog wenig. Kurzerhand zerstörte er die Brücke, um »zu den Munichen« (München) die hohen Salzzölle für sich zu haben. Bei der Verlegung des Lechübergangs handelte er gegen die Interessen seines Onkels Welf VI., die hohen Einnahmen aus dem Salzhandel hatten es ihm angetan, und so baute er bei Landsberg eine Brücke über den Fluß und sicherte diesen Zugang nach Bayern durch den Bau der »Landespurch«.

Der nächste große Gönner der kleinen Stadt am Lech wurde der Städtefreund Ludwig der Bayer. 1315 verlieh er den Landsberger Bürgern die gleichen Rechte und Freiheiten, die auch die Münchener Bürger genossen. Er gewährte der Stadt das Ungeld und den Wagenpfennig und ermäßigte die Stadtsteuern »für ewige Zeit«. Seine Nachfolger setzten die Begünstigung der Stadt fort: Der Bau des Salzstadels wurde erlaubt, in dem alles Salz, das aus dem Salzkammergut kam, gestapelt werden mußte, die Salzniederlassung wurde von München nach Landsberg verlegt, ein zollfreier Markt und eine Dult wurden genehmigt. Für das Vieh, das die Landsberger in Bayern kauften, brauchte kein Ungeld bezahlt zu werden, und 1419 schließlich wurde der Stadt der Floßzoll zugesprochen, der drei Pfennige von jedem vorbeifahrenden Floß betrug.

Über die schön geschwungene steinerne Lechbrücke verlassen wir die Stadt und kommen zurück auf die B 17, die an den Windungen des Lechflusses entlang durch fruchtbares Land nach Süden zieht. Mit dem zunehmenden Warenverkehr entwickelte sich in der zweiten Hälfte des 13. Jahrhunderts an der Straße nach Italien die Transportorganisation der Rottleute. Das waren Bauern, die an den Rottstationen das Fuhrrecht besaßen und sich haupt- oder nebenberuflich als Frachtfahrer betätigten.

Es gab zwei Rottstrecken, auf denen der Warenverkehr nach Italien lief: Die Obere- oder Reschenstraße – Ulm, Kempten, Nesselwang, Lermoos, Imst, Nauders, Landeck, Meran, Bozen, Venedig – oder unsere Straße, die sogenannte Untere- oder Brennerstraße – Augsburg, Schongau, Ammergau, Partenkirchen, Mittenwald, Scharnitz, Innsbruck, Toblach, Cortina d'Ampezzo, Venedig.

Zwischen Augsburg und Venedig gab es 24 Rottstationen, in denen die Waren ausgeladen, im Ballenhaus niedergelegt und von den Rottgenossen der nächsten Strecke wieder aufgeladen werden mußten, um zur darauffolgenden Rottlege weiterbefördert zu werden. Das kostete die Kaufleute Zeit und Geld. Die Beförderung der Fracht auf der Strecke Augsburg–Venedig dauerte, wenn alles reibungslos verlief, sechs

Wochen. Zwischen Augsburg und Schongau hatten die Schongauer Fuhrleute das Rottrecht.

Neben diesem umständlichen Verfahren bildete sich das Fuhrgewerbe der sogenannten Eigenachs- oder Eilwagen heraus. Spediteure brachten ohne Umladen in den einzelnen Rottorten die Waren direkt an den Bestimmungsort. Im 15. und 16. Jahrhundert wurden auf dem Reschenpaß jährlich mindestens 1300 bis 1400 dieser Eilfrachtwagen gezählt. Sie waren mit acht bis zehn Zentnern beladen und transportierten vorwiegend kostbare Fracht wie Spezereien, Gewürze und Seiden. Tag und Nacht, jeden Tag der Woche waren diese schnellen bayerischen und schwäbischen Wagen unterwegs.

Neben der Landrott bestand auf den Flüssen, insbesondere der Isar, der Salzach und dem Lech, eine Wasserrott. Die Floßfahrt war seit Beginn des 15. Jahrhunderts ein einträgliches Geschäft geworden. Mit den Flößen kamen Gips und Marmor aus Füssen, Silber, Kupfer und Blei aus Tirol, Öl und Wein aus Italien den Lech herunter. Weil diese Art der Beförderung schneller und billiger war, luden manche Kaufleute ihre Waren in Schongau vom Wagen auf die Lechflöße um. Bis zu 20 Flöße an einem Tag schwammen manchmal den Fluß abwärts. An der Zollmauer in Landsberg am Katzergarten mußten sie zur Entrichtung des Floßzolles anlegen.

Als nächste Station am Wege liegt auf einem Hügel oberhalb des Lech die Stadt Schongau, die bis heute Mittelpunkt bedeutender Verkehrsstraßen ist. Das ovale Bergplateau bestimmt die Form der Stadtanlage, die in Nord-Süd-Richtung von der zu einer breiten Marktstraße erweiterten Verkehrsachse durchschnitten wird. Das Rathaus, das ehemalige Ballenhaus mit seinen schlichten Treppengiebeln, liegt inmitten der Hauptstraße. Unter dem mächtigen Dach stapelten sich die Waren, bevor sie von den Rottleuten auf die nächste Etappe der Reise geschickt wurden. An diesem ehemaligen Platz eines römischen Lagers versammelten sich zu Zeiten der Kreuzzüge die Fürsten, Ritter und Edelleute, bevor sie den langen, gefährlichen Weg ins Heilige Land antraten.

Nach dem Lechübergang in Peiting teilt sich die Straße. Der eine Strang, die alte Via Claudia, zieht über Füssen, Reutte und Lermoos zum Fernpaß. Die Straße wird kurvenreicher, das ehemalige Prämonstratenserkloster Steingaden liegt am Weg. 1147 ist es von Herzog Welf VI. vor seinem Aufbruch zum zweiten Kreuzzug gegründet worden.

Jetzt steigt der Weg langsam aber stetig an und führt am Forggensee entlang, der durch die Aufstauung des Lech entstand. Die Straße nähert sich der Gebirgskette und erreicht Deutschlands höchstgelegene Stadt, das auf eine römische Militärstation zurückgehende Füssen. »Foetibus«, bei den Füßen der Berge, soll es geheißen haben. Gründer des mittelalterlichen Füssen ist der irische Glaubensbote Magnus gewesen, der hier im 8. Jahrhundert eine Zelle errichtete, aus der sich das Kloster St. Mang entwickelte.

In Nord-Süd-Richtung zwischen Lech und Schloßberg entstand die Siedlung als Umschlagplatz des Transithandels. Das hohe Schloß mit dem gewaltigen Burgfried ist das Wahrzeichen der Stadt und schaut vom Geisberg herab über winklige Gassen und steil gestaffelte Dächer. Der Schloßberg, wohl schon von den Römern befestigt, trug als erste Burg die 1268 von Herzog Ludwig dem Gestrengen von Bayern erbaute Festung. Von 1322 bis 1803 waren die Fürstbischöfe von Augsburg Herren von Schloß und Stadt. Sie bauten um und aus, so daß Ende des 16. Jahrhunderts, als alles vollendet war, Kaiser Maximilian I. bewundernd von einem »Klein Augsburg« sprach.

Das Aussehen der spätgotischen Burganlage hat sich nur wenig verändert. Die Hauptstraße der Stadt, einst Teil der Via Claudia, ist in eine Fußgängerzone umgewandelt worden, deren geschäftiges Treiben dem der alten Handelsstraße in nichts nachsteht, wenn auch Reiter, Pferd und Wagen aus ihr verschwunden sind.

Bei Füssen geht es über die Grenze nach Österreich. Über Reutte und Lermoos zieht die Straße auf den Fernpaß zu. Die Fernlinie ist auch von deutschen Kaisern bei ihren Romzügen genutzt worden. In Breitenwang bei Reutte starb Kaiser Lothar in einer armseligen Bauernhütte auf der Rückreise aus Italien im Jahre 1137.

Gehen wir zurück nach Peiting und folgen von dort der Bundesstraße 23, der Straße zum Brenner, der kürzesten Verbindung zwischen Augsburg und Verona. An diesem nördlichen Teil der Brennerstraße ist beispielhaft zu erkennen, wie die Römerstraße unverändert fast bis in unsere Tage den Verlauf des Weges in den Süden vorgegeben hat. Über Ammergau, vorbei am Kloster Ettal führt die Straße nach Garmisch-Partenkirchen. Der Ortsteil Garmisch wird 772 zum ersten Mal erwähnt. »Germarisgave« – Germersgau – lag nur wenig abseits der großen Handelsstraße, die durch Partenkirchen verlief. Der Vorgänger dieser Siedlung an der Partnach war die römische Niederlassung »Partanum« an der dem Brenner zustrebenden Südstraße. Der Ort erhielt seine Bedeutung durch die nördlich gelegene Straßengabelung bei Oberau, wo schon seit Römerzeiten unsere Straße auf diejenige traf, die über Murnau und Weilheim am Ammersee entlang nach Norden zog. Oberhalb von Partenkirchen bewachte die Burg Werdenfels den Straßenzug, den man von hier oben meilenweit überschauen konnte.

Garmisch hat stets ein wenig scheel auf den Nachbarort gesehen, der die Vorteile des regen Handelsverkehrs genoß und 1361 von Kaiser Karl IV. das Marktrecht erhielt. Von den beiden rivalisierenden Orten wird sogar behauptet, daß sich ihre unterschiedliche Lage zum großen Handelsweg im äußeren Erscheinungsbild ihrer Bevölkerung niedergeschlagen habe. Während die Garmischer eher blond und blauäugig seien, fließe bei den dunkleren, braunäugigen Partenkirchenern so mancher Tropfen südländischen Fuhrmannsblutes in den Adern. Beide Orte sollen sich übrigens aufs heftigste gegen die Zusammenlegung gestemmt haben, die 1935 beschlossen wurde.

Von Partenkirchen bis Seefeld erstreckte sich einst das große Waldgebiet von Scharnitz, dessen Mitte noch heute durch den Namen der Stadt Mittenwald gekennzeichnet ist. Bei Klais nahe Mittenwald lag das Kloster »in der Scharnitz«, das 763 an der Römerstraße gegründet wurde. Es gehörte zu einer Reihe von Klöstern, die während des 8. Jahrhunderts überall im Alpenraum an den Fernstraßen entstanden. Neben den Burgen und Klausen übernahmen auch sie eine Kontrollfunktion an den Wegen. Überdies boten sie Kaufleuten und Pilgern Unterkunft und Hilfe auf ihren beschwerlichen Reisen.

Die Glanzzeit Mittenwalds begann, als venezianische Kaufleute gegen Ende des 15. Jahrhunderts nach Auseinandersetzungen mit der Stadt Bozen die Bozener Märkte nach Mittenwald verlegten. Diese Blütezeit der Stadt endete abrupt, als 1679 der Markt nach Bozen zurückverlegt wurde. Die Straße, die sich heute von Garmisch-Partenkirchen nach Mittenwald und weiter bis zur Grenze bei Scharnitz zieht, ist die Bundesstraße 2. Über Seefeld gelangt man nach Innsbruck, wo der Weg durch das Unterinntal, von Kufstein kommend, in die Brennerstraße mündet. Bei dem schon zur Römerzeit bestehenden Innübergang entstand zunächst am schmalen, linken Innufer eine Siedlung, die bald auf die andere Flußseite übergriff. 1239 erhielt der Ort das Stadtrecht und zugleich das Recht der Niederlage. Die Waren mußten hier also abgeladen und auf neuer Achse weiterbefördert werden. Auch im heutigen Stadtbild kann man noch unschwer den alten Kern der Stadt erkennen. Er bestand in der Hauptachse aus einer langen von Lauben gesäumten Straße heute die Herzog-Friedrich-Straße. Mit ihrer Verlängerung, der Maria-Theresia-Straße, verläuft sie genau von Nord nach Süd durch die Stadt.

Auf halbem Weg zum Brenner liegt der kleine Markt Matrei, der auch heute noch hauptsächlich aus jenem langen Straßenzug besteht, von dessen stattlichen Häusern sich schmiedeeiserne Gasthofschilder über die Straße recken. An seinem südlichen Ende steht das mittelalterliche Hospiz, das 1447 erbaut wurde. Weiter begleiten freundliche Siedlungen wie Steinach und Gries den Weg empor zum Brenner, dessen Sattel 1374 Meter hoch liegt. Hier oben lag eine Zollstelle, bei der sich eine große, an mächtigen Ketten aufgehängte Waage befand, auf der die schwerbeladenen Fuhrwerke mit allen ihren Waren gewogen wurden.

Im Tal des oberen Eisack führte der Weg bergab nach Brixen und Klausen. Über den Zustand der Straße gibt eine Beschwerde der Rottleute aus dem Jahre 1525 Auskunft. Da heißt es:»Im Brixener Klausl ist ein Brückl lochrig, erbrochen und ganz übel versehen und sehr sorglich darüber zu wandeln, zu geschweigen mit den schweren geladenen Wagen. Die Straßen von Brixen bis gegen Klausen und weiter bis zu Kollmann, sind überaus schlecht im Stand, denn sie sind eng und schmal und die Wagengeleise hängen allweg gegen das Wasser des Eisack, so daß ein Knecht oder Anheber nicht wohl sicher neben dem Wagen gehen kann, zu geschweigen, daß er ihn halten oder anheben mag. Wenn uns armen Fuhrleuten in der Gebung der Zölle keine Gnad beschied, so ist es auch dagegen billig, daß die Straßen vorgesehen und gemacht werden, damit man männiglich sicher fahren und wandeln mag.«

Hatten die Wagen Klausen hinter sich gelassen, mied der alte Weg allerdings die Eisackschlucht und stieg bei Kollmann auf das Rittenplateau hinauf, um nach Bozen zu gelangen. So zogen auch die Kaiser und Könige auf ihren Italienzügen über den Ritten. Der Brennerübergang war bis zum Interregnum 1254 zur »Kaiserstraße« geworden, die den Herrschern vierzigmal zum Überqueren der Alpen diente.

Als sich aus dem Kaiserweg eine vielbefahrene Handelsstraße entwickelte, legte 1314 der Bozener Bürger Heinrich Kunter im Eisacktal den »Kuntersweg« an, der allerdings nur von Reitern und Saumtieren zu benutzen war. Erst Ende des 15. Jahrhunderts wurde der schmale Pfad in der engen Schlucht zu einem Fahrweg ausgebaut.

Die deutschen Kaufleute gehörten zu den wichtigsten Handelspartnern der Stadtrepublik Venedig, die den Seeweg in den Orient beherrschte. Nach der Plünderung von Byzanz durch die Kreuzfahrer und dem Sieg über Genua 1381 errang die Lagunenstadt die Vorherrschaft im damaligen Welthandel. Die deutschen Kaufleute besaßen am Rialto ein eigenes Handelshaus, den »Fondaco dei Tedeschi«. In seinen Gewölben lagerten die von Norden kommenden und nach Norden gehenden Waren. Von hier traten die Güter ihre Reise über den Brenner an. Erst als sich im 16. Jahrhundert die Warenströme völlig veränderten – Byzanz war von den Türken eingenommen worden, und Vasco da Gama hatte den Seeweg nach Indien entdeckt –, ging der Verkehr auf dieser Straße jäh zurück.

„Des Reiches Straße“

Frankfurt – Hanau – Gelnhausen – Wächtersbach – Fulda

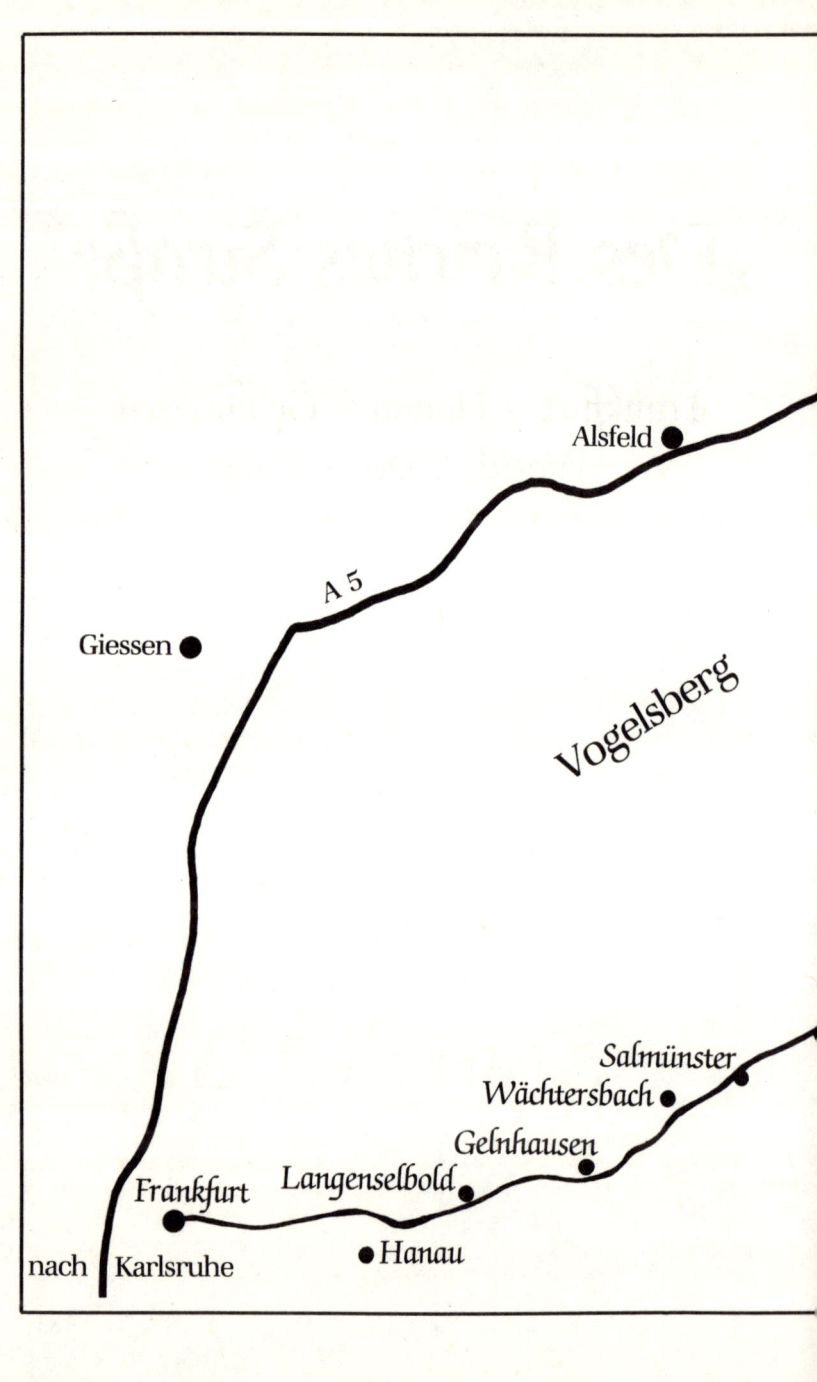

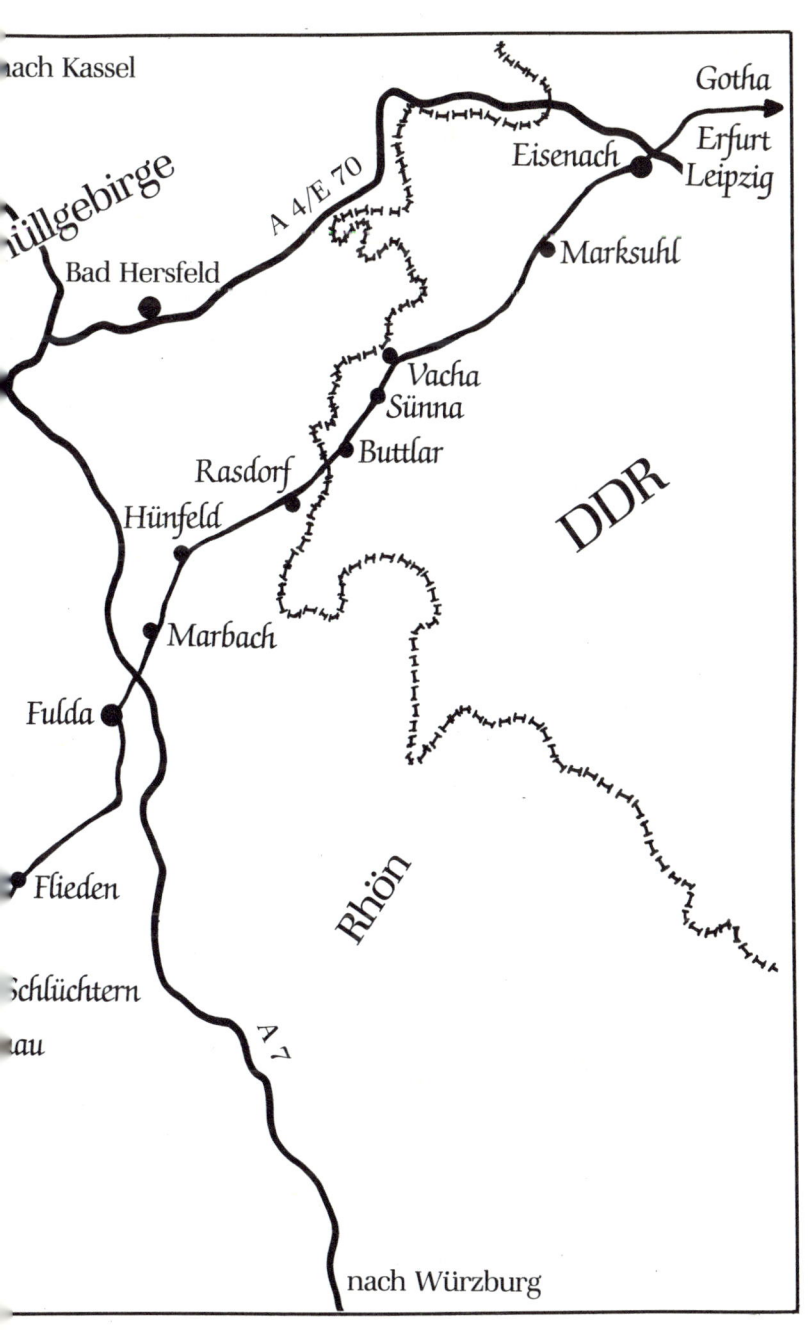

»Wir Friedrich von Gottes Gnaden erhabener Römischer Kaiser, König von Jerusalem und Sizilien, wollen durch dieses Schriftstück aller Welt bekannt machen, daß Wir alle insgesamt und jeden Einzelnen der zu den Messen nach Frankfurt Reisenden unter Unsren und des Reiches besonderen Schutz aufnehmen. Wir gebieten, daß niemand sie auf dem Hinweg oder auf dem Rückweg in irgendeiner Weise zu belästigen oder zu behindern wagen soll. Wer es dennoch wagen würde, soll wissen, daß er mit dem Zorn Unserer Majestät zu rechnen hat. Zur Einprägung dieses Befehls haben wir diese Urkunde darüber herstellen und mit dem Siegel Unserer Majestät bekräftigen lassen.«

Am 11. Juli 1240 gewährte Kaiser Friedrich II. allen zur Messe nach Frankfurt Reisenden sicheres Geleit und entschied so über das Aufblühen der Frankfurter Messe. An dem weithin einzigen Übergang über den Main wird 794 zum ersten Mal eine königliche Pfalz urkundlich erwähnt. Damals weilte Karl der Große hier mehrere Monate und versammelte die Würdenträger des Reiches zu einer Synode. Von diesem Moment an ist Frankfurt uns als Stätte bedeutender Reichsversammlungen bekannt und später als Ort der Königswahl. Im Jahre 1152 wurde zum ersten Mal in Frankfurt ein König gewählt – Friedrich I. Mit der Goldenen Bulle Karls IV. vom Jahre 1356 wurde die Stadt endgültig als Wahlort festgelegt.

Auch die Vorgänge des Wahlaktes wurden durch die Urkunde geregelt. Die sieben wahlberechtigten Kurfürsten – die Erzbischöfe von Mainz, Trier und Köln, der Pfalzgraf bei Rhein, der König von Böhmen, der Herzog von Sachsen und der Markgraf von Brandenburg – kamen in Frankfurt zusammen und nahmen an einer Messe in St. Bartholomä teil, auf daß »der Heilige Geist ihre Herzen erleuchte und ihren Sinnen das Licht seiner Kraft verleihe, damit sie mit seiner Hilfe einen gerechten, guten und brauchbaren Mann als römischen König und künftigen Kaiser zum Heil der Christenheit küren«.

Nach dem Eid, den sie vor dem Altar schworen, sollten sie zur Wahl schreiten. Es war ihnen nicht erlaubt, Frankfurt zu verlassen, bevor sie den König gewählt hatten.

Die Stadt Frankfurt, die im 14. Jahrhundert etwa 10 000 Einwohner hatte, war in der Lage, mehr als die gleiche Zahl von Fremden zu beherbergen, wenn zur Kaiserwahl oder zu Reichstagen die Menschen in die Stadt strömten.

Zweimal im Jahr, zu Zeiten der Messen, füllte sich Frankfurt ebenfalls mit Gästen. Keine Stadt in Deutschland war in der Lage, eine solche Anzahl von Menschen und vor allem auch von Pferden unterzubringen. Die Vermietung ihrer Häuser war ein guter Verdienst für die Frankfurter Bürger. Man rückte eben zusammen, und die Gäste schliefen zu mehreren in einer Stube oder, wenn es sein mußte, auch mal zu zweit in einem Bett.

Aber zurück zu den Anfängen der Messe. Die karolingische Pfalz verfiel zwar unter den ottonischen und salischen Herrschern, aber in der Siedlung, die sich an der Furt durch den Main entwickelte, entstand aus dem Fruchtmarkt, auf dem die Überschüsse der königlichen Domäne Wetterau zum Kauf angeboten wurden, langsam ein immer größerer Markt, der noch wuchs, als die Wollweberei in Frankfurt kräftigen Aufschwung nahm. Zu dieser im Herbst abgehaltenen Messe kam gegen Ende des 13. Jahrhunderts eine Frühjahrsmesse.

Frankfurt lag an der Kreuzung von fünf Handelsstraßen im Zentrum zwischen den wichtigsten Handelsstädten des Mittelalters. Die Straße von Nürnberg kam über Fürth, Neustadt an der Aisch, Würzburg und Aschaffenburg gezogen. In Seligenstadt wurden die Nürnberger Kaufleute feierlich zur Messe eingeholt. Mitglieder des Frankfurter Rates ritten mit bewaffneter Mannschaft den Nürnbergern bis zur Stadtgrenze entgegen und geleiteten sie zum Römer.

Über Basel kamen aus Italien und Frankreich Brokat und Gewürze, über Mainz rollten die Wagenzüge aus Paris und den Messestädten der Champagne heran. Der venezianische Handel fand teils über Augsburg oder über Nürnberg seinen Weg nach Frankfurt. Von besonderer Bedeutung waren die Straßen von Köln, der »Mutter der deutschen Städte«. Auf der linken Seite des Rheins auf der alten Römerstraße von Bonn über Koblenz und rechtsrheinisch von Hennef über Hadamar, Limburg, Camberg und Königstein im Taunus verbanden sie Frankfurt mit dem flandrischen und niederländischen Handel, der über Köln abgewickelt wurde. In der Mitte des 14. Jahrhunderts wurde die Stadt am Main zum Bindeglied zwischen den beiden wichtigsten Räumen des aufstrebenden deutschen Handels, dem hansischen Raum im Norden und dem oberdeutschen Raum.

Die Messen zu Frankfurt verknüpften aber auch den Osten mit Westeuropa. Über die »Hohe Straße« gingen Tuche und Wein nach Rußland und Polen, und dafür kamen Leder und Felle, Wachs für Kerzen und Honig für Backwaren nach Frankfurt.

Das Symbol für die verbindende Funktion Frankfurts war die Alte Brücke. Zu Beginn des 13. Jahrhunderts war sie aus dem roten Sandstein des Maingebietes errichtet worden. Mit der Donaubrücke bei Regensburg, der Karlsbrücke in Prag und der Mainbrücke bei Würzburg gehörte sie zu den berühmtesten Flußübergängen im Wegenetz des alten deutschen Reiches. Mit ihren 18 Pfeilern, den beiden Türmen und der Brückenkapelle war sie neben dem Dom das Wahrzeichen der Stadt und ein lebendiges Zeugnis der Geschichte. Über sie zogen die Deutschen zur Wahl ihrer Könige in die Stadt, und sie sah die Handelsleute Jahr um Jahr an Ostern oder Michaelis zur Messe ziehen.

Die erste Erwähnung der Brücke stammt aus dem Jahre 1222. Damals war sie schon in Stein gebaut, nur in der Mitte war sie aus Holz, damit der Übergang zum Schutz der Stadt abgebrochen und verteidigt werden konnte. 1342 wurde sie ganz aus Stein erbaut. Die Brücke überspannte 265 Meter lang den Fluß und hielt Eisgang und Überschwemmungen stand, bis sie zu Beginn unseres Jahrhunderts abgerissen wurde, um einer neuen Brücke mit höheren Bögen Platz zu machen.

Über die Brücke kommend, hatte sich das ursprüngliche Marktgeschehen um den Dom herum abgespielt. Aber die Kirche verbot den Handel an dieser ehrwürdigen Stätte, und so verlegte man den Markt an den Main, wo er sich beim Fahrtor nach Norden zum Römerberg und Liebfrauenberg ausdehnte. Eigentlich war jedoch die ganze Stadt ein Markt, und alle, die die Messen des Mittelalters in Frankfurt besuchten, rühmten die schier unglaubliche Vielfalt des Warenangebotes. »Der Märkte Markt« wurde er genannt, und »So viele Sterne der Himmel, so viele Waren hat Frankfurt.«

Ulrich von Hutten schrieb über die Stadt: »Weither suchen die Völker sie auf und wandern die Menschen. Denn für die Waren der Welt ist sie der wimmelnde Markt.«

Am Mainkai hatte sich der Weinmarkt angesiedelt. Die feinen Elsässer Weine und die rheinischen Gewächse kamen zu Schiff nach Frankfurt. Hier wurden die Fässer ausgeladen, verkauft und mit Pferdewagen auf den Straßen nach Norden und Osten weiterbefördert.

Für die Verbindung in den Osten des Reiches über die andere große Messestadt Leipzig wurden drei vielbefahrene Wege genutzt. Da war einmal die Straße »durch die langen Hessen«. Sie führte von Frankfurt über Butzbach, Gießen, Kirchhain und Treysa nach Homberg. Von dort weiter auf Spangenberg zu und über Vacha oder Berka nach Eisenach. Es war ein sicherer Weg, den die Kaufleute, aus Thüringen, Sachsen, Böhmen und Polen kommend, bevorzugt benutzten.

Die Straße »durch die kurzen Hessen« zog über Friedberg, Grünberg, Romrod, Lingelbach und Hersfeld vorbei an Kleinensee und Großensee nach Eisenach.

Die dritte Möglichkeit, nach Eisenach zu gelangen, bestand in dem Weg durch das Kinzigtal über Fulda und Hünfeld nach Eisenach. Von hier aus ging der Weg nach Leipzig weiter über Gotha und Erfurt.

Die alte Straße verließ Frankfurt durch das Allerheiligentor und zog zwischen den Riederhöfen am rechten Mainufer über Mainkur nach Dörnigheim und von dort nach Hanau. Durch die Ausdehnung der Stadt Frankfurt und die starke Zersiedelung der Landschaft, durch das dichte Netz von Umgehungsstraßen, Schnellstraßen und Autobahnen ist es nicht mehr möglich, die Trasse der alten Straße zu finden. Aber Namen tauchen auf, die auf den Verlauf des Weges hinweisen.

Das Stadtzentrum verläßt man auf der Hanauer Landstraße. Sie führt an der Eisenbahn entlang durch ein Industriegebiet, endet aber bald in einer Schnellstraße, die ein Stück am Main entlang führt. Die Siedlung links der Straße heißt Riederwald, und der Bahnhof Mainkur liegt am Weg. Weiter geht die Straße, heute die B 40, durch Dörnigheim nach Hanau. Dieser erste Abschnitt der berühmten Kinzigtalstraße, »des Reiches Straße«, entbehrt heute jeglichen Liebreizes,

Industrieansiedlungen begleiten sie. Hanau hat während des Krieges schwer gelitten, 87 Prozent seiner gesamten bebauten Fläche sind 1945 zerstört worden.

Die Stadt an einer Furt durch die Kinzig, kurz vor deren Mündung in den Main, bekam 1303 das Stadtrecht. Mit »allen Freiheiten, Befreiungen, Rechten, Gewohnheiten und Pflichten, die die Stadt Frankfurt besaß, und dazu einen Wochenmarkt für den Handelsverkehr an jedem Mittwoch«.

Von Hanau aus führte die Straße am Talhang der Kinzig über Langenselbold nach Gelnhausen. Bis hierher reichte das Frankfurter Geleit. Hin und wieder, besonders im weiten Kinzigtal vor Gelnhausen, hatte die Straße mehrere Bahnen. Eine dieser Seitenbahnen zweigte in Hanau ab, ging an Niederrodenbach vorüber über Altenhaslau und Meerholz und vereinigte sich hinter Gelnhausen wieder mit dem Hauptstrang bei Höchst. Die Richtung dieser Seitenbahn nimmt heute die Bundesstraße 32 auf.

Gelnhausen, die alte Barbarossastadt, ist auf das engste mit unserer Straße verbunden. Sie liegt an den Ausläufern des Vogelsberges am rechten Kinzigufer, dort, wo sich das Tal des Flusses zur Mainebene hin öffnet. Bis Gelnhausen war die Kinzig schiffbar. Südöstlich davon im Flußtal finden wir auf einer Halbinsel in einer Schleife des Flusses die Ruinenreste des Pfalzbaues, der allen Kaisern und Königen aus dem Hause Hohenstaufen vielfach Aufenthaltsort war.

Durch die zweischiffige Torhalle, die ursprünglich von einem wehrhaften Turm überragt wurde, betritt man den Pfalzkomplex und steht vor den kostbaren Resten staufischer Architektur. Die Mauern des Palastes sind durch Rundbogenarkaden unterbrochen, die von paarweise gestellten kleinen Säulen getragen werden. Mit ihrem reichen ornamentalen Schmuck an Kapitellen und Gesimsen bewahren sie die Festlichkeit des kaiserlichen Baues, der nach zehnjähriger Bautätigkeit um 1170 vollendet war.

Hierher berief Kaiser Friedrich I. 1180 die Großen des Reiches zu einem Fürstengericht, auf dem die Zerstörung der Herrschaft der Welfen besiegelt wurde. Sein Sohn Heinrich VI. rief 1195 in Gelnhausen zur Teilnahme am Kreuzzug auf. Friedrich II. weilte zwischen 1214 und 1219 sechsmal in Gelnhausen. Der Niedergang der Pfalz, die mit denen in

Goslar, Wimpfen und Seligenstadt gleichzusetzen ist, begann, als Kaiser Karl IV. Stadt und Burg verpfändete.

Die Pfalz versank in Trümmer, die Stadt aber, die von Kaiser Friedrich Barbarossa am 25. Juli 1170 die ersten Freiheiten erhalten hatte, bestand weiter, brachte doch die Landstraße Leben und Bewegung in den Ort. Die Straße bestimmte sogar die Anlage der Stadt. Vom Röther Tor zog sie sich in zwei Strängen über den Obermarkt und den Untermarkt, durch die Petersiliengasse zur Haitzgasse. Hier ist die Straße nicht mehr als drei Meter breit, und an einem kleinen Haus steht der Vers: »Von Leipzig an der Pleiße, bis Frankfurt an dem Main, wird auf der ganzen Straße, die engste Stelle sein.«

Auch am Haitzer Torhaus, durch das die Straße die Stadt verließ, war es eng, und oft mußten die Fuhrleute, die ihre Wagen zu ausladend bepackt hatten, vor Gelnhausen umladen, was Arbeit und Verzögerung der Reise bedeutete, den Gasthäusern aber zugute kam.

Östlich von Gelnhausen verändert sich der Charakter der Landschaft schnell. Das Kinzigtal wird eng, immer näher drängen sich die Ausläufer des Vogelsberges und des Spessart, das Land wird ärmer und der Boden karger.

Neben Autobahn und Bahnlinie führt die Straße nach Wächtersbach. Von dort geht es weiter nach Salmünster, das noch heute zeigt, daß es einmal eine alte Sperrfeste an der wichtigen Handelsstraße war. Hier erreicht man die Bundesstraße 40, die den weiteren Weg nach Fulda aufnimmt.

Nachdem man Salmünster verlassen hat, liegt nach vier Kilometern links der Straße die Kinzigtalsperre, die den Fluß bis kurz vor Steinau aufstaut. Dann erreicht der Weg Steinau an der Straße, wie es heute noch heißt. Die Steinauer brauchten sich dieser Straße nicht zu schämen, war es doch »des Reiches Straße«, die »Hohe Straße«, die die Marktsiedlung am linken Kinzigufer entstehen ließ. Kaiser und Könige sind mit ihrem Gefolge auf ihr entlanggezogen, waffenklirrende Heerscharen und Kaufleute mit ihren Warenzügen. Hier kreuzte die Weinstraße, die, aus dem Frankenland kommend, über Spessart und Vogelsberg nach Niederdeutschland führte, den Weg von Frankfurt nach Leipzig und überquerte die Kinzig.

Steinau gehörte zum Stift Fulda, und wohl um 900 entstand eine Burg zum Schutze des Handels. Im Zuge der alten Straße entstand eine Siedlung, durch die die Straße als erweiterter Straßenmarkt von über 300 Metern Länge vom Niederntor im Westen bis zum Schlüchterntor im Osten hindurchzog. In dem heute stillen Städtchen war in alten Zeiten ein ständiges Kommen und Gehen: Gasthäuser, Schmiede, Stellmacher und Kaufläden lebten von den Fremden, die auf dem Weg von Frankfurt nach Fulda durch Steinau kamen.

Die Stadt wurde von Burg und Straße beherrscht. Die 1311 vollendete Doppelmauer um die Stadt ist noch fast vollständig erhalten. Nicht nur die Stadtmauern schützten den Ort. Ein großer Teil der Gemarkung war von einem System von Landwehren umgeben. Das waren breit aufgeworfene Wälle, mit dichtem Gehölz bewachsen, an deren Endpunkten vier Warten die Befestigung überwachten. Die Seidenröther Warte ist verfallen, aber von der Marborner-, der Bellinger- und der Ohlwarte sind noch Reste zu finden.

Durch das Schlüchterntor und den Schlagbaum der Landwehr weiter durch das Kinzigtal führte der Weg nach Schlüchtern. Eine Anmerkung noch: Die Bundesstraße 40 und auch Teilstrecken der Autobahn 66 tragen von Frankfurt an den touristischen Namen »Deutsche Märchenstraße«, in Anlehnung an die Gebrüder Grimm, die im Amtshaus in Steinau ihre Kindheit verlebten.

Nur sechs Kilometer von Steinau entfernt liegt Schlüchtern vor dem Anstieg der Straße zum Distelrasen, dem schmalen Höhenrücken zwischen Vogelsberg und Rhön, der die Wasserscheide zwischen Main und Rhein auf der einen und Fulda und Weser auf der anderen Seite bildet. Hier oben sagen manche, läge die wahre Grenze zwischen Nord- und Süddeutschland. Westlich vom Drasenberg war hier der Paß von Schlüchtern zu überwinden. Das Land ist karg. Reich war man hier nur an Steinen. Zwar brachte die Lage an der großen Straße, auf der sich hier zwischen den Gebirgen der Verkehr zusammendrängte, manchen Vorteil, in schlechten Zeiten aber kam auf der Straße das Unglück daher: Tod, Pest und Teuerung. Schlüchtern lebte wie Steinau vor allem vom Frachtverkehr. Vor oder nach dem Aufstieg zum Paß über die große Wasserscheide war die Stadt Rastort für die Fuhrleute, wovon Werkstätten und Läden, Schmiede und Wagner und auch die Ackerbürger, die Pferde zum Vorspann bereithielten, nicht schlecht lebten.

Die Marktsiedlung entstand an der Krämerstraße in Anlehnung an das 880 gegründete Kloster. Die Oberntorstraße und die Lindenstraße bildeten einen Teil des alten Verkehrsweges vom Main nach Thüringen. An diesem Straßenzug lagen die meisten Gasthäuser der Stadt, von denen uns schon um 1355 Kunde wird. Im oberen Kinzigtal tritt uns immer wieder der Name des Geschlechtes der Hutten entgegen. Nur wenig südöstlich von Schlüchtern, hoch über dem Tal der Kinzig, liegt die Ruine der Steckelsburg, Stammsitz derer von Hutten, die zu den mächtigsten Rittern im Grenzgebiet zwischen Franken und Hessen aufstiegen.

Am 21. April des Jahres 1488 wurde auf der Burg der Dichter Ulrich von Hutten geboren, ein unruhiger Geist aus diesem ungebärdigen Geschlecht. Als Raubritter lagen die Ritter von Hutten in Fehde mit Fulda, beraubten Priester, fielen immer wieder ins Klostergebiet ein, holten die Glocken aus den Türmen und töteten die Bauern. Auf der gut zu verteidigenden Steckelburg hatten sie sich verschanzt, und vom nahen Stolzenberg sperrte der Ritter Jacob von Hutten sogar die Straße im Kinzigtal für 50 Tage, so daß die Kaufleute nicht nach Frankfurt zur Herbstmesse gelangen konnten.

Nach diesem Streit mit Frankfurt gerieten sie sich mit den Grafen von Hanau in die Haare und die Herren verwüsteten sich gegenseitig ihre Besitzungen im Kinziggebiet, bis das Landfriedensgesetz Kaiser Maximilians im Jahre 1495 dem Treiben der rauflustigen Herren von Hutten ein Ende setzte.

In Schlüchtern lehnt sich der edle gotische Bau der Huttenkapelle an den Westturm der Klosterkirche. Im unteren Geschoß stehen die Grabsteine mit den Schrägbalken im Wappen und berichten vom Ruhm des alten Stammes derer von Hutten.

Nach dem Paß bei Schlüchtern nahm der Weg die Richtung auf Flieden ein und zog links der jetzigen Bundesstraße 40 zwischen den Höfen Bieland und Kahlberg hindurch nach Fulda. In Flieden hatten die Kaufleute seit 1357 für jedes Pferd, das Handelsgut transportierte, an die Abtei Fulda einen Zoll zu entrichten.

Im Jahre 744 ritt der Franke Sturmius, Lieblingsschüler des Bonifatius, in dessen Auftrag auf schmalem Saumweg durch die dichten Wälder des Vogelsberges. Er hatte den Auftrag, auf halbem Wege zwischen Mainz und Erfurt die günstigste Stelle für einen Klosterbau zu finden. Der Pfad senkte sich zum Tal der Fulda, und an der Furt durch den Fluß traf er auf slawische Handelsleute, die mit Waren zum Rhein ziehen wollten. Der Weg, auf dem der heilige Sturmius an die Fulda kam, war der alte Höhenweg, ein »Rennweg«, auf dem schon Drusus mit seinen Legionen vom Rhein zur Elbe vorgestoßen war. Es war die »Antsanvia«, der hohe heilige Weg. Er ging von Mainz nach dem Vogelsberg zu und südlich vom Taufstein über Gedern an die Furt durch die Fulda. Erst später verlagerte sich die Kammstraße in die Flußtäler.

Über diesen Weg kam der tote Bonifatius nach Fulda, das er zu seiner Grabstätte bestimmt hatte. Am 5. Juni 754 erschlugen die heidnischen Friesen den greisen Apostel der Deutschen in der Nähe von Dokkum. Den Rhein herauf wurde der Leichnam per Schiff nach Mainz gebracht, und auf den Schultern seiner Jünger wurden die Gebeine auf der »Antsanvia« nach Fulda getragen.

Sturmius also gründete an der Furt ein Benediktinerkloster und begann mit dem Bau der ersten Klosterkirche, die an der Stelle des heutigen Doms lag.

Auf Bonifatius und Abt Sturmius folgte Abt Baugulf und jener begann mit dem Bau einer neuen größeren Klosterkirche nach dem Vorbild der Petersbasilika in Rom. Unter dem vierten Abt Eigil wurde diese größte Kirche nördlich der Alpen 819 vollendet und geweiht.

Die um das Kloster entstandene Siedlung erhielt 1019 das Marktrecht. Einen großen Tag sah der aufstrebende Markt an der Straße nach Thüringen, als 1157 Kaiser Friedrich I. zur Weihe der Stiftskirche erschien und Fulda das Stadtrecht verlieh.

Ältestes Zeugnis des regen Verkehrs auf des Reiches Straße sind die Überreste des Heertores, das 1150 als Torhaus der Fuldaer Stadtbefestigung erbaut wurde. Es ist heute das älteste erhalten gebliebene Stadttor Deutschlands. Unter Rudolf von Habsburg, der mehrfach auf des Reiches Straße hier entlangzog, wurden die Äbte von Fulda zu Fürsten erhoben, mit dem Recht, zur Linken des Kaisers zu sitzen.

Die Äbte fühlten sich jetzt mehr und mehr als große Herren. Sie bauten sich eine Burg, und die Hofhaltung wurde immer prunkvoller und weltlicher. Schließlich war die Güte der Klosterküche berühmter als die Güte der Geistlichkeit an diesem Heiligtum der Deutschen Nation.

Die Gegensätze zwischen den Äbten und der Stadt wuchsen und führten schließlich zum Aufruhr der Bürger. Die Zwingburg des Abtes wurde zerstört, Klostergut wurde geplündert, bis schließlich Ludwig der Bayer die Reichsacht über die Stadt verhängte. Der Aufstand wurde niedergerungen, Pest und Raubrittertum taten ein übriges, um der Entwicklung der von Barbarossa geförderten Stadt ein Ende zu setzen.

Auf der Bundesstraße 27 unter der Autobahn 7 – Kassel-Würzburg – hindurch gelangt man über Marbach nach Hünfeld, das seit 781 zum Kloster Fulda gehörte und im Jahre 1310 die Stadtrechte erhielt. Von der alten Stadt ist nicht viel geblieben, bei einem verheerenden Großbrand ging sie 1888 in den Flammen unter.

Von hier aus steigt die Rhönstraße nach Vacha. Es ist die Bundesstraße 84, die sich über Rasdorf zur Grenze mit der DDR zieht. Jenseits der undurchdringlichen Grenzbefestigungen läuft sie unter Beibehaltung derselben Numerierung weiter über Buttlar und Sünna bis Vacha. Zu Vach, wie es früher hieß, war der Hauptübergang der von Fulda und Hersfeld kommenden Straßen über die Werra auf einer durch eine Burg geschützten steinernen Brücke, mit deren Bau begonnen wurde, als 1342 die alte hölzerne durch Hochwasser fortgerissen worden war.

Bereits 786 wird uns jenseits von Vacha eine »Hohe Straße« genannt. Es war dies die Bergstraße, die über Marksuhl nach Eisenach führte. Unterhalb der Wartburg zog der Weg über Gotha nach Erfurt, dem uralten Handelsplatz. Weiter ging der Weg über Weimar und Naumburg an der Saale nach Leipzig.

Sechs Straßen verdankt Leipzig die Blüte als Handelszentrum im Osten des Reiches. 1160 erhielt die Stadt an der Pleiße von Friedrich I. das Stadtrecht, und 1268, zur Regierungszeit Heinrichs des Erlauchten von Meißen, erhielt die Stadt das Recht, auf den drei Handelsmärkten Messen abzuhalten. Der Markgraf versprach allen Kaufleuten, unter sicherem Geleit hier unbehelligt Handel treiben zu können.

Im 14. Jahrhundert wurde Leipzig zum Stapelplatz erklärt, und schon bald darauf schloß der Rat Verträge mit Nürnberg und Augsburg, die Leipzig zum Lagerplatz des oberdeutschen Handels mit dem Osten werden ließen.

Die sechs Straßen machten Leipzig zu einem Mittelpunkt des Deutschen Reiches – sowohl wirtschaftlich als auch kulturell. An erster Stelle ist unsere Straße, die Messestraße nach Frankfurt zu nennen, die ihre östliche Fortsetzung über Breslau nach Polen und Rußland fand. Sie trug den Namen »Hohe Straße« im Gegensatz zur »Nieder-Straße«, die über Torgau und Sagan nach Posen führte.

Von Süden zog die Fränkische Straße von Nürnberg über Naumburg nach Leipzig.

Die östlichste der drei Straßen aus dem Norden kam von Frankfurt an der Oder und traf sich bei Torgau mit der »Nieder-Straße«. Die mittlere Straße kam von Stettin an der Ostsee über Berlin und Wittenberg gezogen, und aus dem Nordwesten kamen die Straßen von Lübeck, Lüneburg und Magdeburg oder Braunschweig über Halle nach den Messen der Stadt an der Pleiße.

Alle Einflüsse, die über dieses Straßennetz kamen, hat Leipzig in sich aufgesogen und zunutze gemacht: Von Erfurt übernahm die Stadt die Bedeutung als Austauschplatz zwischen deutschem und slawischem Handel. Von Mansfeld kam das Kupfer, von Annaberg das Silber. So manche der großen Kaufherrenfamilien der Stadt stammte aus Nürnberg, und gegen Ende des Mittelalters kamen die deutschen Professoren und Studenten der Universität Prag, deren Verbleiben an dieser ältesten deutschen Universität durch die Konflikte mit der hussitischen Bewegung nicht länger möglich war, nach Leipzig. 1409 wurde die Universität gegründet, und auf einen Schlag kamen 400 neue Bürger zu den damals höchstens 4000 Einwohnern hinzu. Damit war der Aufstieg der Messestadt, der in der zweiten Hälfte des 15. Jahrhunderts einsetzte, nicht mehr aufzuhalten.

Die Straße „durch die kurzen Hessen"

Friedberg – Grünberg – Alsfeld – Hersfeld – Eisenach

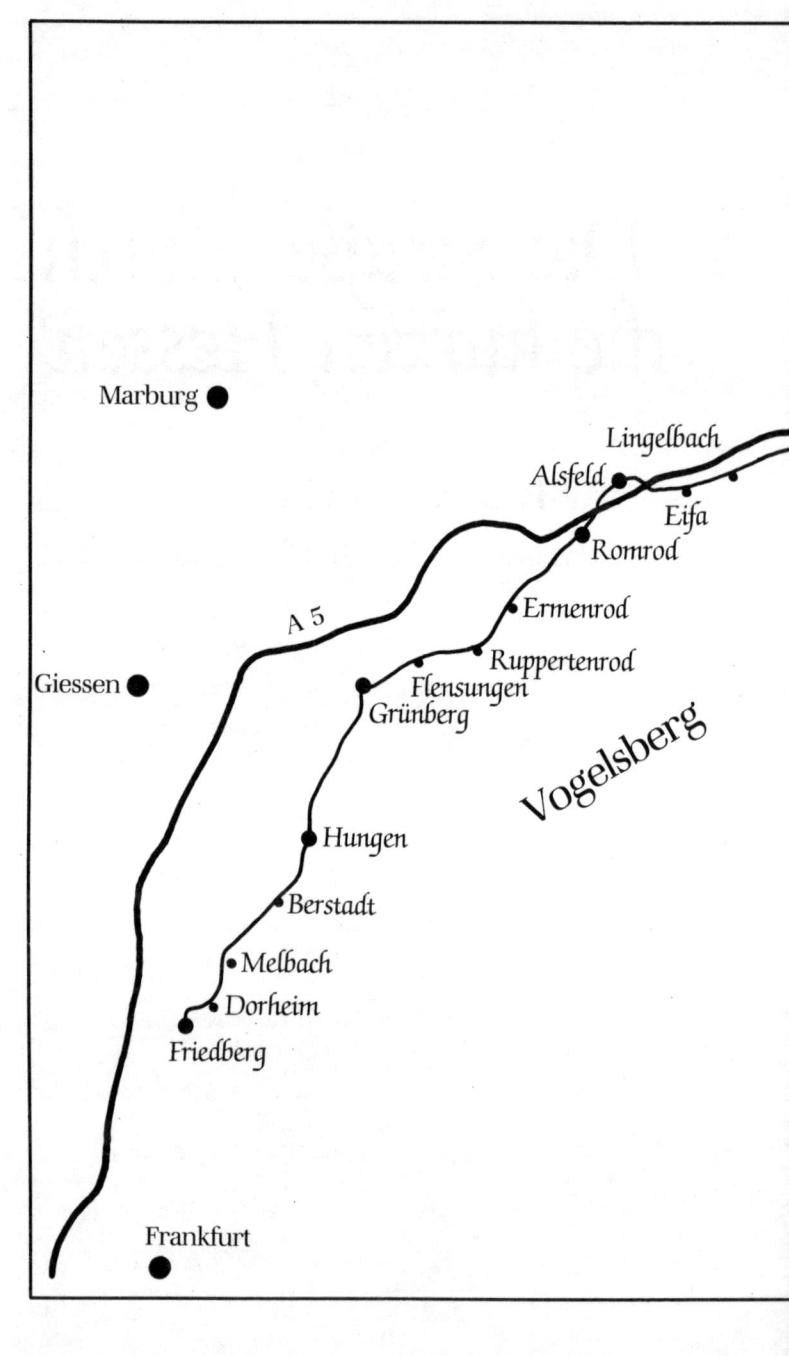

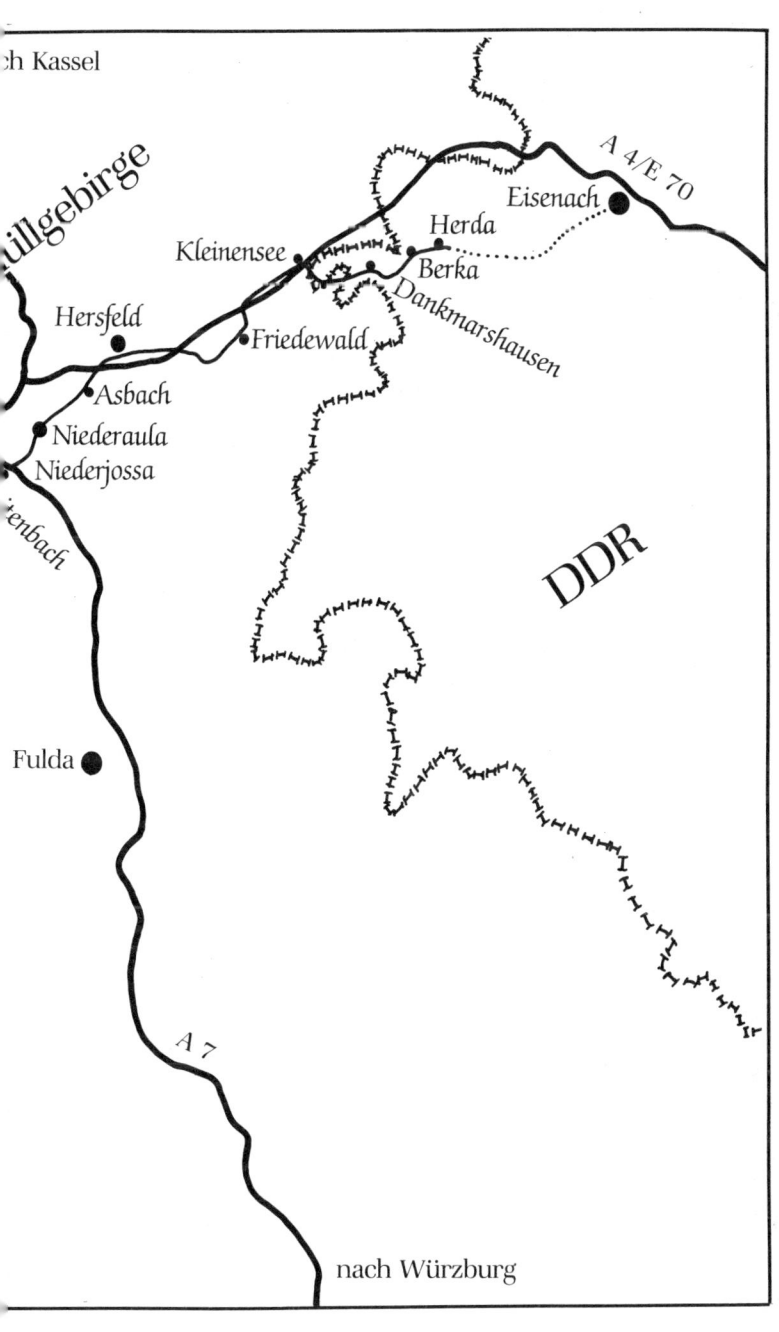

nach Kassel

Rhöngebirge

A 4/E 70

Eisenach

Herda

Kleinensee

Berka

Dankmarshausen

Hersfeld

Friedewald

Asbach

Niederaula

Niederjossa

...enbach

DDR

Fulda

A 7

nach Würzburg

Im Jahre 1569 heißt es in Leipzig: »Wenn man von hinnen auf Frankfurt will, so hat man zweierlei ordentliche Straßen durchs Land zu Hessen, welche wir und vor uns unsere Vorfahren, eine lange Zeit und weit über Menschengedenken, unverhindert gebraucht haben. Die eine geht durch die kurzen Hessen auf Eisenach, Hersfeld, Alsfeld und Grünberg, die andere durch die langen Hessen auf Eisenach, Kappel, Spangenberg, Treysa, Kirchhain und Gießen.«

Die Straße »durch die kurzen Hessen« wurde hauptsächlich von den Handelsleuten selbst benutzt, während die Wagen mit den Messegütern »durch die langen Hessen« zogen, weil dieser Weg größere Sicherheit bot, da er die eigentliche Geleitsstraße war. Trotzdem war die erstere Strecke sehr beliebt, weil die Tagesstrecken zwischen den Rastorten kürzer waren. Während man »durch die langen Hessen« zehn bis zwölf Stunden am Tag in Sattel oder Wagen verbrachte, waren die Tagesreisen auf dem Weg »durch die kurzen Hessen« in sieben oder acht Stunden zu bewältigen, was Pferd und Reiter schonte. Nicht nur Kaufleute, auch andere, insbesondere fürstliche Reisende, zogen bald durch die kurzen bald durch die langen Hessen nach Frankfurt. Im Januar 1349 reiste Kaiser Karl IV. von Dresden nach Frankfurt, wie überhaupt zu den Königswahlen die Fürsten über diese Straßen gezogen kamen. Der Kurfürst von Sachsen ritt einmal mit großem Gefolge und 750 Pferden über die Straße von Hersfeld, Alsfeld und Grünberg nach Frankfurt.

Von Friedberg aus verlief die Straße nach Dorheim und über Wölfersheim nach Berstadt. Es ist dies die Strecke der Bundesstraße 455, die, die alten Stationen des Weges berührend, nach Hungen zieht. Kurz vor Berstadt trifft eine alte Römerstraße, die vom ehemaligen römischen Kastell bei Echzell kommt, auf unsere Straße. Hier kreuzt man die Autobahn 45 und gelangt auf die B 489. Der weitere Weg berührt die Dörfer Utphe und Inheiden, bevor er nach Hungen gelangt – ein Ort, der schon im 1. Jahrhundert nachchristlicher Zeit als germanische Siedlung im Grenzland des Limes genannt ist. 782 hört man zum ersten Mal von dem Weiler, der 1361 das Stadtrecht erhält. In jenem Jahr erhielt Agnes von Falkenstein von Kaiser Karl IV. die Ermächtigung, Hungen zu einer befestigten Stadt auszubauen. Im Südwesten der

Stadt stand die Falkensteiner Burg, die durch Wall und Stadtmauer geschützt war. Neben Landwirtschaft und Viehzucht zog die große Durchgangsstraße mancherlei Gewerbe und Handel in die Stadt.

Weiter geht es auf der B 489 auf den Hessenbrücker Hammer zu, wo mittels einer Furt die Straße zwischen Wetterfeld und Münster die Wetter überquerte, hinein nach Grünberg, wo das Frankfurter Geleit aufhörte. Zum Schutze der Straße war 1186 durch den Landgrafen von Thüringen an dieser Stelle eine Burg angelegt worden, bei der sich, zunächst als Burgvorstadt, schnell eine Bürgersiedlung entwickelte. Von den Befestigungen der Altstadt ist nur im Westen der Diebsturm erhalten. Grünberg war ein wichtiger wirtschaftlicher Mittelpunkt mit einer blühenden Wollweberei und Leinenmanufaktur. Es besaß Häuser mit Warenhallen und ein Kaufhaus. Die Stadt hielt einen Wochenmarkt und acht Jahrmärkte ab, von denen der am meisten besuchte der jeweils am 16. Oktober beginnende Gallusmarkt war. Er dauerte acht Tage und war vor allem Viehmarkt, aber auch Kramhändler hielten ihre Ware feil. Seit 1481 gibt es ihn, und noch heute wird er als Volksfest gefeiert.

Wie bereits erwähnt, verlief vor den Toren der Stadt die Frankfurter Geleitsgrenze. An dieser Stelle ergibt sich die Gelegenheit, einmal zu definieren, was wir unter Geleit zu verstehen haben. In einem Lexikon aus dem Jahre 1735 wird es folgendermaßen erklärt: »*Geleit,* unter dem Wort verstehet man insgeheim alles das, was die hohe Landesobrigkeit zu sicher und bequemer Geleitung, Forthelfung und Erhaltung der im Lande Reisenden, sonderlich aber derer Handelsleute, verordnen und schaffen muß, es geschehe nun mit Beschützung derer Straßen vor Raubung und Plackerey oder mit Erhaltung derer Straßen selbst, derer Brücken etc.«

Es gab verschiedene Arten des Geleits: Das Heergeleit, mit dem fremde Truppen, die zu kriegerischen Auseinandersetzungen unterwegs waren, durch das Territorium geleitet wurden; das Diebsgeleit, das den Weg von Verbrechern zu ihrer Aburteilung sicherte; das Ehrengeleit für hohe und höchste Würdenträger; das Marktgeleit und, am wichtigsten, das Kaufmannsgeleit, das in erster Linie Kaufleute, die zu den großen Messen zogen, in Anspruch nahmen.

Geistliche und Pilger brauchten kein Geleit zu lösen. Es gab aber auch eine Reihe von Menschen, die kein Anrecht auf Geleitschutz hatten. Dazu gehörten Landfahrer, Marktschreier, Sänger und Bader. Ferner Mörder, Straßen- und Seeräuber, herrenlose Knechte, die Zigeuner und Münzfälscher. Die in Acht und Bann des Reiches erklärten Untertanen waren des Geleits ebenfalls nicht würdig.

Von Grünberg aus führt uns die Bundesstraße 49 nach Alsfeld. Über Ruppertenrod, Ermenrod und Romrod, die Autobahn 5 überquerend, zieht die Straße in die unter den Karolingern gegründete Stadt, die sich im 14. Jahrhundert zu einer wohlhabenden Handelsstadt entwickelte. Am Nordrand des Vogelsberges, am linken Ufer der Schwalm gelegen, wuchs die Stadt ellipsenförmig entlang der Straße in Südwest-Nordostrichtung. Durch das Mainzer Tor kam der Verkehr auf den langen rechteckigen Markt gerollt und verließ den Ort wieder durch das Hersfelder Tor. Die Altstadt ähnelt einem Museum. Die schönen Häuser am Marktplatz entstanden im 16. Jahrhundert. Aus dem Mittelalter ist wenig erhalten, nur die Walpurgiskirche reckt ihren gotischen Turm über das Dach des Rathauses. Aus Alsfeld heraus führt die B 62 fast auf der alten Strecke nach Bad Hersfeld.

Im Osten verläßt man Alsfeld. Unter einer schönen alten Eisenbahnbrücke hindurch geht es nach Eifa. Am Wege liegt das Dorf Lingelbach, und über Huhnstadt folgen wir der Straße nach Breitenbach am Herzberg. Rechts des Weges liegt die Burg Herzberg. Von hier oben ist das ganze Tal mit der Straße zu übersehen. Ein 1300 Meter langer Mauergürtel umschließt die Landesfeste, den Stammsitz der Freiherrn von Dörnberg.

Breitenbach hatte eine Zollstelle und ganz besondere Privilegien. Ein Weisthum von 1467 sagt ausdrücklich, daß ihm die Freiheiten gegeben seien: »manchem Pilger und anderen armen Leuten zugute, die durch dieses Dorf wandern, durch das eine Landstraße hindurchgeht.« Der eingesessene Bürger hatte das Recht zu brauen, zu backen, zu schlachten, auszuschenken, welcherlei Geschäfte auch immer zu betreiben, ohne einem Herren »Heller und Scherf« abzugeben.

Die Dörfer an der Straße werden immer stiller und karger. Man merkt, daß man sich der Grenze zur DDR nähert. Hinter Breitenbach wird das Tal ganz weit, und die Straße zieht sich am Hang entlang. Unten im Tal an der Jossa liegt der Fachwerkbau einer alten Wassermühle. In Niederjossa fahren wir unter der Autobahn 7 – Fulda-Nürnberg-Würzburg – hindurch. Hier fließt die Jossa in die Fulda, die an dieser Stelle noch ein ganz kleines Flüßchen ist. Immer am Hang der Fulda entlang geht es über Asbach nach Bad Hersfeld hinein. Zuvor jedoch liegt rechter Hand der Straße in den Fuldaauen der Eichhof. Dieses »Schloß zu den Eichen« hatte Abt Ludwig von Mansbach (1324–1343) als Lustschlößchen bauen lassen. Heute beherbergt es die »Hessische Lehranstalt für Grünlandwirtschaft und Futterbau«.

Vor dem Rathaus in Hersfeld steht auf einer Säule der heilige Lullus und lächelt milde auf das Treiben zu seinen Füßen. Hier, wo der heilige Sturmius eine Einsiedelei erbaut hatte, entstand unter der Leitung des Bischofs Lullus von Mainz zwischen 769 und 775 eine Benediktinerabtei, die sich der Gunst Karls des Großen erfreute, und deren Besitzungen sich von Rhein und Mosel bis zu Unstrut und Saale erstreckten. Ihr größter Schatz waren die heiligen Reliquien, die es barg: die Gebeine der drei Missionare aus dem fernen England, die den Deutschen das Evangelium brachten: Wigberts, des ersten Abtes von Fritzlar, Wittas, Bischof auf dem Büraberg, und Lullus', Bischof von Mainz.

Einem weiteren großen Namen begegnen wir in Hersfeld: dem des Abtes Godehard von Niederaltaich. Dieser war 1005 von Kaiser Heinrich II. nach Hersfeld geschickt worden, um dem Luxus, der Verschwendung und dem Schlendrian im Kloster ein Ende zu setzen. Ihm ging ein schrecklicher Ruf voraus, hatte er doch schon im Kloster Tegernsee mit eiserner Hand durchgegriffen. Den aufgeschreckten Mönchen in Hersfeld ließ er nur zwei Alternativen: entweder Unterwerfung unter die strengen Regeln des heiligen Benedikt oder Austritt aus dem Kloster. Fünfzig Mönche gingen damals, und nur zwei oder drei blieben zurück. Anstelle der Ausgeschiedenen kamen erprobte Mönche aus Niederaltaich, und nach sieben Jahren harter Arbeit konnte Godehard dem Kaiser 1012 die reformierte Abtei zurückgeben.

Jenem Abt Godehard hat die Nachwelt ein rühmendes Andenken bewahrt: Er wurde heiliggesprochen. Er ist der

Schutzpatron der Stadt Hildesheim, deren Bischof er war, und der St. Gotthard in den Schweizer Alpen trägt seinen Namen.

Nordöstlich von der Abtei wird in einer Niederlassung von Händlern und Handwerkern um 1142 zum ersten Mal ein Markt erwähnt. 1378 kam es zu schweren Auseinandersetzungen zwischen Stift und Stadt. Die Bürger der Stadt waren durch Hersfelder Tuch und Hersfelder Leder reich geworden, das im Reich begehrt war. Der damalige Abt Berthold hatte schon immer mit scheelen Augen auf die Freiheit der Stadt gesehen. In der Vitalisnacht 1378 versuchten mit dem Abt verbündete und von ihm aufgewiegelte Ritter die Stadt zu überfallen. Die Bürger waren gewarnt und konnten nach schwerem Kampf den nächtlichen Sturm auf ihre Mauern abschlagen. Auf dem Schlachtfeld zurück blieb der durchlöcherte Helm des Ritters von Engern, durch den ein Bürger seinen Armbrustbolzen gejagt hatte. Als Zeichen tapferen Bürgersinns hängt er noch heute am Rathaus.

Wir verlassen Bad Hersfeld auf der B 62, die nach Friedewald aufsteigt. Von hier geht eine Landstraße neben der Autobahn 4 über den Seulingswald, vorbei am Nadelöhr, den Berg hinunter nach Hönebach, wo die Straße bald an der Grenze zur DDR endet. Zwei wie Halbinseln weit vorgeschobene Arme der DDR klemmen das Dorf Kleinensee ein. Zwischen ihm und dem auf dem Boden der DDR liegenden Großensee führte die Straße nach Dankmarshausen und von dort nach Berka, wo sie die Werra überschritt. Der nächste Ort an der Strecke war Herda. Von hier führt heute ein landwirtschaftlicher Weg um den Lerchenberg herum auf Oberellen zu, von wo es nach Eisenach ging.

Der alte Kern Eisenachs bildet ein Dreieck, an dessen Spitzen die früheren Stadttore lagen, von denen die Straßen in das Reich liefen. Südlich zum Thüringer Wald, gegen Norden nach Mühlhausen, westlich über die Rhön nach Frankfurt und östlich die Straße über Gotha nach Leipzig. Vom Marktplatz führte der Weg zum Nikolaitor, vor dem sich die Straße zum Platz erweiterte. Hier suchten die Frachtwagen der Messestraße Schutz, wenn die Nacht hereinbrach. Hier rasteten die Fuhrleute, bevor sie sich am nächsten Morgen wieder auf den Weg nach Leipzig machten.

Die Straße „durch die langen Hessen"

Frankfurt – Gießen – Ziegenhain –
Homberg – Spangenberg –
Waldkappel – Creuzburg – Eisenach

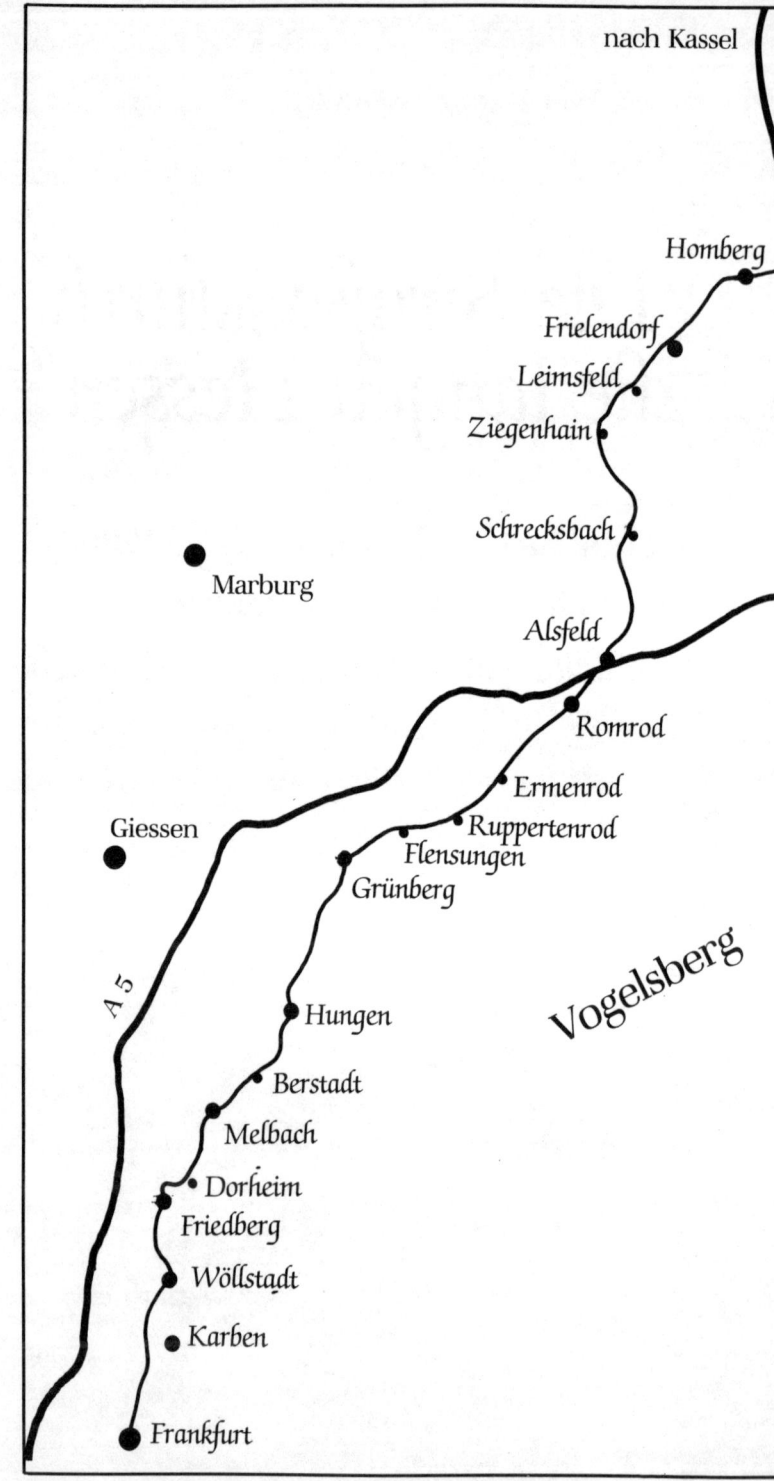

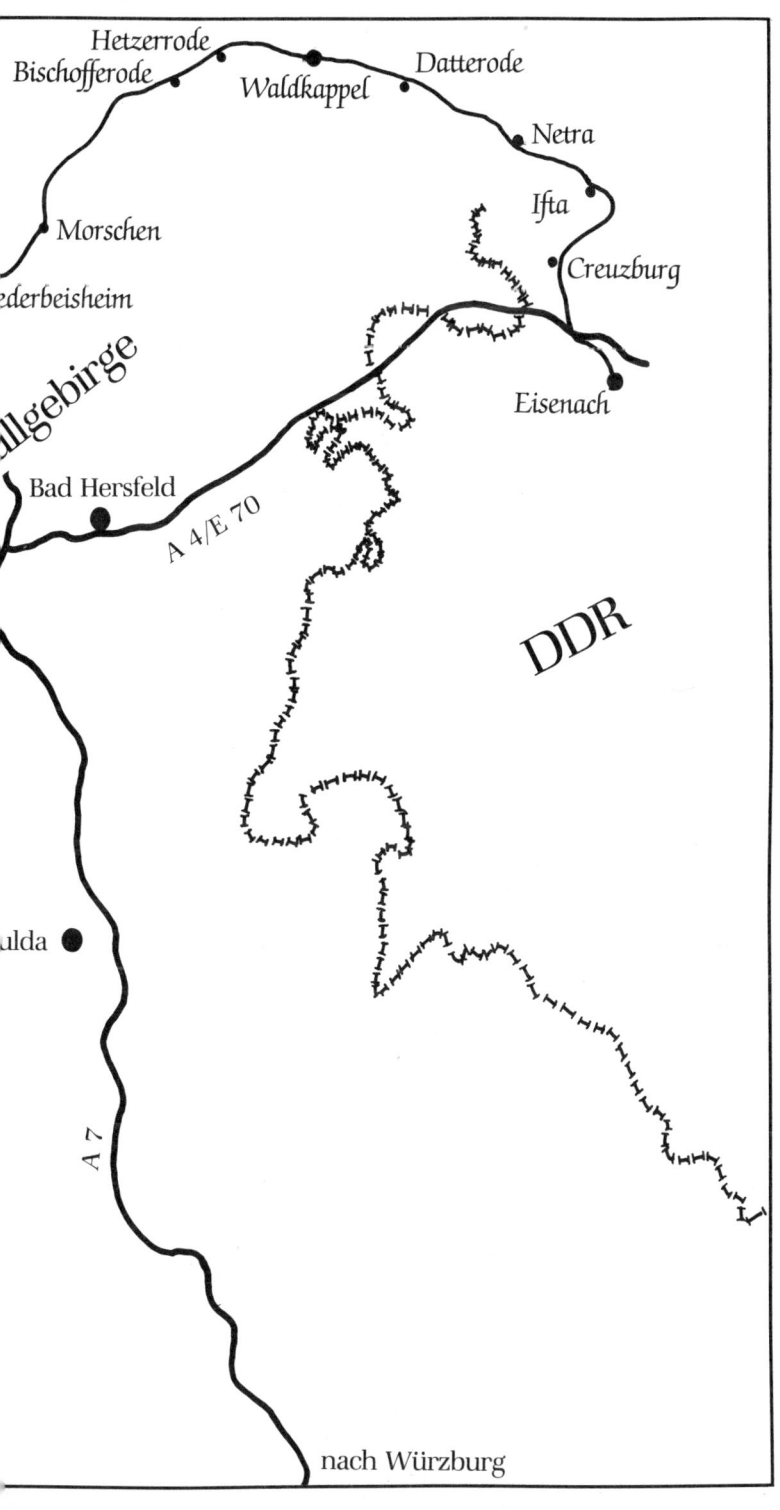

Den ersten Abschnitt der Straße »durch die langen Hessen« von Frankfurt aus bildet die Strecke nach Hildesheim. Bei Treysa zog sie über Ziegenhain nach Niedergrenzebach. Ein kleines schmales Landsträßchen führt von Schönborn und Leimsfeld entlang am Waldrand durch Weiden und Felder. Am Wegesrand zwischen Leimsfeld und Spieskappel steht der Spies-Turm, der früher als Spießberger-Wartturm bei einem Schlagbaum die Straße bewachte. Dann geht es unter einer Eisenbahnbrücke hindurch nach Frielendorf. Durch ein Industriegebiet führt der Weg nach Homberg (Efze), das die Straße westlich liegen ließ, um weiter über Oberbeisheim und Niederbeisheim zum Fuldaübergang bei Morschen zu ziehen.

Bei Oberbeisheim überquert man beim Rasthof Hasselberg die Autobahn 7. Dann geht der Weg durch ein Waldgebiet zwischen Eichelsberg und Steinkopf hindurch. Links des Weges liegt das Forsthaus Eichelsberg, und rechts des Weges das Forsthaus Steinkopf. Am Flüßchen Wichte entlang kommt man nach Neumorschen.

Schon im Mittelalter existierte bei Morschen eine Brücke über die Fulda. Ende des letzten Jahrhunderts wurde behauptet, daß man Reste davon noch im Wasser sehen könne. In Morschen passiert man die Domäne Heydan, einen riesigen Gutshof. Der nächste Ort an der Straße ist Spangenberg. Stadt und Burg sind Gründungen der Herren von Trefurt zur Sicherung des Handelsweges nach Mitteldeutschland.

Die schmucken Fachwerkhäuser liegen unterhalb der Burg um den Bergkegel herum. Die Burg war zeitweise Residenz und Jagdschloß der hessischen Landgrafen. Sie beherbergt heute ein Hotel und das Jagdmuseum.

Von hier aus bog die Straße »durch die langen Hessen« in das Tal der Pfieffe ab, und über Bischofferode und Hetzerode führt der Weg nach Waldkappel. Das Städtchen verdankt seinen Namen einer Kapelle, die auf dem Frauenberg stand. Hier treffen wir auf die Bundesstraße 7, die über Datterode und Netra zur Grenze führt und hier jäh abbricht. Die Numerierung der Straße ist dieselbe geblieben, jenseits der Grenze geht es über Ifta und Creuzburg nach Eisenach.

Zu der Stadt Creuzburg hegte die heilige Elisabeth von Thüringen eine besondere Zuneigung. Der Ort leitete seinen

Namen von dem Kreuz ab, das Bonifatius hier einst als Zeichen der neuen Lehre aufgerichtet hatte. Landgraf Ludwig von Thüringen, der Gatte der heiligen Elisabeth, ließ 1223 die steinerne Brücke über die Werra bauen, eine der ältesten Steinbrücken in Deutschland.

Über der Stadt liegt der Burgberg mit Ringmauer, Wehrgang und Palas. Jenseits der Brücke, als ob sie sie bewache, steht die gotische Liboriuskapelle. In ihr verrichteten die Reisenden ihre Andacht, bevor sie sich auf den Weg machten. Ein Beispiel dafür, daß Brücke und Straße einst unter Gottes Schutz gestellt wurden.

Dies ist ein kurzer Bericht über eine lange Straße. Folgt man dem alten Fuhrmannsweg heute über stille kleine Straßen, über Feldwege, durch verschlafene Ortschaften, kann man sich kaum die Dichte des Verkehrs und die hohe Bedeutung dieses Handelsweges im Spätmittelalter und den nachfolgenden Zeiten vorstellen. *Via est vita* – Die Straße ist das Leben! Heftig strömend, rumpelnd und knarrend unter Fluchen und Peitschengeknall zog es einmal über diese Wege, die heute in ländlichem Schlaf versunken sind.

Die Straße Frankfurt–Hildesheim

Frankfurt – Butzbach – Gießen –
Marburg – Fritzlar – Kassel –
Göttingen – Einbeck –
Alfeld – Hildesheim

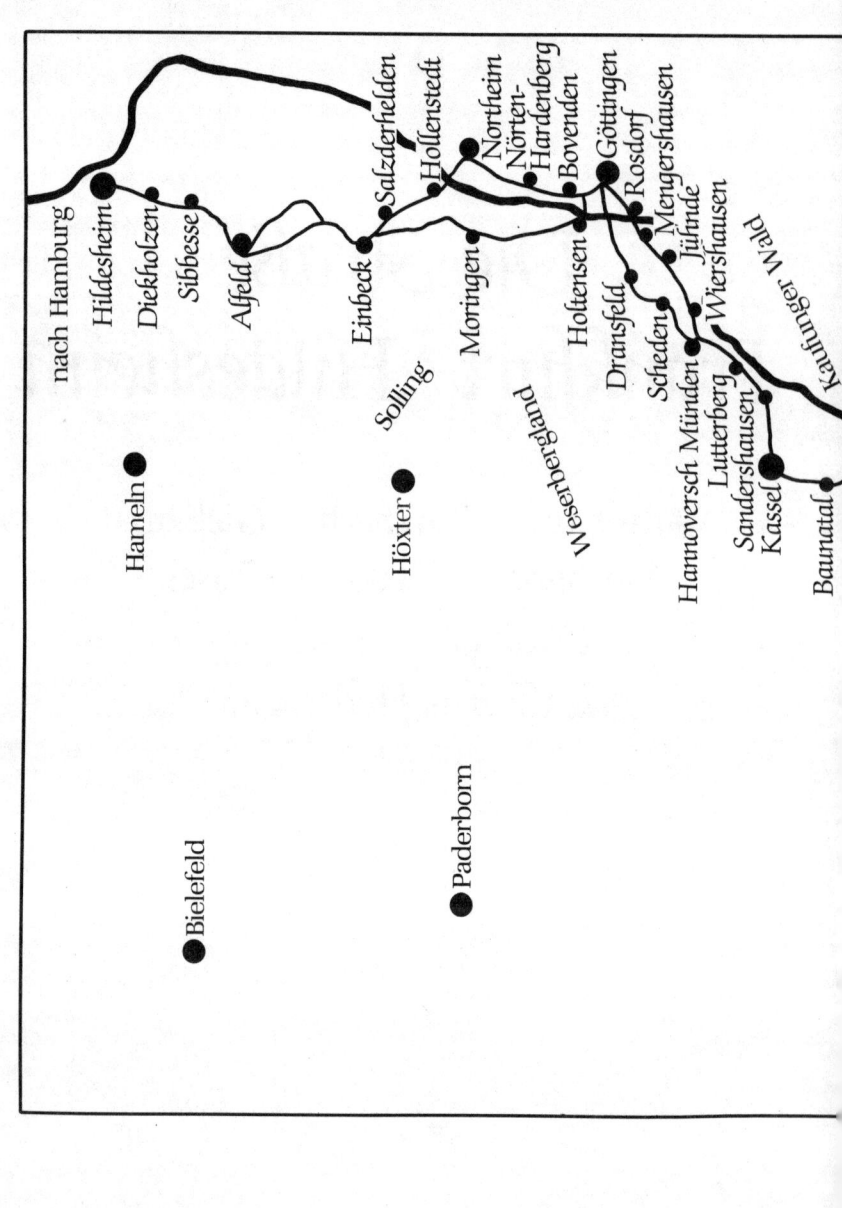

nach Hamburg
Hildesheim
Diekholzen
Sibbesse
Alfeld
Einbeck
Salzderhelden
Hollenstedt
Nörtheim
Nörten-
Hardenberg
Bovenden
Göttingen
Rosdorf
Mengershausen
Jühnde
Wiershausen
Holtensen
Moringen
Dransfeld
Scheden
Hannoversch Münden
Lutterberg
Sandershausen
Kassel
Baunatal
Kaufunger Wald
Solling
Weserbergland
Hameln
Höxter
Bielefeld
Paderborn

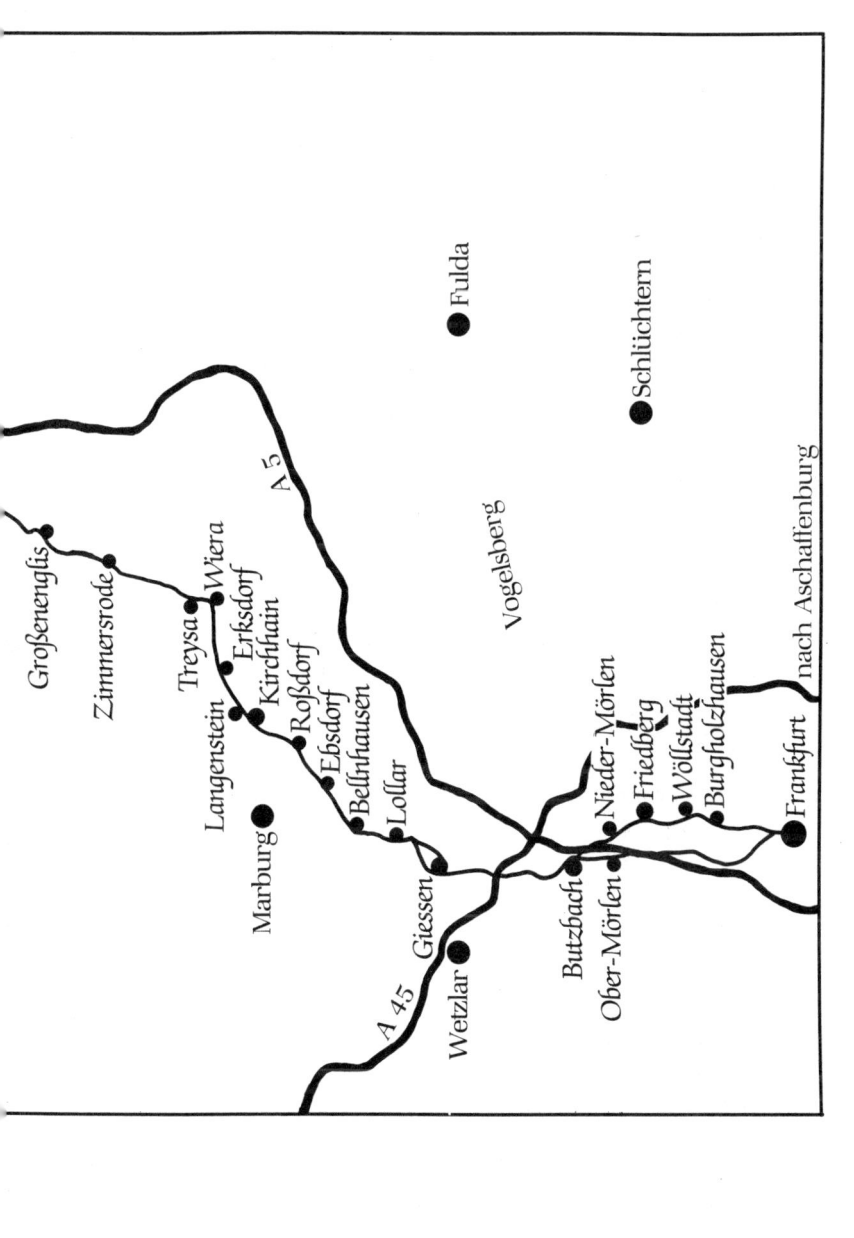

In Matthäus Merians »Topographia Hassiae« lautet die Beschreibung Frankfurts, der Stadt, in der er im 17. Jahrhundert lebte, daß es »deß Heiligen Römischen Reiches hochberühmte Stadt« war, »an dem schiffreichen und vornehmen Flusse Mayn gelegen, der sie in zween ungleiche Theile abtheilet, deren der kleinere Sachsenhausen genannt und dem Größeren mit einer steinernen Brücken, so Anno 1035 zu bauen angefangen, angehenget wird.« Und er fährt fort: »Außer, daß hie die Römische König sollen erwählet werden, hat die Stadt auch sonst herrliche Privilegien, so die in gantz Teutschland vornehmbste Jahr-Messen.«

Hessen bildet die Mitte der Bundesrepublik, ist das Bindeglied zwischen Nord- und Süddeutschland und zwischen Ost- und Westeuropa. Diese verkehrsgünstige Lage war Hessens Kapital und verhalf auch Frankfurt zu seinem Aufstieg als Messestadt. Aus allen Teilen des Reiches zogen die Kaufleute mit ihren Waren zur Frankfurter Messe, und auch heute noch ist die Stadt am Main das große Verkehrskreuz des westdeutschen und darüber hinaus des europäischen Wegenetzes. Ein Blick auf die Straßenkarte zeigt uns deutlich durch das dichte Netz der Autobahnlinien und die imposante Anlage des Frankfurter Kreuzes ganz in der Nähe des Flughafens Frankfurt, der größten und bedeutendsten Drehscheibe des Luftverkehrs in Deutschland, wie sich die verbindende Funktion der Messestadt Frankfurt durch die Jahrhunderte hindurch erhalten hat.

Von und zu diesen »vornehmbsten Messen« kamen die Kaufleute aus dem Norden Deutschlands über eine Straße gezogen, deren Verlauf die heutige Bundesstraße 3 nachvollzieht. Diese Bundesstraße stellt den mittleren Strang der Wege dar, auf denen der Verkehr Frankfurt in Richtung auf Marburg, Fritzlar und Kassel verließ. Westlich dieser Trasse verließ die »oberste Straße« die Messestadt in Richtung auf Bonames, lief dann über Ober-Erlenbach und Burgholzhausen weiter über Ober-Rosbach, Ostheim und Niederweisel nach Butzbach, wo sie sich mit der »Mittelstraße« wieder vereinigte. Diese zog links der heutigen Bundesstraße 3, nach dem Überschreiten der Nidda, vorbei am Harheimer Brunnen über Massenheim und Ober-Wöllstadt, dann über Friedberg und Nauheim nach Butzbach. Die dritte Möglichkeit, die Stadt zu verlassen, bestand im Weg über die Friedberger Warte und die Niddabrücke bei Vilbel. Um diese Brücke instandhalten zu können, war es dem Ort Vilbel 1342 gestattet worden, einen Wegezoll einzuziehen. Bei Kloppenheim vereinigte die Straße sich wieder mit der »Mittelstraße« auf deren Weg nach Friedberg. Dieser dritte Weg, die sogenannte »unterste Straße«, ist ein Teil des Weges nach Eisenach »durch die kurzen Hessen«, über den wir bereits berichtet haben.

Die Bundesstraße 3 zieht sich von Kloppenheim an Karben vorbei nach Friedberg und Bad Nauheim. Vom mächtigen Adolfsturm der Burg in Friedberg hat man einen weiten Blick auf die Wetterau, jenes fruchtbare Stückchen Erde, das einst die Kornkammer des Heiligen Römischen Reiches war. Auf dem Burgfelsen, auf dem ein Römerkastell stand, ließ Kaiser Friedrich I. um das Jahr 1170 eine Reichsburg errichten, der sich im Süden eine Vorstadt anschloß, die sich schnell zu einem blühenden Handelsort entwickelte und zeitweise an Glanz dem nahen Frankfurt nicht nachstand.

1257 wurde Friedberg Freie Reichstadt. Hier betrieb man nicht nur einen regen Tuchhandel, auch als Ausgangs- und Rastort der Straße erlebte die Stadt im 13. und 14. Jahrhundert eine wirtschaftliche Blütezeit.

Hier zweigte vom Strang der Straße nach Kassel der Weg »durch die kurzen Hessen« in Richtung auf Hungen und Grünberg ab. Der weite lange Straßenmarkt, auf dem sich die Reisenden aus dem Norden mit denen aus Preußen, Polen, Schlesien und Rußland trafen, führte direkt zum Burgtor. Die starken Wehranlagen der Burg aus dem 14. Jahrhundert sind noch erhalten. Der Bau des Wahrzeichens der Stadt, des Adolfsturmes, wurde durch das Lösegeld finanziert, das für die Freilassung Graf Adolfs von Nassau, der hier auf der Burg gefangengehalten worden war, gezahlt wurde.

Das elegante Bad Nauheim war in jenen Zeiten noch ein kleines Salzsiededorf, durch das sich die Straße nach Butzbach zog. Über die Autobahn 5 führt heute die B 3 schnurgerade zu der Stadt, die an der Stelle entstand, wo früher eine römische Garnison am Limes lag. Hier traf die »oberste Straße« aus Frankfurt wieder mit unserer, der »mittleren Straße«, zusammen und lief weiter in Richtung auf Gießen. Die B 3 führt heute westlich der alten Trasse vorbei. Das moderne System der Schnellstraßen, Zubringerstraßen und Autobahnen im Raum Gießen macht es heute fast unmöglich, dem alten Weg zu folgen. Der führte von der Zollstelle Kirch-Göns nach Lang-Göns und von dort nach Großen-Linden. Über Klein-Linden ging es dann nach Gießen hinein.

Links der Lahn bei der Mündung der Wieseck lag eine Wasserburg. Der Ort entstand aus einem Straßendorf in Nord-Süd-Richtung an der Strecke nach Kassel. Die kleine Ackerbauernstadt erhielt 1248 das Stadtrecht. Weiter nach Norden führte die Straße am Galgenberg vorbei, auf dem die Urteile vollstreckt wurden, die die Gemeinde am alten Friedhof verhandelt hatte. Im 13. und 14. Jahrhundert wurden in Gießen die Rechtshandlungen bei der alten Kapelle auf dem Gottesacker vollzogen, bis 1455 das Rathaus gebaut wurde und das Gericht dorthin umzog.

Die Bundesstraße 3 verläßt Gießen in Richtung Marburg. Bei Bellnhausen verläßt der alte Weg die moderne Straße, die von hier bis Marburg im Mittelalter nur eine Nebenstrecke war. Die Kaufmannswagen und Reisenden, die Boten und Gesandten zogen über Erbenhausen und Hachborn zum Erbsdorfergrund. Wir folgen dieser Straße weiter durch Wittelsberg und Rauischholzhausen. In dem kleinen Fachwerkdörfchen verwirklichte sich Ende des letzten Jahrhunderts ein Freiherr von Stumm seinen neugotischen Traum. In einem Park mit herrlichen alten Bäumen liegt das mit Zinnen und Türmchen geschmückte Lustschloß, das heute das Institut für Agrarverwaltung der Universität Gießen beherbergt.

Ist Roßdorf erreicht, sieht man schon den aus der Ebene aufragenden Basaltkegel liegen, auf dessen Plateau die Stadt Amöneburg liegt. Der Berg war schon in frühgeschichtlicher Zeit besiedelt worden, und Bonifatius gründete hier im Jahre 721 ein Kloster. Zu Beginn des 12. Jahrhunderts wurde die Bergsiedlung zur Festung ausgebaut und war bis 1803 Hauptstützpunkt der Mainzer Erzbischöfe im hessischen Raum. Die Stadt beherrschte den 300 Meter südlich vorbeiführenden und bei der Brückermühle die Ohm überschreitenden Zug der von Marburg kommenden alten Heerstraße über

Alsfeld und Hersfeld, die alte Straße Köln–Leipzig. Unsere Straße kreuzte die alte Messestraße und zog in Richtung Norden weiter nach Kirchhain, wo sie auf einer schon 1270 erwähnten steinernen Brücke die Ohm überwand.

Der Zug der alten Straße verläuft heute auf einer kleinen Landstraße durch flaches Gelände über die Dörfer Langenstein, Erksdorf und Speckswinkel nach Wiera. Eine fast dünenartige Landschaft begleitet den Weg. Auf sandigem Boden wachsen Kiefern und Krüppeleichen. Unter der Eisenbahn hindurch gelangt man auf die Bundesstraße 454, die nach Treysa immer neben den Eisenbahnschienen entlang führt.

Die beiden alten Städte Treysa und Ziegenhain wurden mit elf weiteren Gemeinden 1970 zu dem Ort Schwalmstadt zusammengeschlossen. Der Ortsteil Treysa ist schon um 800 urkundlich erwähnt und war im Mittelalter ein wichtiger Straßenkreuzungspunkt bei einem Übergang über die Schwalm. Flußaufwärts, am rechten Ufer der Schwalm, zieht die Straße nach Zimmersrode und von dort nach Arnsbach. Bei dem Ort Kleinenglis trifft man wieder auf die B 3, die direkt nach Fritzlar führt.

Beim Dorfe Kleinenglis steht ein verwittertes Sandsteinkreuz, das von einem schrecklichen Mord berichtet. In einem Hohlweg wurde hier im Jahre 1400 Herzog Friedrich von Braunschweig erschlagen, als er von Frankfurt nach Münden ritt.

Über stille, abseits gelegene Straßen, die früher den lebhaftesten Verkehr sahen, hat uns der Weg wieder auf die vielbefahrene Bundesstraße 3 geführt, die auf die Ederbrücke bei Fritzlar zuläuft. Die Reisenden früherer Jahrhunderte mußten zunächst einmal die mit einer Warte geschützte Landwehr passieren, bevor sie über die Brücke den Weg in die Stadt am nördlichen Ufer der Eder fortsetzen konnten.

Von weitem schon erblickt der Reisende die Türme Fritzlars. Neben den Kirchtürmen haben sich noch zwölf Wehrtürme der alten Stadtbefestigung erhalten. Am Steilhang über der Eder lag im beginnenden 8. Jahrhundert ein fränkisches Straßenkastell, in dem im Jahre 724 Bonifatius ein Benediktinerkloster gründete. Nach seiner ersten Romreise, bei der Papst Gregor II. ihn zum Heidenapostel in Hessen und Thüringen eingesetzt hatte, kam er in den Jahren 721/722 von Amöneburg nach Fritzlar, um hier zu missionieren. Seine engsten Mitarbeiter Willibald, Sturmius, Lullus und Wigbertus waren die ersten Äbte der Klöster in Eichstätt, Fulda, Hersfeld und Fritzlar, mit denen er die riesige kirchliche Organisation aufbaute, die bereits im Staat Karls des Großen eine bedeutende Rolle spielte. Bekannter ist jedoch die Erzählung, nach welcher Bonifatius in Geismar bei Fritzlar die Donar geweihte Eiche fällte und mit dem Holz, das sich in vier gleiche Teile spaltet, eine Kapelle bauen ließ.

Bei Kastell und Kloster entstand eine karolingische Pfalz, die aber schon in den Sachsenkriegen Karls des Großen 774 und dann ein zweites Mal in den Auseinandersetzungen Heinrichs IV. mit den Sachsen zerstört wurde. Auf ihren Trümmern wurde die Stadt Ende des 11., Anfang des 12. Jahrhunderts wiederaufgebaut.

Fritzlar war bis Ende des 11. Jahrhunderts Reichsbesitz und hat große Tage gesehen. Heinrich I. wurde hier 919 zum deutschen König gewählt. Unter Otto dem Großen zogen die Mächtigen des Reiches 953 nach Fritzlar zu einem Reichstag, den der Kaiser hierher einberufen hatte. Die Stadt war im Mittelalter ein bedeutender Handelsplatz, auf dessen Wochenmärkten und den zwei großen Jahrmärkten Waid, Wolle, Tuche und Getreide verkauft wurden. Der Altstadtkern ist zum großen Teil erhalten, vom Rathaus aus dem 15. Jahrhundert blickt man auf die Fachwerkbauten, die den Markt säumen. Auf der Säule des Marktbrunnens wacht der Roland über das Geschehen.

Der Weg hinaus aus der Stadt führte durch das Werkeltor, vor dem das erste städtische Hospital zu St. Georgen lag. Durch die Landwehr bei der Kasseler Warte ging der Weg über das Dorf Werkel nach Gudensberg.

Bis hierher sind wir wieder der B 3 gefolgt. Der alte Weg nach Kassel biegt an dieser Stelle links ab und führt über Besse, Altenbauna und Nieder-Zwehren in die Stadt. Wie lebhaft der Verkehr auf dieser Straße gewesen sein muß, läßt eine Beschwerde des Dorfes Besse erkennen. Die Gemeinde beklagt sich, daß man sieben Brücken und eine lange Strecke von Steinwegen zu erhalten habe. Durch die vielen Wagen mit den schweren Lasten aber würde großer Schaden angerichtet, so daß man die Ausbesserung des Weges ohne ein zusätzliches Entgelt nicht mehr würde tragen können. Daraufhin wurde dem Dorf erlaubt, einen Heller Wegegeld zu erheben, den die Kaufleute für jedes ihrer Transportpferde zu entrichten hatten.

Der alte Stadtkern Kassels lag am linken Ufer der Fulda. Die Stadt hat sich durch Eingemeindung zahlreicher Dörfer am Ende des letzten Jahrhunderts so ausgedehnt, daß sie heute fast das ganze Kasseler Becken einnimmt. Der Stadtteil Zwehren zum Beispiel lag weit vor der Stadt. Hier war im 14. Jahrhundert das Ferenspital eingerichtet worden, das zur Unterbringung der Aussätzigen diente. Der Name Ferenspital kommt von dem althochdeutschen Wort »ferch«, was todkrank bedeutete.

Die Siedlung Cassela ist in Anlehnung an ein fränkisches Kastell und dessen Wirtschaftshof entstanden, die zur Deckung von Straße und Flußübergang errichtet wurden. Der Flußübergang bei der Siedlung selbst war für den Fernverkehr von untergeordneter Bedeutung, da die an den Höhenrändern verlaufenden Fernwege die Fulda südlich und nördlich des Ortes überschritten. Als dann um 1280 die Fuldabrücke erbaut wurde, änderte sich die Verkehrslage: Von dem flußaufwärts gelegenen Übergang beim Aueausgang und dem flußabwärts gelegenen Übergang bei Wolfsanger verlagerte sich der Verkehr mehr und mehr zur Fuldabrücke in Kassel. Für den Kasseler Handel wurde dieser neue Verkehrsknotenpunkt bestimmend. Die wichtigsten Handelsgüter waren Salz, Flachs, Wolle, Getreide und Vieh.

Als die Brücke erbaut wurde, erhielt Kassel das Stadtrecht und war seit dieser Zeit Residenz der Landgrafen von Hessen. 1384 faßte Graf Hermann die drei Stadtteile Altstadt, Neustadt und Freiheit zu einem Gemeinwesen zusammen, dem er eine neue Verfassung gab. Heute ist aus der Stadt an der Fuldabrücke das Wirtschaftszentrum Nordhessens geworden. Nach den schweren Verwüstungen der Bombenangriffe 1943, die die Stadt zu 80 Prozent zerstörten, begegnet uns heute ein neues Stadtbild, in dem nur die Martinskirche aus dem Mittelalter erhalten blieb.

Die alte Straße aus Kassel hinaus zog durch den Stadtteil Bettenhausen und von dort nach Sandershausen. Dann stieg sie langsam auf die Hochfläche zwischen Landwehrhagen und Lutterberg, von wo aus sie in langen Schwüngen hinab ins Fuldatal nach Münden und dort über die Werrabrücke führte.

Von Sandershausen nach Lutterberg kann man der alten Landstraße noch folgen. Sie zieht sich ein Stück an der Autobahn 7 entlang und nimmt bei Lutterberg die Autobahnauffahrt »Hannoversch-Münden« auf.

Alexander von Humboldt zählte Münden, wo sich Werra und Fulda zur Weser vereinigen, zu den schönsten Städten der Welt. Das mittelalterliche Stadtbild ist weitgehend unversehrt erhalten. Aus dem 13. Jahrhundert stammt das Obere Tor mit der Stadtmauer, manche sehenswerten Fachwerkhäuser der Spätgotik sind zu entdecken, und auch die steinerne Werrabrücke, die 1329 zum ersten Mal urkundlich erwähnt wurde, führt immer noch über den Fluß. Anstelle einer hölzernen Brücke wurde sie aus Sandsteinquadern erbaut. Fünf ihrer Bogenjoche sind noch erhalten, zwei weitere später hinzugefügt worden.

Wirtschaftliche Grundlage der Stadt Münden war das Stapelrecht für den Schiffsverkehr. Von 1247 bis ins 19. Jahrhundert hinein mußten die durchziehenden Kaufleute ihre Ware im Ort feilbieten. Am Rande der Altstadt lagen die Schlagden, befestigte Uferplätze, die zum Aus- und Umladen der Schiffsfrachten genutzt wurden. 1070 ließ Otto von Northeim bei der Fischersiedlung »Gimundin« eine Burg errichten, die der Welfe Otto I. 1247 erweiterte.

Über die Brücke verließen die Kaufmannswagen Münden und zogen auf zwei Wegen nach Göttingen, von denen der eine im Zuge der Bundesstraße 3 verläuft. Dieser Weg über Scheden, Dransfeld und Grone nach Göttingen war im Gegensatz zu heute der weniger befahrene Straßenzug. Über Niederscheden, durch das von den Fuhrleuten gefürchtete Tal der Schede, wo häufig Überschwemmungsgefahr drohte, stieg die Straße steil auf nach Wellersen. Dann zog sie um den Dransberg herum nach Dransfeld, das eine beliebte Raststätte war. Vorbei am Galgenberg führte sie südlich von Grone nach Göttingen hinein.

Der Hauptverkehrsweg von Münden nach Göttingen zog sich im Mittelalter über Wiershausen nach Meensen. Darauf,

220

daß dieser Weg sehr alt ist, deuten die beiden Burgen, die vorgeschichtliche Quernburg und die ebenso alte Brackenburg hin, die den Weg weithin beherrschten und beschützten. Außerdem sind die beiden Orte Wiershausen und Meensen altes Reichsgut.

In Meensen liegt mitten im Ort oberhalb des alten Thingplatzes, der auch heute noch Tieplatz heißt, die Kirche des Ortes. Auf dem Platz stehen unter einer Linde ein Steintisch und zwei Scheibenkreuzsteine, die ursprünglich am Weg nach Münden standen. Der Weg über die Hochfläche bot keine Schwierigkeiten. Die Reisenden erreichten Jühnde ohne Probleme, wenn sich die Herren von Adelebsen, die hier auf einer alten Burg hausten, nicht gerade auf einem Raubzug befanden. Im Jahre 1486 hatten sie es so toll getrieben, daß die Göttinger heranrückten, die Burg einnahmen und zerstörten. Sie wurde aber wiederaufgebaut und liegt friedlich am Wege. Nur der Schloßturm, das äußere Burgtor und die Zwingermauer stammen noch aus mittelalterlicher Zeit.

Über Mengershausen führte die Straße nach Rosdorf, wo die Göttinger Landwehr zu passieren war, über die Leinebrücke in die Stadt. Rosdorf ist eine der ältesten fränkischen Siedlungen an der Münden-Göttinger Heerstraße. In denselben Jahren, in denen die Burg Jühnde und die Brackenburg in Schutt und Asche gelegt wurden, waren die Göttinger auch der ständigen Wegelagerei der Herren von Rosdorf überdrüssig und vertrieben sie aus ihrem Stammsitz.

Gegenüber der zerstörten Königspfalz Grone, am rechten Leineufer bei einer Furt gelegen, entstand im Verlauf der Nord-Südstraße die Kaufmannssiedlung Göttingen, die vermutlich 1211 das Stadtrecht erhielt. Die Lage an der großen Leinetalstraße hat Göttingen seit altersher zu einem Rast- und Marktort werden lassen. Auf die »Via Regia« von den Nordseestädten nach Süddeutschland traf hier von Südosten kommend die Thüringer Straße, von Südwesten die Frankenstraße, der wir bisher gefolgt sind, und von Nordwesten die Hameln-Einbecker Straße.

In der Ackerbürgerstadt entwickelte sich beachtlicher Wohlstand durch die günstige Verkehrslage und ein blühendes Tuchmacher- und Gewandschneidergewerbe. Auch die Leineweber produzierten für die Ausfuhr nach England,

Flandern und Rußland. Über 200 Jahre war die Stadt Mitglied der Hanse, von 1352 bis 1571. Sie hat im Dreißigjährigen Krieg entsetzlich gelitten, nahm aber neuen Aufschwung, als 1737 Kurfürst Georg August von Hannover die Universität gründete, die zu einem geistigen Zentrum wurde und viele große Geister anzog.

Für den Weg nach Norden, nach Einbeck, gab es zwei Möglichkeiten. Der erste entlang des rechten Leineufers, ist heute die Bundesstraße 3, die aus Göttingen heraus über Weende, Bovenden und Nörten-Hardenberg halb am Hang über dem Leinetal nach Northeim zieht. Kurz nach dem Überqueren der Rhume, die hier in die Leine mündet, trennt sich die alte Trasse von der B 3 und führt unter der Autobahn hindurch nach Hollenstedt, Stöckheim, Drüber und Sülbeck über Salzderhelden nach Einbeck. Dieser Teil des Weges bietet heute einen trostlosen Eindruck. Er führt durch reines Industriegebiet, vorbei an einer Kiesgewinnungsanlage, die rechts und links des Weges große Baggerseen hinterläßt. Zwischen Sülbeck und Salzderhelden ist ein ausgedehntes Hochwasserrückhaltebecken gebaut worden. In beiden Orten wurden die vorhandenen Salzlager schon seit dem 12. Jahrhundert ausgebeutet, und noch heute wird die Salzlake für Solbäder genutzt.

Der zweite Weg nach Einbeck zog westlich der Leine nach Norden. Er verließ Göttingen über Holtensen und die Zollstelle Lenglern, die ein alter Königshof war, nach Harste. Über bequemes Gelände, das heute landwirtschaftlich genutzt wird, ging es weiter über Thüdinghausen nach Moringen, dessen Burg Heinrich der Löwe im Jahre 1140 gegründet haben soll. Der Ort ist aus dem älteren Oberdorf bei den »Opferteichen« und dem jüngeren Unterdorf zusammengewachsen. Im Oberdorf an den »Opferteichen« lag ein germanisches Heiligtum, auf dem die christliche Kirche eine hölzerne Taufkapelle errichtete, die um 1100 durch einen steinernen Bau ersetzt wurde.

Moringen ist eine sehr alte Siedlung, sie verdankt ihre Entwicklung zur Stadt der Straße, die als Lange Straße den Ort in Nord-Süd-Richtung durchzieht. Die Burg war eine der wichtigsten im Lande Göttingen, sie war mit einem Zoll ausgerüstet und diente mehrfach als Residenz. Häufig machten dort hohe Fürstlichkeiten mit ihrem Hofstaat auf der Durchreise Rast.

Aus Moringen hinaus führt die Straße am Fuße des Höhenzuges Ahlsburg zur Stennebergsmühle, die heute ein anheimelndes Hotel ist, und dann den Berg hinab zum Dörfchen Iber. Über die alte Zollstelle Strodthagen geht es nach Sülbeck, wo sich beide Stränge wieder vereinigen und auf Einbeck zuziehen. Durch das Benser Tor gelangte der Verkehr in die Stadt.

Auch Einbeck ist aus einem karolingischen Königshof entstanden. Der sich im Schutze des befestigten Gutes entwikkelnde Marktort wurde von den Söhnen Heinrichs des Löwen zur Stadt erhoben. Sie lag am Kreuzungspunkt alter Straßen, dort, wo der Hellweg aus Soest nach Goslar unsere Nord-Süd-Straße querte. Die Stadt wuchs aus zwei Teilen zusammen: dem geistlichen um das Kollegiatsstift zu Ehren des heiligen Alexander, dessen Kirche im 12. Jahrhundert Ziel einer vielbesuchten Wallfahrt zur Heiligblutreliquie war, und dem weltlichen Teil, der Altstadt und dem Neumarktbezirk.

Die Stadt trieb schon immer einen lebhaften Handel mit Pelzwerk, Leinwand und Wolle. Seine große wirtschaftliche Bedeutung aber bekam Einbeck durch die Ausfuhr des »ainpöckischen« Biers, einer Art Bockbier, das im 14. und 15. Jahrhundert von den Ostseeländern bis zum Alpenrand begehrt war. Um den Wasserbedarf der Brauereien decken zu können, hatte die Stadt um 1400 eine kunstvolle Anlage errichtet, die das Wasser an Brauereien, Mühlen und Haushalte verteilte. Das Einbecker Bier war wegen seiner Qualität geschätzt und galt aufgrund der hohen Preise, die aus Transportgründen gezahlt werden mußten, als Luxusartikel. Es wurde gern als Fest- und Ehrengabe verwendet. Zeitweise zählte man in der Stadt mehr als 700 Häuser, die eine Braudiele besaßen.

Spätestens seit 1426 bis zum Ende des 16. Jahrhunderts gehörte Einbeck der Hanse an, die von Lübeck aus das Einbekker Bier in den gesamten Ostseeraum verschiffte.

Aus Einbeck heraus führte der Weg den Berg hinauf über den Stadtforst nach Brunsen. Der Berghang ist heute mit der Nordstadt besiedelt, aber am Fuße des Fuchshöhlenberges kommt man noch in das Dorf Brunsen, wo man die B 3 wieder erreicht. Es geht weiter zur alten Zollstätte Ammensen. Über Varrigsen und Gerzen folgen wir der B 3 nach Alfeld. Von hier, von Ammensen aus, konnten leichtere Wagen oder Reisende zu Pferde den steilen Weg über den Höhenzug des Selters hinunter zur Leinebrücke bei Freden nehmen. Über das Dorf Winzenburg fährt man auch heute noch nach Alfeld hinein. Hier verlassen wir endgültig die B 3, die nach Hannover läuft. Nach Hildesheim geht es weiter über die Sieben Berge (sie heißen wirklich so) hinunter nach Sibbesse und dann über Diekholzen, die Innerstebrücke und durch das Dammtor nach Hildesheim hinein.

Die Anfänge der bürgerlichen Siedlung liegen bei einer Furt durch die Innerste, an der sich ein Wikort entwickelte, längs einer uralten Heerstraße vom Rhein an die Elbe. Entscheidend für die Stadt aber war die Bistumsgründung Ludwigs des Frommen im Jahre 815. Auf einer Hügelkuppe südlich der Handelsniederlassung baute Bischof Gunther (815–834) anstelle einer Marienkapelle eine erste Kirche. Um das Jahr 1000 wurde der Domhügel von Bischof Bernward befestigt, der gleichzeitig nördlich des Domes das Benediktinerkloster St. Michael gründete. Etwas östlich zwischen Domburg und Kloster entwickelte sich der Markt um die Kirche St. Andreas herum. Hildesheim hat wohl schon vor dem Jahr 1000 das Marktrecht erhalten.

Das Bild der Stadt ist geprägt von den romanischen Kirchen. Der Dom und St. Michael sind die herausragenden Beispiele niedersächsischer Romanik. Ihr klarer, strenger Stil ist von Bischof Bernward beeinflußt worden, der in der Krypta der Michaelskirche sein Grab fand. In seinem Testament nannte er sich selbst »den demütigsten und unwürdigen Bischof dieser heiligen Hildesheimer Kirche«. Er war ein Mensch, der sich immer nur als Diener Gottes fühlte und für den auch die Kunst Ausdruck religiösen Gefühls war. Unter seiner Obhut entstand eine Werkstatt, aus der durch alle Jahrhunderte bewunderte Kunstwerke hervorgingen. Dort arbeiteten Schreiber, Maler, Goldschmiede und Erzgießer. Dieser Bischof war ein erstaunlicher Mann: Er war Kanzler des Reiches, Erzieher des jungen Otto III. und zugleich ein begnadeter Handwerker, von dem sein Biograph sagt: »Kein deutscher Goldschmied wußte edlere und reinere Formen zu bilden als er, keiner war in der Kunst, Metalle zu gießen, erfahrener, keiner verstand den Farben herrlicheren Glanz zu verleihen.«

Die Stadt Hildesheim, als eine der schönsten mittelalterlichen Städte Deutschlands mit einer fast geschlossenen Fachwerkbebauung, wurde im März 1945 bei einem nur 17 Minuten dauernden Luftangriff von 280 britischen Flugzeugen vollständig verwüstet. Siebenhundert reich verzierte Fachwerkhäuser sind zerstört worden. Der Dom und die Michaelskirche lagen ausgebrannt in Trümmern. Dennoch ist man an den Wiederaufbau historischer Bauten gegangen, und nach fünfzehnjähriger Arbeit sind die Anlage der Michaelskirche wie auch der Dom wiedererstanden und künden von dem einzigartigen Rang, den die Stadt vom 11. bis zum 13. Jahrhundert innehatte.

Die Frankfurt – Aachener Heerstraße

Frankfurt – Bingen – Bacharach – Sinzig – Rheinhausen – Sievernich – Aachen

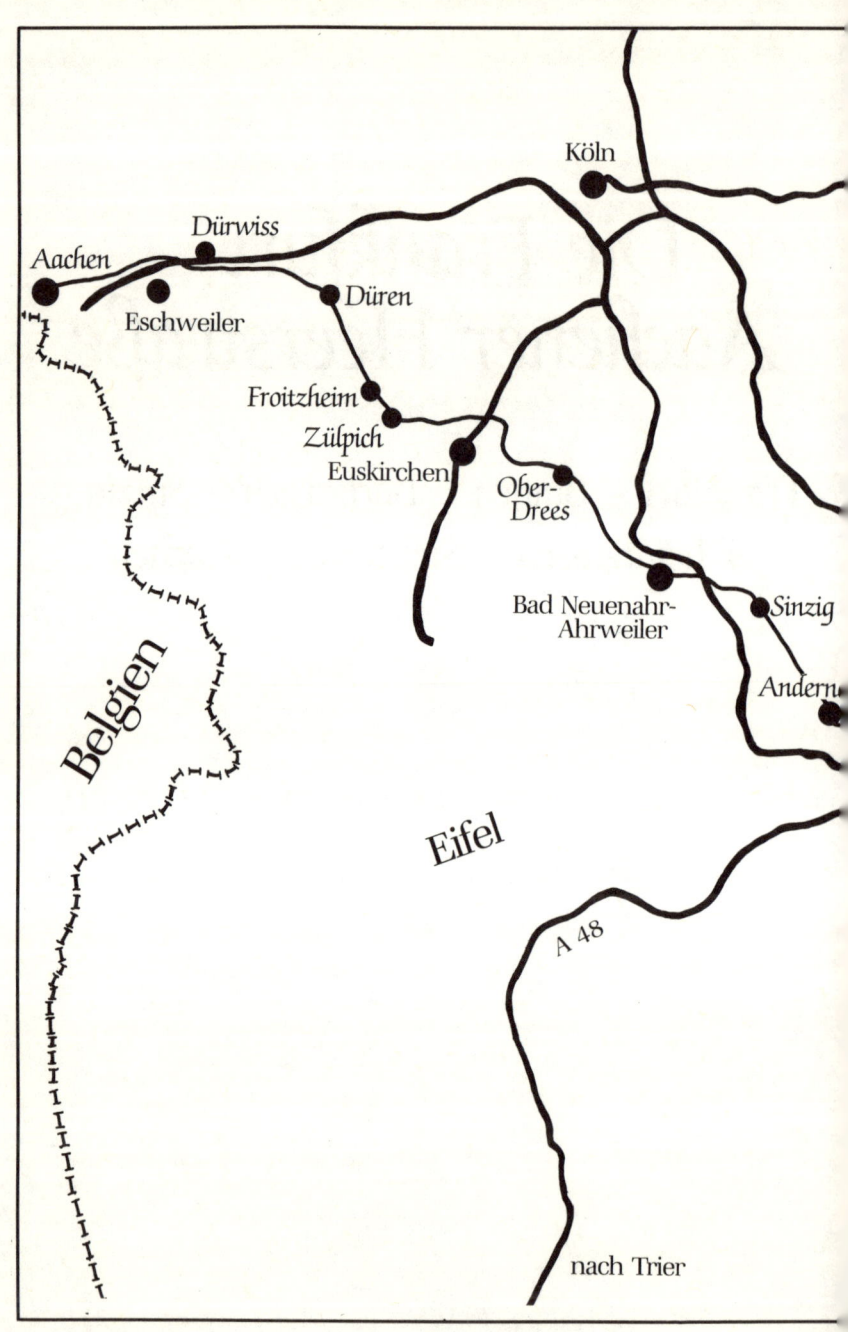

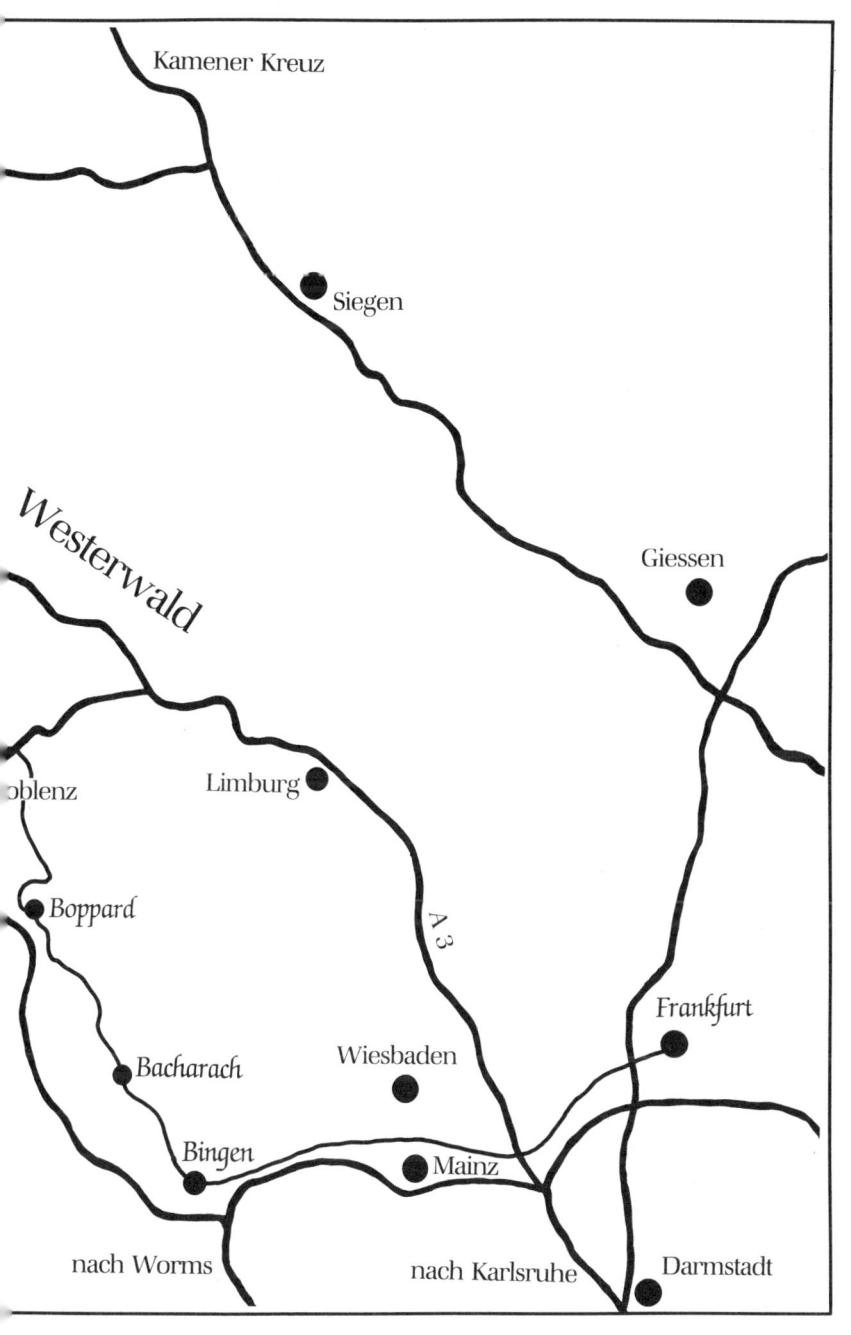

Das Verkehrswesen des Rheinlandes im Früh- und Hochmittelalter benutzte weitgehend die vorhandenen römischen Straßen. Den Römern diente die Straße von Köln nach Mainz am Rhein entlang als Hauptverkehrsschlagader. Im Westen der Eifel umging die Straße von Trier nach Köln – heute die Bundesstraße 51 über Bitburg, Prüm, Blankenheim und Euskirchen – das unwegsame Gebiet der Ahr. Nur sehr wenige Straßen kamen im Mittelalter zum römischen Straßennetz hinzu. Dazu gehört, allen voran, die Straße von Frankfurt nach Aachen, die die Orte der Königswahl – Worms, Mainz und Frankfurt – mit dem Ort der Krönung, der Pfalzkapelle Karls des Großen in Aachen, verband. Der Straßenzug ist wohl unter dem großen Kaiser entstanden, für den Aachen zur wichtigsten und liebsten Residenz wurde. Aachen lag fast im Mittelpunkt seines Reiches, das von den Pyrenäen bis Magdeburg, vom Kanal bis ins Land der Awaren und von Norditalien bis zur Schlei reichte.

Der Straßenzug, der noch vor hundert Jahren dem Verkehr zugänglich war, ist heute verschwunden, Teilstücke des Weges, den im Mittelalter Tausende von Händlern, Kaufleuten, Rittern und Pilgern benutzten, sind nur noch in einigen Feldwegen erkennbar. Anderes ist der Zersiedelung und der Flurbereinigung zum Opfer gefallen.

Der Straßenzug, der sich von Frankfurt über Bingen, Bacharach, Boppard, Andernach und Sinzig entlang der alten Römerstraße und dann weiter nach Aachen zog, war 252 Kilometer lang. Der Abschnitt entlang den Nordhängen der Eifel betrug 96 Kilometer. Bei Sinzig, kurz vor der Mündung der Ahr in den Rhein, bestand die bequemste Möglichkeit, die zeitweise wilden Wasser des Eifelflusses zu überqueren. Die Talweite am Unterlauf der Ahr, die wegen ihrer Fruchtbarkeit sogenannte »Goldene Meile«, wird von der auf einem Hügel gelegenen Stadt Sinzig beherrscht. Ihr Wahrzeichen ist die schon von weitem sichtbare Pfarrkirche St. Peter. Sinzig war karolingisches Königsgut und besaß eine Pfalz, von der wir wissen, weil Einhard, der Biograph Karls des Großen, dort Rast machte, wenn er von seinen Besitzungen im Odenwald nach Aachen reiste. König Philipp von Schwaben gründete im Jahre 1206 auf königlichem Grund bei Sinzig oberhalb der Straße die Festung Landskron, um dem Reich den Schutz dieses wichtigen Verkehrsweges zu sichern. Zwischen Sinzig und Bodendorf lag die Übergangsstelle über die Ahr. Gleich danach erklomm die Straße die Hochebene und lief auf die Fritzdorfer Mühle zu – mit 295 Metern der höchste Punkt des Weges. Über Echendorf und Klein Altendorf erreichte sie das ehemalige Königsgut, die Stadt Rheinbach. Von fern schon muß der Ort einen stattlichen, wehrhaften Eindruck gemacht haben. Hier im Tal des Swist, zu Füßen der Nordeifel, sah der Reisende hohe, durch Wassergräben geschützte Mauern, eine in den Mauerring einbezogene Burg mit zwei Burgtürmen und die Stadtmauer mit sieben Wachtürmen und vier Stadttoren. Von der ganzen Herrlichkeit sind in unseren Tagen noch drei Türme, das Burgtor und beim Hexenturm ein Stück der Stadtmauer erhalten.

Mit Pferdegetrappel und Wagengeroll zog der Verkehr durch das östlich gelegene Neutor in die Stadt und verließ sie wieder beim Dreeser Tor. Dann ging es weiter nach Oberdrees, Essig, Groß Büllesheim und Wünschheim, wo in der Nähe die Erft zu überqueren war.

Die nächsten Stationen waren Wichterich und Sievernich. Das Siechenhaus bei Sievernich, nördlich von Zülpich an der Kreuzung der Frankfurt-Aachener-Heerstraße mit der Römerstraße Köln-Trier, ist eines von vielen, die die Straße säumten. An wichtigen Stellen der Strecke gelegen – an Kreuzungen und Flußübergängen, wie nördlich von Düren am Ruhrübergang –, dienten sie erkrankten Pilgern und anderen Reisenden als Spital.

Hatten die Reisenden in der Nähe von Maria-Weiler die Ruhr überquert, ging es weiter über Geich und Langerwehe nach Dürwiss. Auch hier bot ein Siechenhaus kranken Wanderern Pflege und Unterkunft. Über St. Jöris, Weiden und Haaren zog die Straße in die alte Kaiserstadt Aachen, den Krönungsort des Heiligen Römischen Reiches, ein.

Die Bedeutung Aachens als Heilbad stammt schon aus vorrömischer Zeit, als hier der keltische Heilgott Grannus verehrt wurde. Unter den Römern war Aachen Militärbad der römischen Garnisonen von Niedergermanien, und auch Karl der Große schätzte die warmen Quellen des Ortes. Er ließ ein großes Marmorschwimmbecken bauen, in dem sich einhundert Personen aufhalten konnten. Er liebte es, nicht nur seine Söhne, sondern auch sein Gefolge und die Wachmannschaften zum Bad einzuladen.

Auf dem Markthügel hatte schon Pippin der Kurze eine königliche Residenz auf den Ruinen der zerstörten Römerstadt bauen lassen. Sein Sohn Karl baute den Königshof weiter aus. Über einem Untergeschoß, das für Gefolge und Gesinde bestimmt war, erhoben sich im östlichen Teil die Gemächer der kaiserlichen Familie. Im Westteil lag der Reichssaal. Von diesen Wohngebäuden führte ein Säulengang in die Pfalzkapelle, die heute ein Teil des Aachener Domes ist. Im Jahre 790 wurde dieses Meisterwerk karolingischer Architektur unter dem Baumeister Odo von Metz begonnen und 805 feierlich geweiht. Die Kapelle ist ein achteckiger Kuppelbau, umgeben mit einer zweistöckigen Galerie. Auf der Westseite der Empore befand sich der Marmorthron Karls des Großen.

Die Pfalzgebäude dienten auch den Nachfolgern des Kaisers gelegentlich als Residenz, waren aber im 12. Jahrhundert bereits baufällig. Auf ihren Grundmauern errichtete die Stadt 1300–1349 ihr Rathaus. Durch die Königskrönungen und die Wallfahrten zum Grab Karls des Großen erlebte die Stadt eine wirtschaftliche Blüte. Kaufleute und Händler fanden hier ein reiches Betätigungsfeld. Es gab außerdem einen vierzehntägigen Jahrmarkt, und Aachener Kaufleute genossen seit 1166 Zollfreiheit im ganzen Reich. Die Tuchmacherei war das wichtigste Gewerbe der Stadt, das durch die Stadtbäche und die heißen Quellen begünstigt wurde.

Zurück aber zu den Krönungen im Aachener Dom, die unserer Straße erst die überregionale Bedeutung zukommen ließen. Die beiden ersten waren Kaiserkrönungen. Karl krönte seinen Sohn Ludwig, und dieser wiederum seinen Sohn Lothar. Seit der Krönung Ottos I. zum deutschen König im Jahre 936 bis zur Krönung von Ferdinand I. 1531 fand diese feierliche Handlung 30 Mal in Aachen statt.

Die Krönung unterlag einer festen Ordnung, deren Niederschrift aus dem 12. Jahrhundert in der Kölner Dombibliothek aufbewahrt wird. Danach betrat der König, bekleidet mit seinen eigenen Gewändern, die Kirche. Er legte den Mantel ab und wurde am Haupt, auf der Brust, den Schultern, an den Ellenbogen und zuletzt an den Händen gesalbt.

Dann kleidete er sich in der Sakristei in Sandalen, Albe und Stola und kehrte zum Altar zurück. Hier wurden dem König die Insignien überreicht, man legte ihm den Mantel um die Schultern und setzte ihm die Krone aufs Haupt. Danach folgte das königliche Treuegelöbnis.

Abgesehen von den kirchlichen Geräten und Reliquien, die nach der Krönung in Aachen blieben, haben die Reichskleinodien ein unstetes Schicksal durchlaufen. Sie begleiteten die Fürsten, die ihre Regierungsgeschäfte im Umherreisen ausübten, auf den Hauptzügen durch das Reich. Denn bei hohen kirchlichen Festtagen und bei wichtigen politischen Anlässen legte der König seinen ganzen Schmuck an. Durch die Transporte auf den unsicheren Straßen jedoch war der Reichsschatz gefährdet, und so hören wir zum ersten Mal von einem Aufbewahrungsort, der Reichsburg Hammerstein am Rhein. Auch die Burg Trifels hütete mehrmals die kostbaren Insignien.

Karl IV. ließ sie nach Prag bringen und baute für ihre Aufbewahrung in der nahegelegenen Burg Karlstein eine überaus prächtige, verschwenderisch geschmückte Kapelle. Hier blieben sie, bis die Hussitenkriege Böhmen erschütterten und Kaiser Sigismund sie außerhalb der Grenzen des Deutschen Reiches nach Ungarn bringen ließ.

Angeregt durch einen Vorschlag Nürnberger Bürger entschloß sich der Kaiser, den ganzen Schatz für immer nach Nürnberg zu bringen. Unter Fischen versteckt, kamen die Kostbarkeiten in die Reichsstadt, die diesen Schatz bis 1796 verwahrte. Die Nürnberger wachten wahrlich streng über ihn und gaben ihn nur noch zur Krönung in Aachen heraus. 1445 wurde Friedrich III. gekrönt. Die Ratsgesandten Nürnbergs reisten mit ihren kostbaren Stücken in aller Heimlichkeit nach Aachen. Während der feierlichen Zeremonie standen sie in der Nähe des Altars, reichten die Kleinodien dar und nahmen sie dann sofort wieder an sich. Später erbat der König sie noch einmal für das Fest der Belehnung der Fürsten. Aber: »Sobald der König sie zu solchen Ehren genutzt hat, gab er sofort die Stücke an unsere Freunde zurück, also daß sie nie über Nacht in seiner Gewalt blieben.«

Aachen und unserer Straße war nach der Blüte der Stadt vom 13. bis zum 15. Jahrhundert ein schneller Niedergang beschieden. Die Königskrönungen wurden verlegt, die Wallfahrer blieben aus, und viele protestantische Tuchmacher, die die Stadt durch ihren Fleiß wohlhabend gemacht hatten, wurden ausgewiesen und verlegten ihre Betriebe in benachbarte Städte.

Der Hellweg

Duisburg – Dortmund – Soest –
Paderborn – Höxter

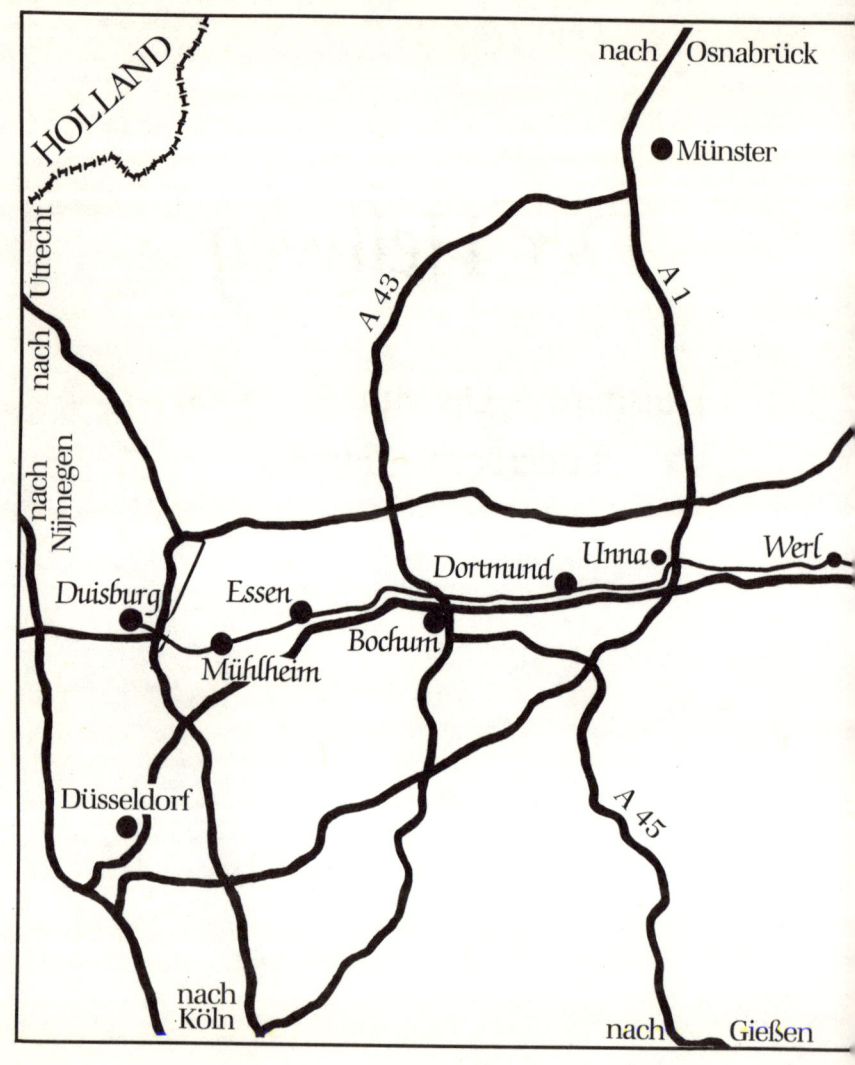

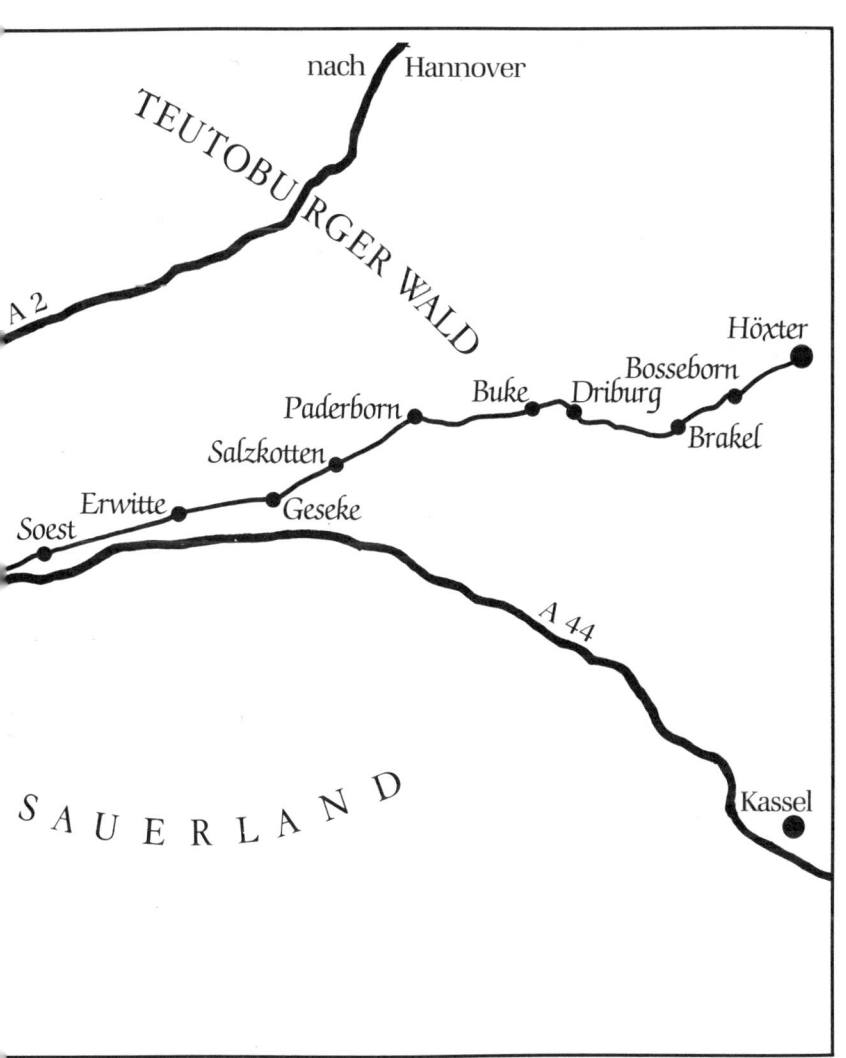

Durch die westfälische Tieflandbucht, die das Tor nach dem Osten Deutschlands bildete, lief der uralte Hellweg, den schon Drusus benutzte, als er im Jahre 11 v. Chr. mit seinen römischen Legionen zur Weser vordrang. Mit der Unterwerfung der sächsischen Engern und Ostfalen und mit der Eingliederung Sachsens in das fränkische Reich war der Hellweg als Etappenstrecke, als »Via Regia« vom Niederrhein bis Paderborn ausgebaut worden. Entlang seines Verlaufes wurden in regelmäßigen Abständen Königshöfe, sogenannte »curtis«, angelegt, die der Unterbringung und Versorgung der durchziehenden Truppen, Boten und anderen im Auftrage des Herrschers Reisenden dienen sollten. Von Köln und Duisburg aus scheinen auch die Kaufleute schon zu Beginn des Mittelalters ihren Handel nach Niedersachsen und in die Gebiete der Slawen über diesen Weg abgewickelt zu haben. Dieser Verkehrslinie verdanken die niederrheinischen und westfälischen Städte das frühzeitige und rasche Aufblühen. Außerdem war der Weg vom Rhein zur Weser aufgrund zahlreicher Solquellen eine wichtige Salzhandelsstraße.

Große Bedeutung erhielt die Heerstraße unter den sächsischen Kaisern, besonders unter Otto dem Großen, dem tatkräftigen Förderer Magdeburgs, in jener Zeit, als die Stadt der Ausgangspunkt der Kolonisation über die Elbe hinaus ins Slawenland war.

Und noch ein Ereignis sollte für den Hellweg und den Aufschwung des Handels auf diesem Weg von besonderer Tragweite werden: die Entdeckung der Silber-, Kupfer- und Bleiminen im Rammelsberg bei Goslar. Im Rammelsberg entstand das bedeutendste Bergwerk in Norddeutschland, und Goslar verdankt ihm sein rasches Aufblühen und die Gunst der Herrscher. Weither aus dem Reich kamen die Kaufleute, um das begehrte Erz zu holen. Sie brachten dafür Wein, Textilwaren, Gewürze, Seide und andere Waren auf der Heerstraße mit sich nach Goslar – besonders, als die Stadt unter den salischen Kaisern bevorzugte Pfalz wurde, die mit ihrer glänzenden Hofhaltung die Kaufleute mit ihren Waren anzog. Wie weit der Erzhandel Goslars reichte, zeigt eine Urkunde des Erzbischofs von Köln aus dem Jahre 1203 für die Kaufleute aus Dinant an der Maas, die durch Köln fuhren, um von Goslar Kupfer zu holen. Es kann kaum ein

Zweifel bestehen, daß sie auf dem Hellweg und dem Weser-
übergang bei Höxter nach Goslar gezogen sind.

Dort, wo das Niederbergische Hügelland weit nach Norden vorstößt und die fruchtbare Hellwegzone vom Rhein begrenzt wird, liegt am westlichen Endpunkt des Hellweges die
Stadt Duisburg. Hier mündete die einst schiffbare Ruhr in
den Rhein. Daß eine frühgermanische Fischer- und Händler-
siedlung an dieser Stelle lag, ist nicht zu beweisen. Aber nach
700 entstand an diesem Ort ein fränkischer Königshof, dessen Umrisse man noch im heutigen Stadtbild erkennen kann.
Er wird begrenzt durch die Straßen Flachsmarkt, Georgstra-
ße, Knüppelmarkt, Weinhausmarkt, Alter Markt und Brüder-
straße.

Um das Jahr 839 wurde eine Pfalzkapelle gebaut, die jedoch einem Raubzug der Normannen zum Opfer fiel. Diese
waren mit ihren flinken Schiffen einmal mehr den Rhein her-
aufgekommen und raubten, verbrannten und plünderten, was
ihnen in die Hände fiel.

Die heutige Salvatorkirche ist die Nachfolgerin dieser alten Pfalzkapelle. Die Königspfalz zog den Handel von weit
her an. Als erste kamen friesische Kaufleute, von denen einige sich an diesem Ort fest ansiedelten. Eine Zahl von Normannen blieb ebenfalls hier hängen und wurde seßhaft, und
in der zweiten Hälfte des 12. Jahrhunderts siedelten sich Flamen in Duisburg an.

Kaiser Friedrich I. gab dem Ort ein Marktprivileg für zwei
vierzehntägige Messen für flandrische Tuche. Die Schiffahrt
auf dem Rhein ließ viele Holländer zuwandern. Die großen
Verkehrszüge Europas waren im frühen Mittelalter die Donau und der Rhein. Den Fluß herunter kamen über Marseille
und Lyon die Waren des Orients – Gewürze, Seiden und Spezereien. Die blühende Rheinschiffahrt brachte Bauholz vom
Oberrhein, Tuffstein und Wein vom Mittelrhein und Fisch
und Obst aus Holland nach Duisburg. In der Blütezeit im
Mittelalter hatte die Stadt 3000 Einwohner. Im Gefolge eines
starken Hochwassers verlagerte sich der Rhein etwa zwei Kilometer nach Westen, Handel und Schiffahrt gingen allmählich zurück. Auch der Beitritt zur Hanse im Jahre 1392 konnte daran nichts mehr ändern. Die Bürger kehrten zu Ackerbau und Handwerk zurück. Schneider, Leineweber und

Tuchscherer bestimmten von jetzt an die Wirtschaft der Stadt.

Der Hellweg verließ Duisburg und zog auf den Ruhrübergang zu. Gleich zwei Burgen bewachten die Furt. Am linken Flußufer die Burg Broich, am rechten der Sitz der Herren von Mülheim auf dem heutigen Kirchenhügel. Landwirtschaft, Fischfang und Handwerk waren wichtige Erwerbszweige der Stadt Mülheim. Der Hellweg, die berühmte Königs-, Heer- und Kaufmannsstraße, lief von Mülheim über Frohnhausen und den ehemaligen Reichshof Ehrenzell nach Essen, heute die Bundesstraße 1, der Ruhrschnellweg, dessen Trasse auf weiten Teilen identisch ist mit dem alten Hellweg. Bei Heissen nimmt die Autobahn 430 die B 1 in sich auf und zieht über Essen nach Bochum. Wer von den Autofahrern, die sich durch den dichten Verkehr des Ruhrgebietes quälen oder mit 120 Stundenkilometern über den Schnellweg brausen, ist sich schon bewußt, daß er sich auf einer der wichtigsten Verbindungen des alten Reiches bewegt!?

Essen ist aus der Gründung des Bischofs Altfried von Hildesheim entstanden, der hier am Hellweg auf seinem Oberhof Assinde im 9. Jahrhundert ein adeliges Damenstift gründete und seine Schwester als erste Äbtissin einsetzte. Schon im folgenden Jahrhundert wurden Abtei und Dorf befestigt. Hagona, die Schwester König Heinrichs I., war Äbtissin zu dieser Zeit. Sie hat, wie die Chronik erzählt, »aus eigenem Antrieb und auf Veranlassung ihres Bruders das Dorf Assinde mit einer Pfahlhecke und einer Mauer umgeben lassen«. Durch die Förderung des ottonischen Kaiserhauses erlebte das Stift im 10. und 11. Jahrhundert eine Hochblüte, es besaß die Landeshoheit über ein Gebiet von beinahe 140 Quadratkilometern mit 10 000 Einwohnern. Aus jener Zeit stammen Teile des Münsters und der Kirchenschatz.

Zwischen der Bürgerschaft und den Äbtissinnen, die bis 1670 alle Rechte über die Stadt innehatten, kam es immer wieder zu schweren Auseinandersetzungen, da Essen den Status einer freien Reichsstadt anstrebte. Der Ort konnte sich aber niemals durchsetzen, da die Äbtissinnen zu Reichsfürstinnen erhoben worden waren, mit dem Recht, auf den Reichstagen ihre Stimme abzugeben. So blieb Essen eine bescheidene Ackerbürgerstadt, bis die Anwendung der Dampfkraft im Steinkohlenbergbau der Stadt ungeahnte Entwicklung brachte.

Hat man Essen verlassen, geht es weiter auf der Autobahn 430 nach Bochum. Man passiert Steele, durch das der alte Weg lief. Bei Bochum wurde der Verlauf des Hellweges, der ursprünglich an der Stadt vorbeiging, 1341 von Graf Engelbert von der Marck den Bürgern zuliebe in die Stadt verlegt, nachdem er ihnen 1321 das Marktrecht zuerkannt hatte. Auch Bochum war nur ein Ackerbürgerstädtchen, bis mit dem Abbau der bedeutenden Steinkohlenlager die Entwicklung zur heutigen Industriegroßstadt einsetzte.

Kurz hinter Bochum erreicht man wieder die B 1 und fährt an Lütgendortmund vorbei, wo die Straße die Dortmunder Landwehr kreuzte. Von hier aus bis nach Dorstfeld, wo der Hellweg die Emscher überquerte, läuft parallel zur Bundesstraße 1 eine Straße, die noch heute den Namen Hellweg trägt. Durch das Westen-Tor nach Dortmund hinein, über den Westenhellweg vorbei an der Petrikirche, dann über den Ostenhellweg bei der Reinoldikirche zum Ostentor führt auch heute noch die alte Straße schnurgerade durch die innere Stadt. In unseren Tagen rumpeln keine Wagen mehr auf diesem Weg, und kein Hufgeklapper tönt auf dem Pflaster. Der Hellweg ist zur Fußgängerzone und Haupteinkaufsstraße geworden.

Dortmunds wirtschaftliche Bedeutung beruhte im Mittelalter auf dem Fernhandel. Man hatte Verbindungen zu Flandern, Aachen, Goslar und Deventer. Die Stadt war ein alter Metallhandelsplatz, dessen Kaufleute seit 1232 unbeschränkte Zollfreiheit zu Wasser und zu Lande innerhalb des Deutschen Reiches besaßen. Die Stadt Dortmund war von ihrem Beginn bis zu ihrem Ende ein wichtiges Mitglied der Hanse. In den Hansekontoren in Wisby, London, Nowgorod und Brügge vertraten die Dortmunder Fernhandelskaufleute die Interessen der anderen westfälischen Städte. Es gab eine Schonenfahrergesellschaft, und Dortmunder Kaufleute finden wir in den Bürgerschichten fast aller deutschen Städte im Ostseeraum wieder. Mit Thorn und Danzig, Memel, Krakau und Stockholm unterhielten sie Handelsverbindungen. Bereits früh, um das Jahr 1302, wurde Kohlebergbau betrieben, und in der Stadt entwickelte sich ein bedeutendes Eisengewerbe. Als Bierstadt hatte Dortmund, wie auch heute noch, nachdem ihr König Adolf von Nassau 1293 das Braurecht verlieh, einen guten Ruf.

Auch in Dortmund hat sich die Stadt um einen karolingischen Königshof herum entwickelt, der an der Stelle des heutigen Bahnhofs lag. Unter den sächsischen und salischen Kaisern war die Stadt eine viel besuchte Reichsfeste, in der wichtige Hof- und Reichstage abgehalten wurden. Von 928 bis 1068 waren Herrscher des Heiligen Römischen Reiches achtundzwanzigmal zu Besuchen in der Stadt. Der letzte Herrscherbesuch war im Jahre 1374, als Karl IV. mit großem Gefolge in Dortmund einzog.

Um die Stadt wurden durch alle Zeiten hindurch erbitterte Kämpfe geführt. 1388–1389 wurde Dortmund zwanzig Monate lang belagert und ging mit hohen Kriegsschulden aus dieser Auseinandersetzung hervor. Im Dreißigjährigen Krieg wurde das Handelszentrum, das seinen Reichtum der Straße, dem Hellweg verdankte, ein Opfer dieses jetzt zur Heerstraße gewordenen Weges. Es wurde fast unaufhörlich belagert, geplündert und mit fremden Truppen belegt. Man konnte meinen, die Soldateska ganz Europas wälze sich durch die Stadt: Engländer, Spanier, Franzosen, Schweden und die kaiserlichen »Pappenheimer«. Von den verheerenden Folgen dieser Jahre hat sich Dortmund nicht wieder erholen können, wenn auch die zur Ackerbürgerstadt herabgesunkene Gemeinde bis in das Jahr 1803 hinein Freie Reichsstadt blieb.

Eine Heiligenlegende sei noch erzählt, die auch im Zusammenhang mit der frühen Geschichte der Straße steht. Im Januar 811 bat eine Abordnung aus Dortmund den Erzbischof von Köln, er möge ihnen doch von all seinen Heiligtümern und Reliquien etwas mitgeben, auf das die gerade bekehrten Leute eifriger im Glauben würden und der Ort einen Schutzheiligen bekäme. Man hatte sich insgeheim den Leichnam des Märtyrers Reinold ausgesucht, den ihnen der Erzbischof jedoch nicht überlassen wollte. Schon während der zähen Verhandlungen geschah ein Wunder: Der Sarg mit den heiligen Gebeinen bewegte sich ins Freie vor die Kirchentür! Man schleppte ihn in die Kirche zurück, aber wieder setzte er sich in Bewegung, als wolle er andeuten, daß er auf die Reise nach Dortmund müsse. Unter dem Eindruck dieses Wunders willigte der Kölner Erzbischof ein. Man setzte den Kasten mit den kostbaren Überresten des heiligen Reinold auf einen Karren, und der begann unverzüglich ohne Pferd und menschliche Hilfe zu rollen – und rollte und ratterte auf Dortmund zu, wo er erst an der Stelle zum Stehen kam, wo heute die Reinoldikirche ihren hundert Meter hohen Turm, »das Wunder Westfalens«, in den Himmel reckt.

Aus Dortmund heraus führt der Weg über Körne. Bis hierher waren die Dortmunder 1377 Kaiser Karl IV. entgegengezogen, der von Paderborn über Soest auf dem Hellweg nahte, um ihm feierlich die Schlüssel ihrer Stadt zu überreichen. Der alte Weg führt jetzt nördlich der B 1 nach Unna. Durch Brackel, Asseln und Wickede zieht er in die Stadt, die ebenfalls aus einem der karolingischen Königshöfe am Hellweg hervorging. Im Ort betrieb man neben Bierbrauerei und Branntweinbrennerei auch die Gewinnung von Salz aus einer Solquelle.

Die Bundesstraße 1 läuft in fast gerader Linie auf Soest zu. Werl, das schon Ende des 13. Jahrhunderts als Zollstelle bekannt ist, liegt am Weg, und über Westönnen, Ostönnen und Ampen geht es durch das Jakobitor nach Soest hinein.

Vom Herzen der Stadt aus, dort, wo ursprünglich die Burg stand, führen die Straßen wie Speichen eines Rades zu den Wällen. Mitten durch die Stadt führte der Hellweg, und zwar im Verlauf des Straßenzuges Jakobistraße, Thomästraße, Osthofenstraße aus dem Osthofentor heraus. Auf einem Hügel unweit des fast nie zufrierenden »großen Teiches« stand eine Pfalz. Aus ihr und den umliegenden Höfen erwuchs die Stadt Soest. Es muß hier bereits früh ein reges Marktleben gegeben haben, denn als die Mönche der Abtei Corvey an der Weser im Jahre 836 mit den Reliquien des heiligen Vitus aus dem französischen Kloster St. Denis über Soest heimzogen, berichteten sie über eine große Menge von Gläubigen, die hier zusammengekommen waren, um das Heiligtum zu sehen.

Im Jahre 973, als der Araber Ibrahim Ibn Achmed aus Tortosa in Spanien – er war mit einer Gesandtschaft des Kalifen von Cordoba zu Kaiser Otto dem Großen unterwegs – nach Soest kam, berichtete er über die Burg, die sich dort befand, und die Salzgewinnung aus den Solquellen. Und als Erzbischof Bruno I. von Köln, ein Bruder Ottos des Großen, das

Kollegiatsstift St. Patroklus gründete und die Reliquien des Märtyrers aus Troyes nach Soest brachte, wurde der Ort als reich an irdischen Schätzen und stark bevölkert bezeichnet.

Kaufleute aus Soest reisten schon im Jahre 1050 auf den alten Wikingerrouten bis nach Kiew. Als der Wikinger-Handelsplatz Haithabu untergegangen war und der Handel sich in das nahe Schleswig verlagerte, verstärkte sich der Ostseehandel erheblich. In der Stadt wurde die angesehene Fernkaufmannsgilde der Schleswigfahrer gegründet. Um die Mitte des 12. Jahrhunderts gab es ausgedehnte Handelsbeziehungen nach Wisby auf Gotland, in die Häfen der Ostsee bis nach Nowgorod. Man trieb Handel mit Italien, Brügge, London und reiste auf die Messen der Champagne nach Troyes.

Der Hellweg war zu einer Verkehrsverbindung ersten Ranges geworden. Die wichtigsten Handelsgüter waren Salz, Erze aus dem Harz und dem Sauerland und Tuche aus Flandern. Soest lag an einem bedeutenden Knotenpunkt am Hellweg. Hier trafen sich aus dem Südwesten kommend der »Frankenweg« aus Köln mit dem »Süderländer Eisenweg« und den nach Norden führenden Straßen.

Der Hellweg war aber nicht nur Handelsstraße, sondern auch Pilgerweg und Reiseroute der ottonischen Herrscher. Für die sächsischen Kaiser war er die beste Verbindung zwischen ihren Stammlanden am Harz und dem fränkischen Kernland. Aus den Itinerarien ist zu ersehen, daß zwischen 936 und 1023 Könige und Kaiser mehr als fünfzigmal den Hellweg entlangzogen.

Um 1144 hören wir zum erstenmal vom Soester Stadtrecht. Es wurde Vorbild für viele Städte. Medenbach im Sauerland übernahm als erste Stadt das Soester Recht. Gleich darauf folgte Lübeck, von wo es als »lübsches Recht« für die neugegründeten Städte im Ostseeraum seine Verbreitung nahm. Als im 13. Jahrhundert die politische Unsicherheit im Reich wuchs, griffen die Städte zur Selbsthilfe, um ihre Kaufleute und Bürger zu schützen. So schlossen sich die Städte Soest, Dortmund, Münster und Lippstadt zum »Westfälischen Städtebund« zusammen, und 1255 vereinigte man sich mit dem rheinischen Städtebund. In dieselbe Zeit fällt der Beitritt zur Hanse.

Den besten Überblick über den alten Stadtkern erhält man bei einem Rundgang über die Wälle. Da liegen dicht beieinander die Kirchen St. Petri und St. Patroklus und das Rathaus. Gleich daneben steht die Kapelle St. Nikolaus am Kolk. Die Kapelle ist eine Stiftung der frommen »Schleswigfahrer«, die die Kapelle in Form einer Hansekogge um 1200 anlegen ließen. Zwei hohe schlanke Säulen sollen die Masten darstellen. Im Westen schließt die Kapelle mit einem halben Sechseck ab, was dem Heck eines Schiffes vergleichbar ist. Auf der Empore in einer Art »Kajüte« war der Sitz der Kaufmannsgilde. In diesem Raum versammelten sich die Kaufleute und ihre Familien, bevor sie auf Handelsreisen gingen, die Wochen, ja oft Monate dauern konnten. Hier beteten sie zum heiligen Nikolaus, dem Patron der Kaufleute und Schiffer, und erflehten seinen Segen für eine glückliche Reise, eine wohlbehaltene Heimkehr und erfolgreiche Geschäfte.

Von Soest aus verläuft die B 1 an Bad Sassendorf vorbei und passiert bei der Lohner Warte die Soester Landwehr. Die alte Trasse führte dann nördlich über Schallern nach Schmerlecke, von wo es über Erwitte, Geseke und Salzkotten nach Paderborn weitergeht. Salzkotten war ein stark befestigtes Vorwerk von Paderborn, in dem die reichen Solquellen vom 12. Jahrhundert bis zum Ende des 19. Jahrhunderts zur Salzgewinnung genutzt wurden. Der Weg in die Stadt an den Paderquellen war gut geschützt. Außer der Festung Salzkotten lag noch die Drecksburg am Weg, und fünf Kilometer westlich von Paderborn wachte der Wartturm oberhalb der Straße über die Stadt.

An dem Ort, an dem mehr als 200 Quellen entspringen, die dann den kürzesten deutschen Fluß, die Pader, bilden – er mündet nach nur vier Kilometern in die Lippe –, lag an der Kreuzung zweier Fernhandelsstraßen schon in vorkarolingischer Zeit eine volkreiche Siedlung. Zur Zeit der Sachsenkriege errichtete Karl der Große hier eine Burg, der er seinen Namen gab: die Karlsburg. Sie wurde ein Stützpunkt in seinen über 30 Jahre andauernden Kriegen gegen die Sachsen. Die Bedeutung des Ortes wuchs noch, als er, nach dem Bau einer Königspfalz mit Kirche, Paderborn zum Sitz eines Bischofs machte. Die Anlage war 777 fertig, wurde aber bei sächsischen Aufständen zweimal zerstört. Während der Königssaal auf den alten Fundamenten neu erstand, begann man mit dem Bau einer zweiten großen Kirche, die im Jahre 799 geweiht wurde. In jenem Jahr weilte Papst Leo III. drei Monate in Paderborn bei dem Frankenkönig, und bei diesem Aufenthalt sind sicher die Formalitäten der Kaiserkrönung, die im Jahr darauf in Rom stattfand, besprochen worden.

Die Paderborner Pfalz war das wichtigste Herrschaftszentrum Karls des Großen im Gebiet der Sachsen. Hier trafen sich die beiden Hauptanmarschlinien des Frankenkönigs, der entweder aus dem Raum Worms-Mainz über Frankfurt durch Hessen nach Norden über die sogenannte Weinstraße heranmarschierte oder seine Truppen aus dem Raum Köln-Düren-Aachen über den Hellweg in das sächsische Gebiet brachte. Auch der Sohn und der Enkel Karls, Ludwig der Fromme und Ludwig der Deutsche, hielten mehrere Reichsversammlungen in Paderborn ab.

Nachdem im 10. Jahrhundert Dortmund bevorzugter Aufenthaltsort der Könige und Kaiser in Westfalen war, erlebte Paderborn im 11. Jahrhundert unter Heinrich II. eine neue Blüte. Er war während seiner Regierungszeit zehnmal an der Pader.

Im Jahre 1009 wurde Meinwerk, königlicher Kapellan und Freund Heinrichs II., Bischof von Paderborn. Er stammte aus dem sächsischen Adelsgeschlecht der Immedinger und war mit Heinrich II. verwandt. Eigentlich wollte er das Bistum gar nicht haben, da es ihm zu arm und unbedeutend erschien. Unter seiner tatkräftigen Herrschaft setzte eine rege Bautätigkeit ein. Er baute einen neuen Dom, errichtete eine Königs- und Bischofspfalz und gründete das Abdinghofkloster und das Busdorfstift. Ein sehr gebildeter Mann, besaß er doch auch einen praktischen Verstand, war ein wenig derb, aber gutmütig und stets listig darauf bedacht, sein Stift auf Kosten des Reiches immer wohlhabender zu machen.

In der Biographie von Meinwerk, die etwa 150 Jahre nach seinem Tode von Konrad, dem Abt des Abdinghofes, verfaßt wurde, wird erzählt, wie Meinwerk in den Besitz des Königshofes Erwitte am Hellweg kam: »Bei der Opferung in der zweiten Weihnachtsmesse forderte der Bischof vom Kaiser dringend den Königshof Erwitte und weigerte sich, eine andere Opfergabe von ihm anzunehmen; die der Kaiserin nahm er an und bat sie inständig, ihm beim Kaiser wegen der Erlangung Erwittes behilflich zu sein. Der allmächtige Gott aber, in dessen Hand die Herzen der Könige sind, lenkte das Herz des Kaisers durch die Verdienste des Bischofs, dessen Demut ihm gefiel, zum Guten. Weil er wußte, daß er sonst am Tage vom Bischof eine Strafe erhalten würde, rief er in der Morgendämmerung seine Notare zu sich und ließ heimlich eine Urkunde über Erwitte ausstellen. Bei der Opferung der Hauptmesse kam der Kaiser dann, umringt von einer großen Schar von Fürsten, zum Bischof und wollte Gott, der sich für menschliche Schuld seinem Vater auf dem Altar des Kreuzes geopfert hatte, das Schuldige für die göttlichen Wohltaten darbringen; jener aber verlangte mit fordernden Ausrufen, Gesicht und Hände abgewandt, eindringlich Erwitte. Der Kaiser jedoch ließ mit gebührender Ehrfurcht und Zucht diese Zurücksetzung unbeachtet, folgte dem voranschreitenden Bischof und bat demütig, er möge doch seine Gabe annehmen. Nachdem aber längere Zeit der eine vorangegangen war und der andere folgte, trat schließlich die christliche Kaiserin auf Bitten der Großen des Reiches, die dem Schauspiel gern beiwohnten, hinzu und bat den Kaiser inständig, er möge der Bitte um etwas, das sowieso Gott gehöre, genügen. Schließlich wurde der lange und heftig widerstrebende Kaiser durch die Hartnäckigkeit des Bischofs sowie die Inständigkeit der Kaiserin und der Großen gezwungen, holte die Urkunde hervor, trat an den Altar und übertrug den Hof Erwitte, im Gau Westfalen gelegen, der seligen Gottesmutter und Jungfrau Maria, dem heiligen Kilian und dem heiligen Liborius sowie dem anwesenden Bischof Meinwerk und seinen Nachfolgern. Der Bischof aber rief, erfüllt von unaussprechlichem Jubel: ›Der König aller Heiligen möge dich belohnen!‹ Der Kaiser aber wendete das Gesicht ab und murmelte heimlich: ›Und du sollst den Zorn Gottes und seiner Heiligen haben, der du nicht aufhörst, mich zum Schaden des Reiches der mir anvertrauten Güter zu berauben.‹ Der Bischof aber hielt die Urkunde hoch und sprach jubelnd: ›Glücklich bist du Heinrich, und gut wird es dir gehen, dem für diese Schenkung der Himmel offen steht und dessen Seele mit den Heiligen ewige Freude besitzen wird. ‹ Von der Pfalz Grone bei Göttingen kam über den Hellweg auch Heinrich II. mit Königin Kunigunde nach Paderborn. Heinrich war 1002 in Mainz von den Bayern, den Franken und den Lothringern zum König gewählt und von Erzbischof Willigis gesalbt und gekrönt worden. Anschließend mußte er sich bei einem »Umritt« der Zustimmung der übrigen Fürsten und Stämme im Reich versichern. Im Juli huldigten ihm die Thüringer und Sachsen, und für den 10. August war die Krönung von Königin Kunigunde in Paderborn festgesetzt worden. Das Fest fand ein böses Ende, wie uns der Sachse Thietmar, der von 1009 bis 1018 Bischof von Merseburg war, in seiner »Chronik« berichtet:

»Am folgenden Tage, an dem in der Welt festlich das Martyrium des heiligen Laurentius begangen wird, erhielt in Demut Frau Kunigunde Segnung und Krone. Da brachen alle in Jubel aus, nur trübte ihn leider die unersättliche Habgier der Baiern schwer. Zu Hause müssen sie sich wohl immer mit wenigem begnügen, in der Fremde aber sind sie fast unersättlich; als sie jetzt in der Umgegend gewaltsam Feldfrüchte raubten und die sich dagegen zur Wehr Setzenden erschlugen, kam es zu einem sehr heftigen Kampfe. So mußten des Königs Haustruppen anrücken; Einheimische und Fremde zogen vor ihnen her und schlossen sich an. Es kam zu einem heftigen Zusammenstoß mit den Streitenden, und die Baiernschar flüchtete besiegt in den Königshof. Dort fiel von einer Lanze getroffen Heinrich, der Bruder des Kanzlers Eilbert, der dem König ständig bei Tische diente. Deshalb sammelten sich die Sachsen, die zuvor nicht teilgenommen hatten, und drangen erneut vor; wäre nicht Herzog Bernhard mit starken Kräften dazwischen gekommen, so wären auf beiden Seiten noch zahllose Krieger gefallen. Nachher wurden alle Anstifter zu dieser schweren Gewalttat, die man finden konnte, bestraft. Den Schmerz des Bischofs von Paderborn linderte der König später durch die Schenkung von Böckenförde.«

Aus der Überlieferung war bekannt, daß Paderborn zu den wichtigsten Aufenthaltsorten der fränkischen und später dann der deutschen Könige gehörte, aber niemand rechnete mit königlichen Palastbauten. War in den Schriften von einer Königshalle oder einem königlichen Haus die Rede, so wurde lange Zeit angenommen, daß hier allenfalls ein Wirtschaftshof gestanden habe. Diese Auffassung änderte sich erst, als 1964 an der Nordseite des Domes Ausgrabungen durchgeführt wurden und zwei königliche Palastanlagen zum Vorschein kamen – eine karolingische, die bis Anfang des 11. Jahrhunderts stand, und eine ottonisch-salische, deren Nachfolgerin.

Südwestlich von Dom und Pfalz entwickelte sich eine Marktsiedlung, aus der die bürgerliche Stadt hervorging. Der Hellweg führte damals noch mitten durch die Burganlage. Die zahlreichen Reichsversammlungen und die Bedürfnisse des Bischofssitzes steigerten die wirtschaftliche Bedeutung des Ortes. Händler und Gewerbetreibende siedelten sich an, und es entwickelte sich ein Markt mit Rathaus, das seit 1279 nachweisbar ist.

Der Hellweg führte nun nicht mehr durch die Domburg. Er wurde über den »Kamp« umgeleitet und zog am Lechter Turm über Buke und Driburg nach Brakel.

Diesem Straßenzug folgt heute die B 64. Ungefähr zweieinhalb Kilometer nach Buke zweigt der alte Weg von der Bundesstraße ab und führt in engen Schwüngen den Hang hinab nach Bad Driburg. Südlich des Weges liegt die Ruine der Iburg, der alten Sachsenfestung, an deren Mauern eine Ritterburg entstand, die in der Mitte des 15. Jahrhunderts zerstört wurde. Wieder zurück auf der B 64 führt der Weg bis kurz vor Riesel, von wo der alte Weg links von der Bundesstraße nach Brakel verläuft. Die Stadt ist eine der alten Siedlungen am Hellweg und gehörte bis Ende des 13. Jahrhunderts den Rittern von Brakel. In deren Besitz war außer der Stadtburg auch noch die nahe Hinnenburg. Die Ansiedlung erhielt bereits vor 1259 das Stadtrecht und war Mitglied der Hanse. Die Straße verließ Brakel in Richtung Nordosten und zog am Wartturm vorbei nach Bosseborn, über die Bosseborner Warte nach Höxter hinein.

Aus der karolingischen Siedlung »Huxori«, am Übergang mehrerer Handelswege über die Weser, entwickelte sich eine aufblühende Siedlung in Konkurrenz zum mächtigen Kloster Corvey, »dem Wunder Sachsens und des Erdkreises«, wie es im Mittelalter genannt wurde.

Das Kloster Corvey, von dessen früherer Pracht nur das romanische Westwerk der Kirche erhalten blieb, war ein politisches und kulturelles Zentrum im Norden des Reiches, besonders im 12. Jahrhundert, als hier die Kaiser zu Besuch weilten und sogar Reichstage abhielten. Ansgar, der Apostel des Nordens, war einer der ersten Mönche der Abtei, deren größter Schatz, die riesige Bibliothek, im Dreißigjährigen Krieg verlorenging.

Höxter erhielt im 11. Jahrhundert eine eigene städtische Verfassung, baute die Brücke über die Weser und begann mit dem Bau der Kilianskirche, die mit ihrer mächtigen Westfassade die Klosterkirche übertrumpfen sollte. Nach Verleihung des Stadtrechtes trat die Stadt der Hanse bei und entzog sich damit endgültig dem Einfluß des Klosters.

Am Beginn der Geschichte des Hellweges stand seine Funktion als Aufmarschstraße Karls des Großen für die Sachsenfeldzüge, und es ist an der Zeit zu berichten, wie sich ein solcher Heerzug durch die Lande bewegte. Der Biograph des Kaisers, Einhard, erzählt in seiner *Vita Caroli Magni*, daß das Heer meist schon kurz nach Mitternacht das Lager abbrach, um dann drei bis vier Stunden weite Tagesmärsche zu machen. Schon am frühen Morgen, zwischen acht und neun Uhr, suchte das Heer ein neues Lager und rastete den ganzen Tag.

Es gibt noch einen anderen Bericht aus späterer Zeit, der uns von dem Abt Rodulf von St. Thron überliefert ist. Der Abt wollte im Jahre 1107 zum Bischof von Metz reisen, und weil die Straßen unsicher waren, schloß er sich einem Heerhaufen von 2000 Rittern an. Der fromme Mann gibt in seinem Reisebericht eine lebendige Schilderung damaliger Heereszüge. Georg London erzählt darüber in seinen *Beiträgen zur Geschichte der alten Heer- und Handelsstraßen:*

»Schon in der Nacht brach das Heer auf und zog fort bis morgens acht Uhr, wo es sich wieder lagerte, meist in der Nähe eines Wassers. Sofort wurden von den Kriegern, welche Beile und andere Werkzeuge mit sich führten, prächtige Zelte für die Herren aufgeschlagen und für sich selbst Hütten gebaut. Während ein Teil mit Sicheln für die Pferde Gras schnitt, zog ein anderer Teil in die benachbarten Dörfer und holte Lebensmittel, womit man sich indes nicht begnügte, denn auch alles andere ging mit, was man brauchen konnte. Kurz, die Dörfer wurden im vollen Sinne des Wortes ausgeplündert. Den übrigen Tag verbrachte man in den Wiesen und Büschen in behaglicher Ruhe.

Der arme Rodulf schildert seine unerquickliche Lage. Sich ein Zelt aufzuschlagen oder eine Hütte zu errichten, dazu fehlten ihm die Mittel. Ebenso fehlte ihm alle Nahrung für sich, seinen Diener und sein Pferd. Seinen Diener wegzuschicken wagte er auch nicht, weil es im Heer niemanden gab, der ihn kannte. Die Dörfer waren von ihren Bewohnern verlassen, alle waren beim Nahen des Heeres in die Wälder geflüchtet. Außerdem war der Aufenthalt in den Dörfern wegen der Plünderer zu unsicher.

Endlich empfahl sich Rodulf Gott und entfernte sich aus der Nähe des Lagers. Bald erreichte er ein von den Truppen halbverwüstetes Dorf. Nur wenige Frauen waren darin zurückgeblieben. Als diese des Mönches ansichtig wurden, bestürmte ihn jede mit der Bitte, in ihrem Hause zu übernachten, denn sie hofften, durch ihn vor den Plünderern geschützt zu werden. Er wählte das Haus, welches ihm das festeste zu sein schien. Heulend und wehklagend rückten sofort auch alle übrigen Frauen mit ihren Kindern in dieses Haus ein und brachten sogar noch ihre Hühner und Ferkel mit. Willig reichten sie dem Propst und seinem Diener, was sie hatten an Milch, Käse und Haferbrot, auch Heu und Hafer für die Pferde und, obwohl sie nichts dafür verlangten, bezahlte er doch alles.

Am nächsten Morgen schloß er sich wieder dem Heer an. Jetzt kaufte er aber eine Axt und eine Sichel und er und sein Diener taten nun ganz so wie die Krieger. Sie bauten eine Hütte von Pfählen und Rutengeflecht, zäunten auch die Pferde ein, wie sie es bei den Truppen sahen. Nicht weniger wurde für Nahrung gesorgt, ohne daß sie zu plündern brauchten. Aber auch beim Heer gab es quälende Plagen. Der Gestank der Exkremente erregte einen solchen Ekel in ihm, daß er sich wiederholt erbrechen mußte. Der Zug brauchte für die etwa fünfundzwanzig Meilen betragende Strecke nicht weniger als zehn Tage.«

Die Straße
Bremen – Groningen

Bremen – Delmenhorst – Oldenburg – Leer – Groningen

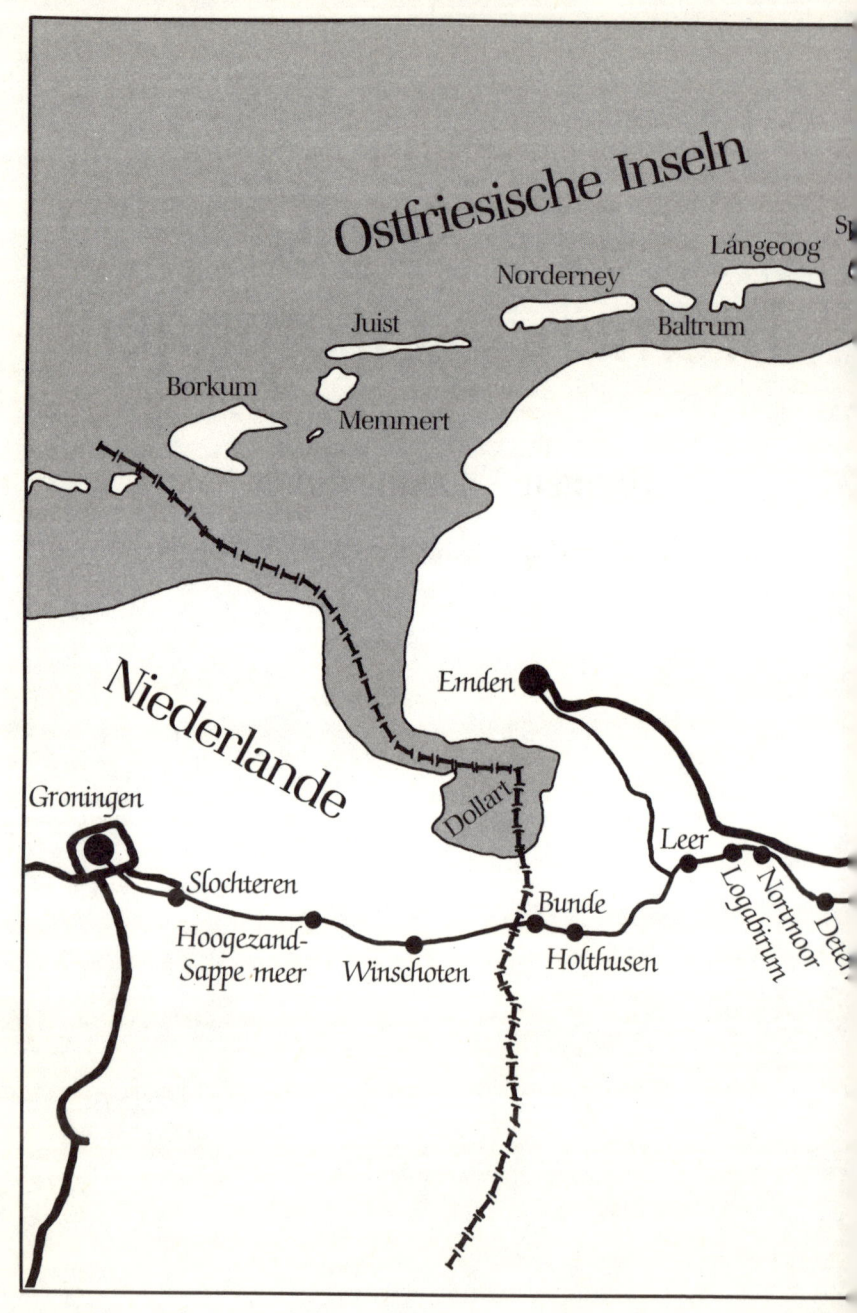

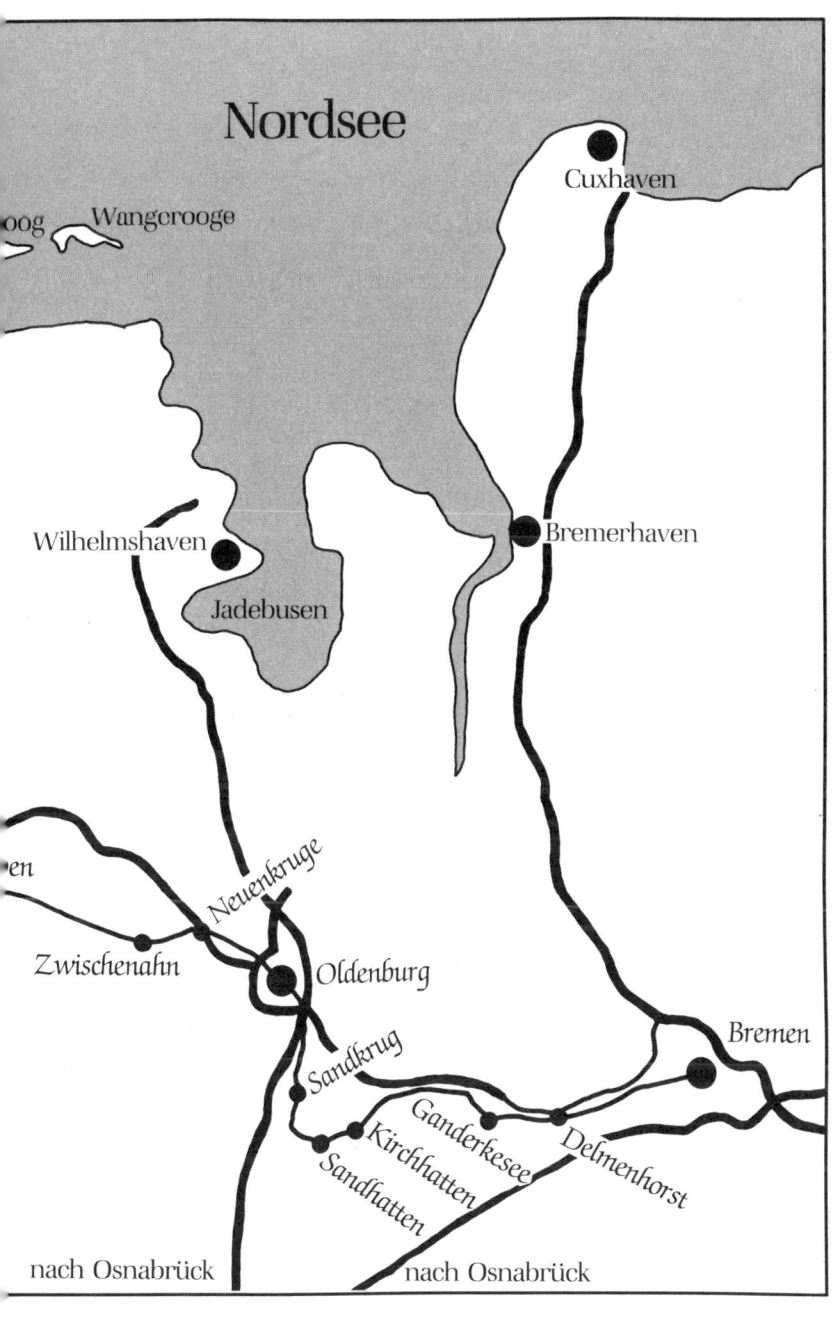

Ganz kurz soll hier noch einmal eine Straße angesprochen werden, die für den hansischen Verkehr von Bremen in die Niederlande von Bedeutung war.

Der Endpunkt des Weges war Groningen, und wir sehen auf ihm Bremer, Lübecker und Groninger Ratsherren und Bürgermeister in Geschäften der Hanse unterwegs.

Der Straßenverlauf deckte sich bis Delmenhorst mit der Flämischen Straße, trennte sich dann von ihr und lief auf Ganderkesee zu, überschritt bei der Habbrügger Furt, von der wir schon 1331 hören, die Welse und führte nach Falkenburg. Am Verlauf dieser alten Straße ist überdeutlich zu erkennen, wie die geographischen Gegebenheiten den Zug des Weges bestimmten. Von Falkenburg aus verlief sie nicht etwa nördlich nach Oldenburg, so, wie es heute die Autobahn 28 tut, sondern sie zog in weitem südwestlichen Bogen über Dingstede und Kirchhatten nach Sandhatten. Dieser weite Weg – heute würden wir Umweg sagen – war bedingt durch die ausgedehnten Sümpfe, die den geraden Weg unmöglich machten. Bei Sandhatten bog die Trasse nach Norden ab und führte entlang der Hunte zum Sandkrug. Über Dommerstede und Kreyenbrock ging es zu dem Damm bei Osternburg. Er war aus Buschholz und Erde aufgeworfen und führte durch die Hunteniederung in die Stadt Oldenburg. Dieser schon 1331 erwähnte Knüppeldamm ist der spätere Steinweg. Von Oldenburg aus zog der Weg in früheren Zeiten nördlich des Zwischenahner Meeres über Metjendorf nach Leer. Im späten Mittelalter führte eine schwierige, aber kürzere Verbindung südlich des großen Gewässers über Zwischenahn auf Hauwiek (das heute Howiek heißt) und Apen zu.

Im Jahre 1484 verloren einige Bürger von Deventer auf der Straße bei Hauwiek ihr Hab und Gut.

Die nächsten Stationen am Weg sind Apen, das eine Zollstelle war, Bokel und Detern, vor dem an der Brücke das oldenburgische Geleit endete.

Im steinlosen Ostfriesland bestanden große Schwierigkeiten beim Wegebau und bei der Instandhaltung der Straßen. Holz und Steine, die man sonst zum Ausbessern der Fahrbahnen benutzte, waren kaum vorhanden. So blieb meistens Erde von den ausgehobenen Gräben als Baumaterial. Diese schlammige Erde blieb sechs Wochen zum Trocknen liegen, bevor man sie auf die Mitte des Weges setzte, damit er rund und hoch wurde. Grundbesitzer und Bauern hatten ein Interesse daran, die Straßengräben sauberzuhalten, da der Verkehr bei Überschwemmungen der Straße auf die anliegenden Felder auswich und ihnen dadurch die Ernte verdarb. Waren die Wege mit Erde aufgeschüttet worden, vermied man, bei Regen das Vieh darüber zu treiben, damit sie nicht zu sehr aufweichten und wieder verdorben wurden.

Man findet auch die Anweisung an die Bauern, ihren Mist, ihr Heu und ihr Korn auf den alten Ackerwegen auszufahren und damit die Straße zu schonen.

Dort, wo Busch und Zweige zur Verfügung standen, wurden sie schon früh zur Befestigung der Wege genutzt. Die Verwendung von Reisig im Wegebau ist ein sehr altes Bauverfahren. Bei der Untersuchung eines Dammes in einem Moor hat man den Aufbau des im 13. Jahrhundert entstandenen Weges feststellen können. Unter einer Sandschicht fand man eine Reisigschicht, die quer zur Fahrbahn lag. Darunter folgte wieder eine Sandschicht, die wiederum auf einer Reisigschicht lag. In Ostfriesland bestand das Gebot, daß, wer von der Geest kam und die Wege in die Niederung benutzte, Bündel von Strauchwerk mitzubringen hatte, die zu Faschinen zusammengebunden zur Befestigung der Wege dienten.

Über den Verlauf der Straße zwischen Oldenburg und Detern berichtet ausführlich die Beschreibung eines Kriegszuges, der sich in den Jahren 1424 bis 1427 zutrug.

In der Auseinandersetzung zweier friesischer Häuptlinge – Okko II. tom Brok und seinem Gegner Focko Ukena – zog der Heerhaufen der mit Okko Verbündeten von Oldenburg nach Detern heran. Geführt wurde das etwa 1000 Mann starke Heer vom Erzbischof Nikolaus von Bremen. Es bestand aus den Truppen der Grafen von Oldenburg, Hoya, Diepholz, Tecklenburg und Rietberg und deren Gefolge.

Nach dem Bericht zog das bischöfliche Heer auf das Flüßchen Bitze zu, das man durch eine Furt passieren konnte, und bewegte sich dann entlang des Aper Tiefs nach Detern. Verbrannte und ausgeplünderte Dörfer blieben am Weg zurück, bis man schließlich die Deterner Burg erreichte. Die Burg hielt der Belagerung stand, und aus Proviantmangel war das Heer zur Umkehr gezwungen. Focko Ukena, der seiner unterlegenen Kräfte wegen bisher einem direkten Angriff ausgewichen war, brach hervor und verwandelte den Rückzug des Heerhaufens in eine regelrechte Flucht. Er ließ die Sieltore öffnen und setzte das niedrig gelegene Land des Aper Tiefs unter Wasser. Die Grafen und Ritter in ihren schweren Rüstungen, die gerade die Bitze überqueren wollten, sahen sich vom ständig steigenden Wasser umgeben und auf dem schmalen Straßendamm hoffnungslos eingekeilt. Focko Ukena und seine Männer hatten jetzt leichtes Spiel. Den Erzbischof Nikolaus nahm der Friesenhäuptling gefangen und gab ihn später gegen ein hohes Lösegeld wieder heraus.

Auf ähnliche Weise, festgekeilt auf dem Damm bei Hemmingstedt, ging das riesige dänische Söldnerheer im Jahre 1500 unter, das ausgezogen war, um die trotzigen Dithmarscher Bauern in die Knie zu zwingen.

Von Detern ging der Weg weiter nach Stickhausen. »Ein ziemlich festes Haus mit Wäll und Gräben wohl versehen«, wie der Arzt Georg Faber aus Butzbach es beschreibt, der 1632 mit dem Grafen Philipp von Hessen-Butzbach nach Ostfriesland reiste, wo jener sich mit der Gräfin Christine Sophie in Aurich vermählte.

Das »ziemlich feste Haus« war eine Burg, die von der Hansestadt Hamburg 1435 zum Schutze ihrer nach Westen führenden Handelsstraße gebaut wurde. Seit 1454 war sie im Besitz des Häuptlings Ulrich Cirksena, der den Rundturm erbauen ließ. Mit Resten der Wallanlagen hat er als einziger die Schleifung der Festung überstanden, die Friedrich der Große befohlen hatte.

Von Stickhausen aus ging der Heerweg über Nortmoor und Loga nach Leer.

Leer war eine der ältesten christlichen Missionsstätten in Ostfriesland. Von dem karolingischen Königshof Loga aus führte die Fernhandelsstraße über die Altenmarktstraße zu der am Westende der Stadt gelegenen Kirchwarf.

An dieser Stelle vermutet man den Platz der Missionskirche des Friesenmissionars Liudger. Die günstige Verkehrslage am Endpunkt der alten Heerstraße, wo die Leda in die Ems mündet, mag den Missionar Liudger veranlaßt haben, an diesem hoch gelegenen Platz seine Kirche zu bauen.

Lassen wir noch einmal den Arzt Georg Faber zu Wort kommen, der von einem Unfall berichtet, der sich auf dem Wege nach Leer ereignete und ein Licht auf den Zustand der Straßen wirft. Der Wagen des hessischen Gesandten rutschte von der nassen Straße ab, wobei der hohe Herr in den Graben fiel, in dem er fast ertrank. Georg Faber berichtet: »Nachmals fortgezogen bis nahe Leer und von Embden aus dahin zwei Meil, die wir in fünf Stunden gefahren. Ufm Abend umb sieben Uhr daselbst angelangt, ist ein schöner wohlgebauter, großer und volkreicher Ort, darinnen fast eitel Krämer und Handwerksleut wohnen. Von dannen die vornehme Festung Leerort genannt, unweit gelegen. Uf dieser Reise ist der fürstlich hessische Abgesandter underwegens in ziemliche Lebensgefahr geraten. Indeme er von der Gutschen abgestanden und ein wenig abwärts gegangen, ist er in einen Graben gefallen und wofern Herr Hofmeister Philippus Wilhelm von Lindau, ihn nicht sobalden ergriffen und neben andern herauser geholfen, wäre er ertrunken.«

Georg Faber hat über die Reise seines Herrn nach Aurich nicht nur ein Reisetagebuch geschrieben, sondern dieses auch mit Skizzen geschmückt, und der Unfall des im Graben steckenden Gesandten ist seinem Zeichenstift nicht entgangen.

In Friesland hat man schon vor dem 11. Jahrhundert sieben Heerstraßen genannt. Vier davon waren Wasserstraßen, drei Landstraßen. Es heißt in der Urkunde, man solle zwei Pfennige an die königliche Gewalt zahlen, »damit soll man den Schutz erkaufen auf sieben Straßen, frei und fahrbar, auf denen man in die sächsischen Gebiete nach Süden ziehen kann, nämlich drei zu Lande und vier zu Wasser. Die östlichste dieser Wasserstraßen ist die Elbe, die andere ist die Weser, die dritte ist die Ems, die vierte ist der Rhein. Die östlichste Landstraße führt landeinwärts nach Hamburg und seewärts nach Jever, die mittlere landeinwärts nach Münster und seewärts nach Emden, die dritte führt landeinwärts nach Koedevorden und seewärts nach Stavoren. Und wenn friesische Kaufleute auf einer dieser Straßen in den sächsischen Gebieten widerrechtlich bedrängt oder belästigt werden, so soll man ihnen Ersatz geben um den Schaden zu büßen.«

Die Alpenübergänge

Mont Cenis
Großer St. Bernhard
Lukmanier-Paß
Gotthard-Paß
Septimer-Paß

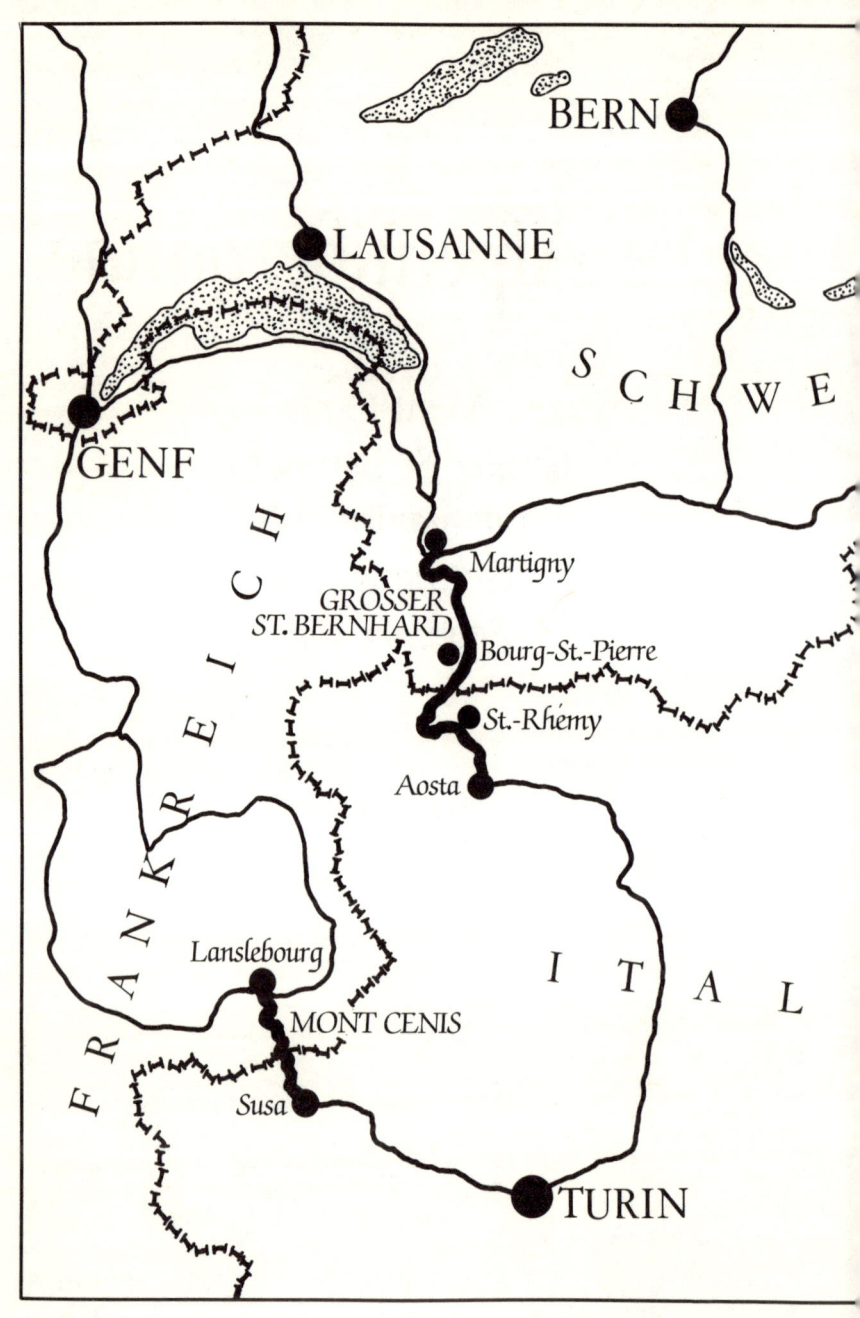

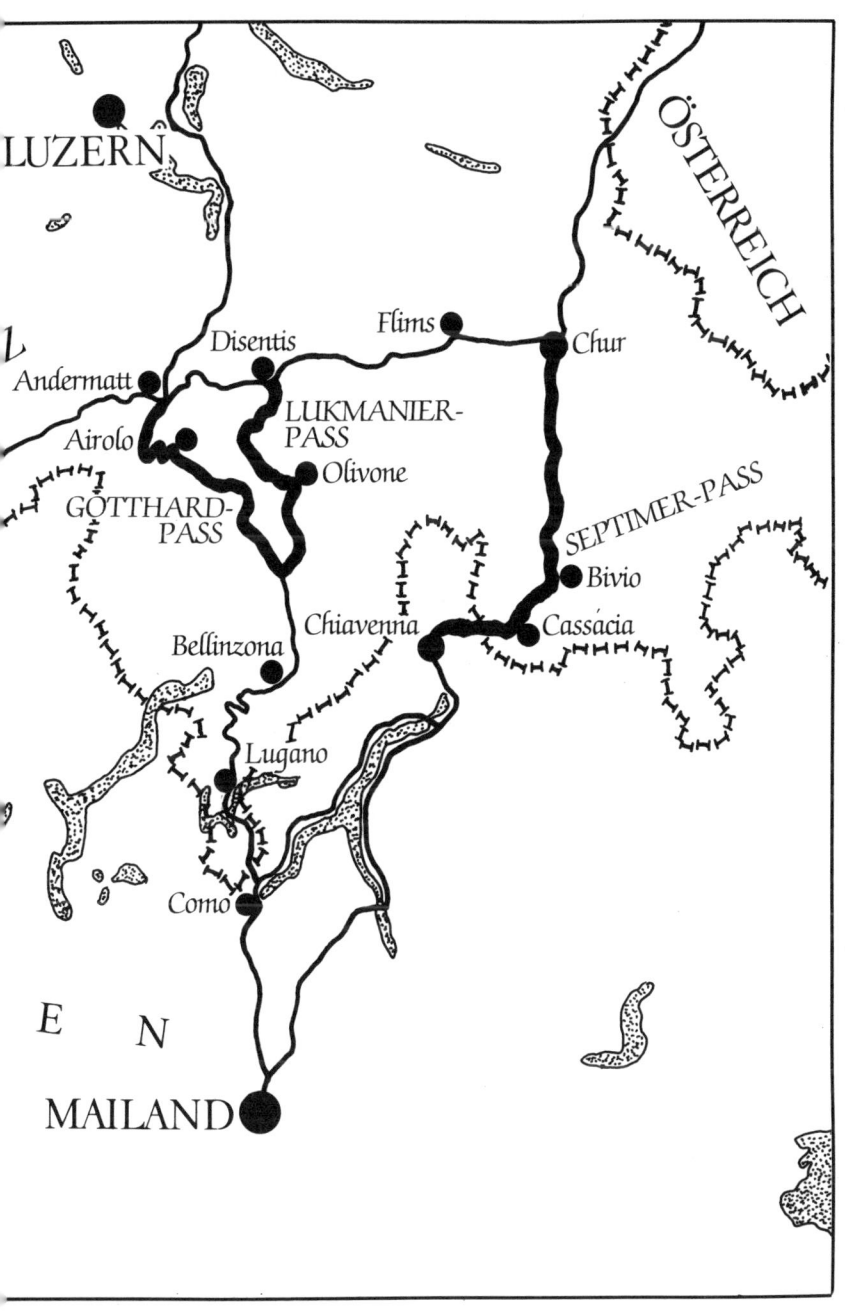

Die meisten Pässe in den Alpen, die im Mittelalter genutzt wurden, waren bereits von den Römern teilweise zu Fahrstraßen ausgebaut worden oder wurden als Saumpfade von Maultierkolonnen und Fußgängern begangen. Nach Abzug der Römer herrschten in den Westalpen überaus unsichere Verhältnisse, hervorgerufen durch die Raubzüge der Sarazenen. Im beginnenden Mittelalter hatte der alte Saumpfad über den *Mont Cenis* an Bedeutung gewonnen. Er verband das Reich der Merowinger mit den frühen Handelszentren Oberitaliens, Turin und Pavia. Von Susa aus steigt die Straße entlang des Lac du Mont Cenis zum Paß auf 2083 Meter hoch, in weitgeschwungenen Serpentinen ist die Paßfahrt bei Lanslebourg beendet.

Im Jahre 1077 kam Heinrich IV. auf seinem Bußgang nach Canossa zu Papst Gregor VII. über den Mont Cenis. Dieser Übergang ist von Lambert von Hersfeld in all seinen ergreifenden Einzelheiten geschildert worden. Der Winter war früh hereingebrochen. Der Mönch Lambert schreibt:

»Der König dingte am Fuße der Berge für Lohn einige der Eingeborenen, die der Gegend kundig waren und an die steilen Abhänge der Alpen gewöhnt waren, damit sie seinem Zug an den steilen Bergwänden und durch die Schneemassen hindurch vorausgingen und den Nachfolgenden die Schwierigkeiten des Weges erleichterten. Als man unter ihrer Führung den Gipfel des Berges erreicht hatte, zeigte sich keine Möglichkeit, jenseits weiter fortzukommen. Denn jäh war die Bergwand und glatt durch die eisige Kälte, so daß sich jedes Hinabsteigen zu verbieten schien. Da versuchten die Männer mit allen Kräften die Gefahr zu überwinden, und indem sie bald auf Händen und Füßen weiterkrochen, bald sich auf die Schultern ihrer Führer stützten, dann und wann, wenn ihr Fuß ausglitt, fielen und weiterrollten, gelangten sie endlich unter schwerer Lebensgefahr in die Ebene. Die Königin und die Frauen, die in ihrem Gefolge waren, legten die Führer auf Ochsenhäute der mitgenommenen Zelte und zogen sie darauf hinab. Von den Pferden ließen sie einige durch allerlei Vorrichtungen hinab, andere zogen sie mit gebundenen Beinen fort und von diesen kamen beim Ziehen viele um. Die meisten entgingen nur in elendem Zustand, wenig heil und unverletzt der Gefahr.«

Auch Kaiser Friedrich I. ist zweimal über den Mont Cenis gezogen. Übrigens aus den gleichen Gründen wie Heinrich IV.: Alle anderen Alpenpässe waren ihm versperrt. 1168 wurde sein Heer vor Rom von einer Seuche dahingerafft, und mit dem Rest seiner Truppen versuchte er am Mont Cenis durchzukommen. Auch bei seinem fünften Italienzug (1174–78), nach der verlorenen Schlacht von Legnano (1176), wählte er denselben Weg, weil dieser allein frei war.

Der *Sankt Bernhard* war für die ersten 800 Jahre des Mittelalters der König der Alpenpässe. Eine lange Reihe illustrer Personen ist über ihn gezogen – Kaiser und Könige, Päpste, Kreuzfahrer und Rompilger und Abertausende von Kaufleuten. Er wurde zur ersten großen Handelsstraße der Alpen im Mittelalter, da er Oberitalien mit den Messen der Champagne in Bar-sur-Aube und Troyes verband.

Auf der Paßhöhe ist es nach dem Bau des Straßentunnels stiller geworden, aber die Mönche führen immer noch das alte Hospiz, das so vielen Reisenden Obdach und Schutz vor Kälte und eisigen Stürmen geboten hat.

Über die Paßhöhe verläuft die Grenze zwischen der Schweiz und Italien. Von Martigny und Bourg St. Pierre führt der Weg auf die Höhe, der bei Aosta das Gebirge wieder verläßt. Der Weg zum Paß wird hier durch das mächtige Fort Bard versperrt. Überall an den Zugängen zu den Alpenstraßen haben die Herrscher ihre Burgen und Festungen errichtet, um die Wege zu kontrollieren und den Reisenden kräftig in den Beutel zu langen.

In einer Zolliste des Bischofs von Aosta aus dem Jahre 960 sind hauptsächlich Luxusgüter aufgeführt, die in nur geringer Zahl über den St. Bernhard gingen: Waffen und Ausrüstungsstücke, Pferde, Falken und Affen.

Um 1290, zur Blütezeit der Champagne-Messen, schwillt der Warenstrom mächtig an. Felle, Wolle, Tuche, Kramwaren, Waffen und Gewürze aller Art passieren den Zoll von Aosta.

Der Vorläufer des berühmten Hospizes auf dem großen St. Bernhard war das größte Paßheiligtum des römischen Reiches und zugleich dessen höchstgelegener Tempelbezirk. Hier dankten und opferten die Reisenden und weihten dem

Jupiter Poeninus kleine Bronzetafeln, aus deren sehr persönlichen Inschriften zu ersehen ist, wer damals den Paß überquerte – Legionäre, Offiziere und Generäle, aber auch viele Händler. Noch in der ersten Hälfte des Mittelalters hieß die Paßhöhe nach dem römischen Heiligtum »Mons Jovis«. Der Name des heiligen Bernhard konnte sich nur langsam durchsetzen.

In den Mittelalpen war der *Lukmanier* ein bequemer Übergang. Der Paß liegt nicht sehr hoch (1119 Meter), und auf dem Weg dahin waren keine größeren Schwierigkeiten zu überwinden. Von Chur durch das Vorderrheintal hinauf, dann bei Disentis in südlicher Richtung zum Paß aufsteigend, führt die Straße das Bleniotal hinab nach Biasca in das Tal des Ticino und weiter nach Bellinzona, Como und Mailand.

Der einzige Nachteil dieses Weges war die große Entfernung zwischen Chur und Mailand. Zum Vorteil gereichte den Heer- und Handelszügen, daß auf dieser Route die Schiffahrt auf dem Comer-See vermieden werden konnte, die immer eine lästige Verzögerung bedeutete.

Die *Gotthardstraße* gehört nicht zu den uralten durchgehenden Straßen in den Alpen. Die Schöllenen-Schlucht und die tobenden Wasser der Reuß machten einen Aufstieg zum Paß unmöglich. So wurde der Weg für die Handelszüge erst im 13. Jahrhundert gangbar, als über die Reuß 1225 die »Stiebende Brücke« oder, wie sie auch hieß, die »Teufelsbrücke« gebaut werden konnte. Auch galt es, den steilen Felsen des Kirchberges zu überwinden, der den Weg versperrte. Mittels eines an Ketten hängenden Stegs, der »Twärrenbrücke«, die über den schäumenden Wassern der Reuß hing, wurde der Felsen umgangen. Die Legende schreibt diese kühne Konstruktion dem Schmied von Göschenen zu.

Obgleich der Gotthardweg bis zum Bau der neuen Fahrstraße im Jahre 1830 immer nur ein Saumpfad war, und trotz aller Beschwernisse der Reise ist der Gotthard-Paß im Mittelalter ein vielbenutzter Alpenübergang gewesen.

Der Basler Handelsherr Andreas Ryff reiste 1587 über den Gotthard und beschreibt die Brücke wie folgt:

266

»Da kommt man stracks und unversehen zu des Teufels Brücke. Das ist eine solche Brücke, die hoch über dem Wasser mit einem einzigen Bogen gebaut ist. Zur rechten Hand rauscht und rumpelt das Wasser der Reuß einem hoch über die Felsen herab entgegen, grad unter der Brücken fällt es wieder tief über einen Felsen hinab. Der Ort ist ganz herum mit hohen Felsen umgeben und stäubt das Wasser so sehr, daß es einem Rauch oder Dampf und Nebel gleich sieht. So haben die Landleute die Brücke ›el Ponte Dilfcrno‹, die Höllenbrücke oder des Teufels Brücke genannt.«

Eine andere belebte und viel befahrene Paßstraße, die auch die Römer schon benutzten, war der 2310 Meter hoch gelegene *Septimer*. Vom Bodensee und von Zürich aus konnte man leicht zu ihm gelangen. Am Beginn der Paßstraße lag Chur. Über Lenzerheide und Tiefencastel führte sie in mehreren Stufen durch Oberhalbstein hinauf nach Bivio, von wo aus man den eigentlichen Paß ins italienische Casaccia noch heute als Wanderer überwinden kann. Bivio (= Zwei Wege) ist auch der Ausgangsort des ins Oberengadin führenden Julierpasses (2284 Meter), wie überhaupt der Schweizer Kanton Graubünden eine Vielzahl alter Paßstraßen aufweist. Das Bistum Chur kontrollierte den Weg über den Paß bis nach Chiavenna und Como, bis 1242 Mailand beide Orte in seinen Herrschaftsbereich eingliederte.

Der Weg über den Septimer barg eigentlich nur Gefahren bei der Überfahrt über den Comer See. Hier lauerten in unzugänglichen Verstecken Seeräuber, die über die Boote mit Reisenden und Waren herfielen.

Der Übergang über den Septimer bekam durch den Gotthard-Paß starke Konkurrenz, was man durch Zollvergünstigungen auszugleichen versuchte. Der Septimer verlor erst an Bedeutung, als Venedig sich des Orienthandels bemächtigte und der Brenner zum überragenden Alpenübergang aufstieg.

LITERATUR

Alter, Willi, *Pfalzatlas Textband II*, Speyer 1971

Ambros, Paul; Rößling, Udo, *Reisen zu Luther*, Berlin und Leipzig 1983

Angermeier, Heinz, *Königtum und Landfriede im deutschen Spätmittelalter*, München 1966

Asmus, Heinrich, *Grundlinien der Lübschen Geschichte*, Lübeck 1859

Bächthold, H., *Der Norddeutsche Handel im 12. und beginnenden 13. Jahrhundert*, Berlin und Leipzig 1910

Bastian, Franz, *Das Rutingerbuch*, Regensburg 1944

Batal, Heribert, *Geschichte der Stadt Hirschau*, Hirschau 1968

Bauer, Hans, *Wenn einer eine Reise tut*, Leipzig 1972

Bauer, Karl, *Regensburg*, Regensburg 1988

Bechtel, Heinrich, Wirtschaftsgeschichte Deutschlands Band 1, München 1951

Beck, Carl, *Deutsches Reisen im Wandel der Jahrhunderte*, Berlin 1936

Beckmann, Johann, *Literatur der älteren Reisebeschreibungen*, Göttingen 1801–1810

Bohmbach, Jürgen; Lüdecke, Torsten; Mettjes, Gerd, *Auf den Spuren des alten Stade*, Stade 1986

Borst, Arno, *Lebensformen im Mittelalter*, Berlin 1973

Borst, Otto, *Alltagsleben im Mittelalter*, Frankfurt am Main 1983

Bosau, Helmold v., *Slawenchronik*, Darmstadt 1963

Bosl, Karl, *Land an der bayerischen Donau. Geist, Religion, Kirche und Kultur an der bayerischen Ostgrenze*, Passau 1987

–, *Handbuch der Geschichte der Böhmischen Länder*, Stuttgart 1967

–, *Handbuch der historischen Stätten Deutschlands, Band 7: Bayern*, Stuttgart 1961

–, *Europa im Mittelalter. Weltgeschichte eines Jahrtausends*, Wien–Heidelberg 1970

Brandt, Ahasver v., *Geist und Politik in der lübeckischen Geschichte*, Lübeck 1954

–, *Die Deutsche Hanse als Mittler zwischen Ost und West*, Köln und Opladen 1963

Braun, Paul, *Hauptverkehrswege über den Franken- und Thüringerwald*, in: Thüringisch-Sächsische Zeitschrift für Geschichte und Kunst, Halle 1914

Bruns, Friedrich; Weczerka, Hugo, *Hansische Handelsstraße*, Köln–Graz 1967

Büsch, J. G., *Über die Wagenspuren und die Wege überhaupt in den beiden Herzogthümern Holstein und Schleswig*, Mainz 1801

Christoffel, Carl, *Durch die Zeiten strömt der Wein*, Hamburg 1957

Dehio, Georg, *Handbuch der Deutschen Kunstdenkmäler, Band: Bremen und Niedersachsen*, München 1977

Demandt, Carl E., *Geschichte des Landes Hessen*, Kassel und Basel 1972

Dollacker, Anton, *Eine nordgauische Altstraße vom Main zur Donau*, Kaufbeuren 1919

Dollinger, Phillip, *Die Hanse*, Stuttgart 1976

Drabek, Maria, *Reisen und Reisezeremoniell der Römisch-Deutschen Herrscher im Spätmittelalter*, Wien 1964

Eckhardt, Karl August, *Die Gesetze des Karolingerreiches 714–911*, Weimar 1953

Endres, Fritz, *Geschichte der freien und Hansestadt Lübeck*, Lübeck 1926

Ennen, Edith, *Die europäische Stadt des Mittelalters*, Göttingen 1975

Fischer, Joseph A., *Otto v. Freising*, Freising 1958

Fränkel, Sigmund, *Der Wollgroßhandel, seine Geschichte und Entwicklung*, Berlin 1919

Früh, J., *Geographie der Schweiz*, St. Gallen 1932

Gasner, Ernst, *Zum Deutschen Straßenwesen*, Leipzig 1889

Germania, Anzeiger der Römisch-Germanischen Kommission des Deutschen Archäologischen Instituts, Jahrgang 33, Berlin 1955

Ginzrot, J. Chr., *Die Wagen und Fahrwerke der verschiedenen Völker des Mittelalters*, Band 3 und 4, München 1830

Gottlieb, Gunther, *Geschichte der Stadt Augsburg*, Stuttgart o. J.

Görich, Willi, *Taunusübergänge und Wetteraustraßen im Vorland von Frankfurt*, in: Mitteilungen d. Vereins f. Geschichte und Landeskunde, Bad Homburg v. d. Höhe 1954

–, *Frühmittelalterliche Straßen und Burgen in Oberhessen*, Marburg 1948

–, *Straße, Burg und Stadt in Oberhessen*, (Phil. Diss.) Marburg 1936–1948

–, *Rastorte an alter Straße*, Festschrift für Edmund Ernst Stengel, Münster–Köln 1952

Grieser, Dietmar, *Historische Straßen in Europa*, München 1983

Grundmann, Herbert, *Handbuch der Deutschen Geschichte*, Stuttgart 1970

Gunzert, W., *Skizzen- und Reisetagebuch eines Arztes im Dreißigjährigen Krieg*, Darmstadt 1952

Hanke, Georg, *Die großen Alpenpässe*, München 1971

Herbst, Albert, *Die alten Heer- und Handelsstraßen Südhannovers*, Göttingen 1924

Herrmann, Paul, *7 vorbei und 8 verweht*, Hamburg 1978

Hess, Wolfgang, *Hessische Städtegründungen der Landgrafen von Thüringen*, Marburg 1966

Hitzer, Hans, *Die Straße*, München 1971

Höhn, Alfred, *Altstraßen im Coburger Land*, Sonderdruck aus dem Jahrbuch der Coburger Landesstiftung 1983

–, *Die Straßen des Nürnberger Handels*, Nürnberg 1985

Hömberg, A. K., *Der Hellweg, sein Werden und seine Bedeutung*, in: Zwischen Rhein und Weser. Aufsätze und Vorträge zur Geschichte Westfalens, o. O. 1967

Jakob, Georg, *Arabische Berichte von Gesandten an germanischen Fürstenhöfen aus dem 9. und 10. Jahrhundert*, Berlin 1927

Jankuhn, Herbert, *Der fränkisch-friesische Handel zur Ostsee im frühen Mittelalter*, Vierteljahresschrift für Soziologie und Wirtschaft, o. O. 1956

–, *Die Frühgeschichte*, Neumünster 1957

Kachel, J., *Herbergen und Gastwirtschaften in Deutschland bis zum 17. Jahrhundert*, Beihefte zur Wirtschaftsgeschichte, Nr. 3 1924

Keyser, Erich, *Deutsches Städtebuch: Norddeutschland*, Stuttgart o.J.

–, *Rheinisches Städtebuch*, Stuttgart 1956

–, *Bayerisches Städtebuch*, Stuttgart 1971

–, *Städtebuch Rheinland-Pfalz*, Stuttgart 1964

–, *Deutsches Städtebuch: Niedersachsen und Bremen*, Stuttgart 1952

–, *Hessisches Städtebuch*, Stuttgart 1957

Klessmann, Eckart, *Geschichte der Stadt Hamburg*, Hamburg 1981

Klose, Olaf, *Handbuch der historischen Stätten Deutschlands, Band 1: Schleswig-Holstein und Hamburg*, Stuttgart 1958

Kofler, Friedrich, *Alte Straßen in Hessen*, Trier 1893

Krüger, Herbert, *Das älteste deutsche Routenhandbuch, Jörg Gails „Raißbüchlein"*, Graz 1974

–, *Die vorgeschichtlichen Straßen in den Sachsenkriegen Karls des Großen*, in: Korrespondenzblatt d. Gesamtvereins der Dtsch. Geschichts- und Altertumsvereine, Jg. 80 1932

–, *Hessische Altstraßen des 16. und 17. Jahrhunderts*, in: Hessische Forschungen Heft 5, Kassel und Basel 1963

Kühnel, Harry, *Alltag im Spätmittelalter*, Graz, Wien, Köln 1984

Kunst und Kultur im Weserraum 800–1600, Ausstellung des Landes Nordrhein-Westfalen, Corvey 1966

Kurt, A., *Zur Geschichte von Straßen und Verkehr zwischen Rhein und Main*, (Phil. Diss.) Frankfurt 1957

Kuske, Bruno, *Wirtschaftsgeschichte Westfalens*, Münster 1949

–, *Gewerbe, Handel und Verkehr*, in: Geschichte des Rheinlandes, Essen 1922

Landau, Georg, *Beiträge zur Geschichte der alten Heer- und Handelsstraßen*, Kassel und Basel 1958

Landkarten und Postroutenkarten, Dokumente der Geschichte, Bundespostmuseum, Ausstellungskatalog Frankfurt 1983

Langenbeck, Wilhelm, *Geschichte des Welthandels der Neuzeit*, Leipzig 1926

Ludwig, F., *Untersuchungen über die Reise- und Marschgeschwindigkeiten im 12. und 13. Jahrhundert*, Berlin 1897

Lübbing, Hermann; Jäckel, Wolfgang, *Geschichte der Stadt Wildeshausen*, Oldenburg o.J.

Lüneburger Blätter, Heft 9, Heft 13, herausgegeben im Auftrage des Museumsvereins Lüneburg 1962

Manske, Dietrich Jürgen, *Landschaft und Naturgegebenheiten des Landkreises Amberg-Sulzbach*, Sonderdruck aus: „Im Spiegel der Zeiten – Der Landkreis Amberg-Sulzbach", Theuern o.J.

–, *Zur Frage der Altstraßen in der Oberpfalz*, Sonderdruck aus: „Die Oberpfalz ein europäisches Eisenzentrum", Theuern 1987

Marburg, eine illustrierte Stadtgeschichte, Marburg 1985

Markwart, F., *Ein arabischer Bericht über die arktischen Länder aus dem 10. Jahrhundert*, in: Ungarische Jahrbücher, Jahrgang 4, 1924

Mayer, Th., *Das Deutsche Königtum und sein Wirkungsbereich*, in: Das Reich und Europa v. Paul Ritterbusch, Leipzig 1941

271

Mohrmann, Wolf-Dieter, *Der Landfriede im Ostseeraum während des späten Mittelalters*, Kallmünz 1972

Mues, Joachim, *Die Organisation des Wollhandels und der Wollmärkte*, Oldenburg 1930

Niemann, K., *Die alten Heer- und Handelsstraßen in Thüringen*, (Phil. Diss) Halle 1919, in: Mitteilungen des Sächs.Thüring. Vereins für Erdkunde zu Halle 1929

Nissen, Nils R., *Mölln – Festung an der Salzstraße*, Ratzeburg 1961

Nitsche, Roland, *Uralte Wege, ewige Fahrt. Handel entdeckt die Welt*, München 1953

Nordmann, Klaus, *Nürnberger Großhändler im spätmittelalterlichen Lübeck*, Nürnberg 1933

Nüchter, Friedrich, *Das Fichtelgebirge in seiner Bedeutung für den mitteleuropäischen Verkehr*, Leipzig 1899

Oberbeck, Gerhard, *Deutschland: Porträt einer Nation, Band 6 Niedersachsen*, o. O. und J.

Oesler, Norbert, *Reisen im Mittelalter*, München 1986

Ogger, Günther, *Die Fugger. Bankiers für Kaiser und Könige*, Stuttgart 1979

Orth, Elsbeth, *Die Fehden der Reichsstadt Frankfurt am Main im Spätmittelalter*, Wiesbaden 1973

Pagel, Karl, *Die Hanse*, Braunschweig 1952

Pauli, Ludwig, *Die Alpen in Frühzeit und Mittelalter*, München 1980

Pelka, Otto, *Bernstein*, Berlin 1920

Pfeiffer, Gerhard, *Quellen zur Geschichte der Fränkisch-Bayerischen Landfriedensorganisation im späten Mittelalter*, München 1975

–, *Nürnberg – Geschichte einer europäischen Stadt*, München 1971

Piltz, Georg, *Kunstführer durch die DDR*, Leipzig, Jena, Berlin 1972

Pitz, E., *Archivalische Quellen zur Wegeforschung*, in: Harz-Zeitschrift Jg. 14 1962

Planitz, Hans, *Die Deutsche Stadt im Mittelalter*, Graz–Köln 1954

Quetsch, Franz H., *Geschichte des Verkehrswesens am Mittelrhein*, Freiburg i. Breisgau 1891

Ramackers, J., *Die Rheinische Aufmarschstraße in den Sachsenkriegen Karls d. Großen*, in: Anm. Historischer Verein Niederrhein 142/143, 1943

Rauers, Friedrich, *Kulturgeschichte der Gaststätte*, Berlin 1942

–, *Hänselbuch*, Essen 1936

Redslob, Edwin, *Des Reiches Straße*, Leipzig 1940

Rörig, Fritz, *Wirtschaftskräfte im Mittelalter*, Köln–Graz 1959

Samhaber, Ernst, *Kaufleute wandeln die Welt*, Frankfurt a. Main 1960

Schaab, Meinrad, *Geschichte der Kurpfalz, Band 1 Mittelalter*, Stuttgart, Berlin, Köln, Mainz 1988

Schadendorf, Wulf, *Zu Pferde, im Wagen, zu Fuß*, München 1959

Schaube, Adolf, *Handelsgeschichte der Romanischen Völker*, München 1906

Scheffel, P. H., *Verkehrsgeschichte der Alpen*, Berlin 1914

Schmidt, Jürgen, *Melsungen. Die Geschichte einer Stadt*, Melsungen 1978

Schmidt, Max, *Beschreibung und Chronik der Stadt Ratzeburg*, Ratzeburg 1882

Schmidt, Peter, *Regensburg. Stadt der Könige und Herzöge im Mittelalter*, Kallmünz 1977

Schreiber, Hermann, *Verkehr*, Berlin und Darmstadt 1972

Schneider, J., *Die alten Heer- und Handelswege der Germanen, Römer und Franken im deutschen Reiche*, Düsseldorf 1888–1890

Schneider, Wolf, *Die Alpen*, Hamburg 1984

Schöningh, W., *Königsweg und Friedensstraße Münster–Rheine–Emden im Mittelalter*, in: Alle Fäden laufen durch Rheine, Rheine 1956

Schomaker, Jakob, *Die Lüneburger Chronik*, Lüneburg 1904

Schrecker, Gertrud, *Stormarn zwischen Hamburg und Lübeck*, Hamburg 1938

Schulte, Aloys, *Die Kaiser- und Königskrönungen zu Aachen*, Darmstadt 1966

–, *Geschichte des mittelalterlichen Handels und Verkehrs zwischen Westdeutschland und Italien*, Leipzig 1900

Schwarz, Klaus, *Der frühmittelalterliche Landesausbau in Nordost-Bayern*, in: Ausgrabungen in Deutschland, Mainz 1975

Schwarzwälder, Herbert, *Reise in Bremens Vergangenheit*, Bremen 1965

Schwind, Fred, *Geschichtlicher Atlas von Hessen*, Marburg 1984

Simonsfeld, Henry, *Fondaco dei Tedesci in Venedig*, Stuttgart 1887

Sommer, Robert, *Die Nibelungenwege von Worms über Wien zur Etzelburg*, Weimar o. J.

Spindler, Max, *Handbuch der Bayerischen Geschichte*, München o. J.

Stadt im Wandel, Ausstellungskatalog Landesausstellung Niedersachsen, Stuttgart-Bad Cannstatt 1985

Stoob, Heinz, *Die Stadt*, Köln, Wien 1979

Topographischer Atlas von Schleswig-Holstein, Neumünster 1963

Treue, Wilhelm, *Achse, Rad und Wagen*, Göttingen 1986

Troe, Heinrich, *Münze, Zoll und Markt*, Stuttgart o. J.

Uffenbach, Z. G. von, *Merkwürdige Reisen durch Niedersachsen, Holland und Engelland*, Ulm 1753/54

Veit, Ludwig, *Handel und Wandel mit aller Welt*, München 1960

Volger, Wilhelm Friedrich, *Der Ursprung und älteste Zustand der Stadt Lüneburg*, Lüneburg 1861

Vom Saumpfad zur Autobahn, 5000 Jahre Verkehrsgeschichte der Alpen. Ausstellungskatalog im Auftrage der Arbeitsgemeinschaft Alpenländer, München 1978

Wagenfeld, Friedrich, *Die Kriegsfahrten der Bremer zu Lande und zu Wasser*, Bremen 1846

Weigel, H., *Straße, Königscentene und Kloster im karolingischen Ostfranken*, in: Jahrbuch für Fränkische Landesforschung, Band 13, 1963

Welchert, Hans-Heinrich, *Geschichtswanderungen in Deutschland*, Frankfurt am Main o. J.

Werner, Joachim, *Aus Beyerns Frühzeit*, München 1962

Wiemann, Harm; Engelmann Johannes, *Alte Wege und Straßen in Ostfriesland*, o.O. 1974

Winzer, Fritz, *Kulturgeschichte Europas*, 1982

Wohltmann, Hans, *Die Geschichte der Stadt Stade*, Hamburg 1947

Würtz, Lothar, *Die geschichtliche Entwicklung des Straßennetzes in Baden-Württemberg*, Bonn-Bad Godesberg 1970

Zirnbauer, Heinz, *Die Welser*, Nürnberg 1960

Zögner, Lothar, *Straßenkarten im Wandel der Zeiten,* Ausstellungskatalog Staatsbibliothek Preußischer Kulturbesitz, Berlin 1975

Zwischen Vogelsberg und Spessart, Gelnhäuser Heimatjahrbuch, herausgegeben vom Kreisausschuß des Main-Kinzig-Kreises 1988

Ortsregister

278